四川省居民
信用卡使用行为研究

SICHUAN SHENG JUMIN
XINYONGKA SHIYONG XINGWEI YANJIU

侯晓华 ○ 著

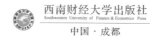

西南财经大学出版社
Southwestern University of Finance & Economics Press

中国·成都

图书在版编目（CIP）数据

四川省居民信用卡使用行为研究/侯晓华著.—成都:西南财经大学
出版社,2022.12
ISBN 978-7-5504-5504-7

Ⅰ.①四…　Ⅱ.①侯…　Ⅲ.①居民—信用卡—消费者行为论—研
究—四川　Ⅳ.①F832.2②F723.5

中国版本图书馆 CIP 数据核字（2022）第 088956 号

四川省居民信用卡使用行为研究

SICHUAN SHENG JUMIN XINYONGKA SHIYONG XINGWEI YANJIU

侯晓华　著

责任编辑:李　才
责任校对:余　尧
封面设计:何东琳设计工作室
责任印制:朱曼丽

出版发行	西南财经大学出版社(四川省成都市光华村街55号)
网　　址	http://cbs.swufe.edu.cn
电子邮件	bookcj@swufe.edu.cn
邮政编码	610074
电　　话	028-87353785
照　　排	四川胜翔数码印务设计有限公司
印　　刷	郫县犀浦印刷厂
成品尺寸	170mm×240mm
印　　张	15.25
字　　数	284 千字
版　　次	2022 年 12 月第 1 版
印　　次	2022 年 12 月第 1 次印刷
书　　号	ISBN 978-7-5504-5504-7
定　　价	78.00 元

序

如果要梳理出一张人类经济领域最伟大发明的清单，信用卡理应出现在这张清单上并名列前茅。以信用为基础，先消费后还款，信用卡提供的这一功能从其诞生之日起，就显示出了强大的生命力，以不可逆转之势逐渐渗透到经济生活的方方面面。

在消费场景日益丰富的当代，信用卡已成为相当部分人的刚需。中国人民银行公布的《支付体系运行报告》显示，截至 2021 年末，全国共开立信用卡和借贷合一卡 8 亿张，人均持有信用卡和借贷合一卡 0.57 张，银行卡授信总额为 21.02 万亿元。中国银行业协会发布的《中国银行卡产业发展蓝皮书（2019）》显示，十年来，我国信用卡交易总额从 3.5 万亿元增长到 38.2 万亿元，翻了 10 倍以上①。

信用卡的诞生代表着信用消费的崛起。时至今日，除基本的支付结算功能以外，信用卡还集成了汇兑转账、提取现金、分期付款、小额融资等众多功能，并增加了积分兑换、机场贵宾等大量附加权益。小小的一张卡片，却可以折射出持卡人的消费习惯和信用能力等诸多要素，通过对信用卡消费行为的研究，我们可以洞悉一代代人消费方式与观念的演变，对丰富消费行为的研究视角和拉动经济增长都大有裨益。

目前市面上研究信用卡的书籍有很多，但大多以持卡人或潜在持卡人为受众群体，将信用卡产品本身作为依托，重点介绍信用卡的申请、用卡、提额、还款等方面的知识与技巧，却少有人以信用卡消费行为本身作为研究标的，本书的出版正好弥补了这个缺憾。

本书作者曾长期从事商业银行的银行卡工作，具有扎实的金融专业理论知识和工作经验。在写作本书的过程中，作者以四川省某商业银行逾 10 万条个

---

① 中国银行卡产业发展蓝皮书 2019：信用卡交易总额 10 年翻 10 倍，人均持卡 0.7 张［EB/OL］.（2019-06-18）［2022-04-29］.https://www.sohu.com/a/321431599659885？p=qq.

人微观数据为基础，理论联系实践，系统地分析了持卡人收入（经济地位）、年龄、性别、学历、工作性质等个体特征与其信用卡消费行为的关系，研究结论揭示了四川省居民信用卡使用行为的特点，同时对研究我国居民信用卡消费行为提供了重要的实践经验。

2021年全球经济正在从新冠肺炎疫情的巨大冲击中逐渐修复。我国有效控制了疫情传播，经济也在全球率先实现复苏，不但在2020年成为全球唯一实现经济正增长的主要经济体，2021年整体也保持了持续复苏的趋势。展望2022年，我国宏观经济面临需求收缩、供给冲击、预期转弱三重压力，要构建以国内大循环为主体、国内国际双循环相互促进的新发展格局，提振消费将是重要抓手。信用卡是整个消费链条的主要支付载体，信用卡交易是个人消费行为、金融行为和信用行为的集合。从消费者特征出发，对信用卡消费行为进行研究，可以为国内的消费态势分析提供新的视角，为有的放矢地提振消费提供有力支撑。

最后，请各位读者正确认识信用卡功能，在使用信用卡消费时，合理规划资金，做好个人或家庭资金安排和管理；考虑自身实际需求、收支状况理性消费，坚持量入为出的科学消费观念，做好个人或家庭财务统筹，防止过度消费而影响日常生活。

侯晓华

2022 年 8 月

目　录

1 导论

本章主要对选题的相关内容进行阐述。第一部分介绍了本书的研究背景；第二部分阐述了本书的研究意义；第三部分概述了本书的研究内容和研究方法；第四部分展示了本书的创新之处。

1.1 研究背景

1. 信用卡消费助推了我国经济发展

随着我国经济持续快速发展，人民生活水平和消费水平发生了翻天覆地的变化。消费作为经济增长的"三驾马车"之一，已经成为我国经济增长的主要驱动力。党中央、国务院在经济工作的总体要求中，多次强调要"保增长、扩内需、调结构"，对信用消费拉动内需起到的重要作用给予了高度的肯定和政策支持，从而为信用卡产业发展创造了良好的宏观经济环境。2018 年 8 月和 9 月国家先后出台了关于促进消费的指导文件①，体现出扩大消费和促进消费结构不断升级已经成为目前国内经济增长的重要方面。根据国家统计局公布的数据，消费对我国整体 GDP 的贡献从 2003 年的 35% 提升至 2018 年的 76.2%，2018 年消费对经济增长的贡献率比上年提高了 18.6 个百分点；2018 年人均收入中有 88.6% 用于消费。消费连续几年成为我国经济增长第一驱动力。

---

① 2018 年 8 月银保监会印发《中国银保监会办公厅关于进一步做好信贷工作提升服务实体经济质效的通知》（银保监办发〔2018〕76 号），通知指出要进一步提升金融对促进消费的支持作用，提供和改进差异化金融产品与服务，支持发展消费信贷。2018 年 9 月，中共中央、国务院印发《中共中央 国务院关于完善促进消费体制机制 进一步激发居民消费潜力的若干意见》和《完善促进消费体制机制实施方案（2018—2020 年）》（国办发〔2018〕93 号），要求着力培育重点消费领域细分市场，提升居民消费能力，引导形成合理消费预期，切实增强消费对经济发展的基础性作用。

信用卡是能够很好地支持消费金融的产品，其安全便捷经过了全球近 70 年的实践检验，是其他任何产品都无法比拟的。在消费升级的大浪潮驱动下，信用卡支付越来越深入地渗透到人们日常生活的各个方面，同时因其具有消费信贷功能，信用卡刺激消费的效应愈加显著。根据中国人民银行公布的《支付体系运行报告》，2018 年末，全国累计发行信用卡 6.9 亿张，较 2009 年增加 263.2%；信用卡授信额度 15.4 万亿元，是 2009 年的 11 倍；信用卡应偿信贷余额 6.9 万亿元，是 2009 年的 23 倍。随着信用卡发卡规模的不断扩大，透支余额迅猛增长，信用卡促进消费的积极作用也逐步显现出来，已成为我国消费金融的基础，助推消费经济快速发展。

2. 信用卡消费信贷的属性愈加凸显

随着信用卡使用的普及、消费应用场景的扩大，无论是衣、食、住、行等生存性消费，还是各种娱乐、享受性消费，信用卡消费行为都无处不在。然而受国内持卡人"量入为出"的传统消费习惯的影响，多数持卡人透支的消费金额一般在免息期内偿还，较少使用信贷透支功能。为了进一步发挥信用卡对消费的促进作用，极大地吸引持卡人使用消费信贷功能，持续提高商业银行信用卡收入的贡献度，各商业银行纷纷加强与线上、线下的消费场景深度合作，将信用卡分期功能引入信用卡产品并逐步扩大应用场景，百货商店、家电商城、酒店、旅游、购车等消费场景更是重点合作对象。多功能的信用卡分期产品因其具有消费分期场景应用广泛、还款方式多样化、分期时间灵活和分期手续简便等特点，满足了消费者需求，进一步提升了人们的购买力。

近几年全国信用卡发卡量年均保持高速增长，这与信用卡分期付款的助力密不可分。据银联数据统计，2017 年末，全国性股份制银行[1]信用卡分期收入占信用卡收入的比重为 39.4%，在信用卡各类收入中占比最高。信用卡分期满足了人们各种各样的消费需求，使其能提前享受超越当前支付能力的产品和服务，信用卡分期作为信用卡消费信贷的重要功能，正逐渐成为信用消费金融的主流。张步（2018）研究认为从四大国有商业银行信用卡收入来看，消费分期业务的收入占信用卡收入的比重超过 50%，将来还会持续提升，消费分期成为信用卡业务生存的核心。由此可以看出，信用卡分期成为各商业银行信用卡业务的第一大收入来源，分期收入的不断扩大也反映居民消费信贷需求的上

---

[1] 全国性股份制商业银行：2014 年和 2015 年是指中国民生银行、兴业银行、华夏银行和中国邮政储蓄银行；2016 年是指中国民生银行、兴业银行、华夏银行、中国邮政储蓄银行、浙商银行和渤海银行；2017 年是指中国民生银行、兴业银行、华夏银行、中国邮政储蓄银行、浙商银行、渤海银行和恒丰银行。全文同。

升，信用卡业务已经实现了由单一账户支付向"支付+融资"的新型消费信贷业务的转变。

3. 信用卡缓解了流动性约束

流动性约束（liquidity constrained）是指经济活动主体因其货币与资金量不足，且又难以从外部获得融资，从而受到的约束。学者们认为流动性约束有狭义和广义之分。狭义的流动性约束是信贷约束，指家庭或个人向正规金融机构申请贷款但是被拒绝，或者是害怕被拒而不申请；广义的流动性约束是指家庭或个人需要支付时却没有钱，原因可能是自身收入低，也可能是想借钱而借不到。信贷约束抑制家庭消费，导致消费需求疲软（叶海云，2000），不能使家庭消费效用最大化，即实际消费低于理论上的最优消费（黄倩 等，2015；尹志超 等，2018）。中国家庭面临较高的信贷约束。中国家庭金融调查（CHFS）2017 年数据显示，中国家庭总的信贷约束比例为 25.1%，其中有 20% 的中国家庭消费受信贷约束的影响；李涛、史宇鹏和陈斌开（2011）研究发现城市居民在基金、保险、贷款等方面受到的金融排斥比例分别约为 80%、69%、89%，其中贷款占比最高，接近 90%，换句话说，对于无抵押的信用卡来说，受金融排斥的影响会更大。

发展消费信贷可以在一定程度减少人们受到的流动性约束。信用卡具有支付媒介和消费信贷的双重功能，无论持卡人使用信用卡支付功能还是消费信贷功能，信用卡都是缓解消费信贷约束中最重要、最常用、最便捷的工具。使用支付功能的持卡人可以充分享受长达 50 天左右的免息期，在免息期内不用支付任何费用；若免息期结束，无法足额偿还应付消费金额，持卡人可以根据当前或未来的收入情况，选择最低还款或分期付款的方式，并支付一定利息，即可解决持卡人在当期和远期受流动性约束的问题，弥补目前收入的不足，以增加现期可支配资金，将潜在的消费需求转化为现实购买行为。因此，信用卡因具有操作灵活、使用方便等特点，让普通老百姓享受到了信用卡消费信贷带来的便利，实现跨期资源配置，提升消费水平。

4. 信用卡风险不断攀升

信用卡对消费信贷的促进作用越显著，越易发生信用卡风险。信用卡业务高速发展，规模迅速扩张，持卡人发生透支行为或分期行为后，不按约定规则按时还款就会出现信用卡逾期。根据中国人民银行公布的《支付体系运行报告》，2018 年末，信用卡逾期半年未偿信贷总额高达 789 亿元，是 2009 年的 10 倍，而信用卡发卡量是 2009 年的 3.6 倍，信用卡逾期增速远超发卡量增速，信用卡逾期现象不容忽视。一方面，信用卡是各商业银行零售业务重点发展的对象，也是其利润的重要组成部分，各商业银行不断加大对信用卡业务资源投入，跑马圈地式地快速争揽信用卡客户群；为了获客有些金融机构不惜降低申办信用卡的门槛，这也为信用卡逾期埋下了隐患。另外一方面，信用卡消费与透支本身就是一种信用借款消费，具有信用偿还风险，除此之外它还具有引诱人们盲目消费、过度消费的弊端，这无疑又会进一步加大人们在主观上逾期的可能性。此外，持卡人的微观特征信息也会影响信用卡逾期。

5. 互联网金融发展对信用卡业务的冲击

随着互联网时代的到来，互联网信贷应运而生并得到越来越多消费者的青睐，特别是受到一部分因信用或经济地位被正规金融机构排斥在外的人的欢迎，也特别受年轻客户的支持（Huang 等，2014；Choi 等，2016），新兴金融业态的发展无疑对中国金融市场结构带来了巨大冲击（战明华 等，2018），以信用卡为代表的支付领域受到的冲击尤为显著（Li，2009；朱玛，2013；包丽红 等，2015）。像微信、京东白条、支付宝花呗等都具备了信用卡业务的雏形，尤其是京东白条通过与中国银联云闪付合作后，让京东白条具备了虚拟信用卡的形式。无论是京东白条还是支付宝花呗，都是依托支付、社交网络以及搜索引擎等互联网工具，从事消费、资金融通、支付和信息中介等业务的一种新兴金融模式，向个人或家庭提供与消费相关的支付、储蓄、理财、信贷等金融服务。根据《2017 年中国消费金融洞察报告》，互联网消费金融交易规模在2013 年为 60 亿元，到 2016 年增长至 4 367 亿元，整个市场出现高速增长态势，这给从事传统信用卡业务的各金融机构带来巨大冲击。

6. 信用卡同业竞争加剧

虽然我国信用卡市场起步晚，但发展迅速，市场潜力大，竞争也激烈。目前国内有超过上百家的银行机构具有发行信用卡的资格，主要有三大类型金融机构，分别是国有商业银行、股份制银行和区域性商业银行。为了获得更多客户，各金融机构不仅在发卡环节铆足了劲，在用卡和留住客户方面更是使出了浑身解数，以提高信用卡业务市场占有率。据统计，2018 年末，发卡量位居第一梯队的工、农、中、建、交五大国有商业银行中，工商银行以信用卡发卡量高达 1.5 亿张位居榜首；除了交通银行，其他几大国有商业银行的信用卡发卡量均突破 1 亿张。第二梯队是股份制商业银行，在招商、光大、浦发、民生等股份制商业银行中，招商银行信用卡发卡量最高，达到 8 400 万张。第三梯队是近几年迅速崛起的区域性商业银行①，上海银行、徽商银行、江苏银行、

① 不包含股份制银行的其他商业银行。全文同。

贵阳银行的信用卡发卡量已超越百万张，其中上海银行已达到 440 万张。在信用卡发卡量方面，虽然区域性商业银行距离股份制和国有商业银行的发卡规模还有很大差距，但其业务发展速度不容小觑，各金融机构信用卡业务的快速发展加剧了同业的竞争。

综上，信用卡的支付及消费信贷双重属性对我国消费经济的发展起着重要的作用。信用卡放松了人们的消费信贷的约束，提升了消费倾向；但随之产生的信用卡风险也愈加凸现。另外，随着互联网消费金融的发展，国内金融机构同业竞争加剧，这说明中国信用卡市场发展还有很大的潜力，同时其机遇和挑战也是并存的。近年来，国内学者关于信用卡也有一些探讨和研究，主要集中在问卷调查阶段，采用大样本微观数据进行研究的较少。由于数据难以获取，目前在国内信用卡大样本研究中，仅有黄卉和沈红波（2010），沈红波、黄卉和廖理（2013），廖理、沈红波和苏治（2013）使用某商业银行仅一年的信用卡账户（2007 年 3 月至 2008 年 2 月）数据样本，研究了生命周期、消费者态度对透支行为的影响，以及如何推动中国居民的信用卡消费信贷。李广子和王健（2017）使用某商业银行 2015 年 5 月、6 月和 7 月的信用卡数据，研究了持卡人信用卡授信额度调整对消费行为的影响；信用额度的调增导致消费信贷的增加，从而增加了消费者的消费行为。

关于信用卡使用行为的研究，学者们主要聚焦消费者是否使用信用卡及影响因素，对信用卡风险研究的重点是信用风险理论分析及信用卡评分。而对信用卡使用具体情况、持卡人是使用支付功能还是消费信贷功能以及使用后的偿付行为的研究不多见，也就是说对信用卡使用过程及使用后的情况的研究很少涉及。在此背景下，本书基于四川省某商业银行信用卡中心大型微观数据，从持卡人收入的视角，研究了经济地位、经济地位与持卡人重要特征信息交互作用对信用卡使用行为（透支行为、分期行为和逾期行为）的影响机制。

1.2 研究意义

消费是人类赖以生存和发展的基本功能，伊志宏（2018）认为消费经济学应从研究消费者行为出发，其中最基本的行为是消费行为和储蓄行为。那么影响消费者收入和储蓄分配的因素有哪些？随着金融市场的发展，消费者的收入分配行为受金融市场的影响，如消费者可以通过借贷行为来增加当期可支配收入（Hayashi，1985；Zeldes，1989），从而影响消费者的收入和消费行为。

赫希曼（E. C. Hirschman）（1979）研究认为传统消费行为模式没有考虑到消费者购买行为的支付方式，其原因有可能是传统支付方式只有现金，而且消费者一般都是待拥有一定的储蓄时才发生购买行为。然而随着信用消费的出现，消费者不再受自身的资金约束，可以通过消费信贷行为，实现消费效用最大化。卡勒特纳（B. Kamleitner）和科奇勒（E. Kirchler）（2007）在传统消费行为模型基础上提出了信用消费行为模型，研究认为消费信贷使用应视为长期过程，即信贷之前的过程、信贷期间的过程和贷款后的过程。信用卡具有支付和消费信贷的双重属性，是纯信用类的消费信贷产品，其信用消费信贷功能是通过信用卡这个载体去实现的，那么对信用卡的研究也应该视为一个长期过程，这也是对现有信用卡消费行为研究的有益补充。

本书研究的是微观消费问题，那么对于持卡人本身而言，信用卡业务环节主要有信用卡申领、信用卡激活、信用卡透支及信用卡偿付。信用卡申领及激活不涉及动账交易，没有发生具体的交易行为，所以本书所指信用卡使用行为包括使用过程中和使用后的偿付行为。那么持卡人微观个人特征信息对信用卡使用有着怎样的影响？从传统消费理论来看（Duesenberry，1949；Modigliani et al.，1954），消费的决定因素是具体的现期收入、过去收入、一生的总收入、持久收入以及各种收入的组合，这说明了消费者的收入对消费行为有重大影响；阿尔斯兰（O. Arslan）和卡兰（M. B. Karan）（2010）研究认为影响消费信贷的关键因素是消费者收入，那是因为个人收入水平是还贷的重要来源（迟国泰 等，2006）。国内外很多学者通过研究也证实了收入对信用卡消费行为有着重要影响（Mandell，1972；Kim et al.，2001；Awh et al.，1974；沈红波 等，2013）。因此，本书正是通过对信用卡持卡人的收入和信用卡使用行为这种微观机制的研究，探究持卡人的收入以及持卡人收入与个人其他重要特征信息交互作用对信用卡使用过程中（透支行为和分期行为）、使用后的偿付行为（逾期行为）的影响机制。这对拉动内需、促进消费、有效控制信用卡风险、制订适合中国国情的信用消费发展与风险控制计划、方案和措施，具有十分重要的现实意义。

具体而言，从国家层面来说，需要通过调整产业结构使整个信用卡产业链的发展更上层次、更有后劲、更具可持续性，进一步发挥信用卡消费信贷功能，拉动内需，推动消费经济发展；从监管层面来讲，应细化信用卡业务监管政策，掌握和了解持卡人的信用卡使用行为，为监管部门制定政策提供有力证据；从金融机构来讲，只有通过对持卡人的使用行为（信用卡透支行为、分期行为及逾期行为）的深度分析，才能进一步了解自己的客户和自己的业务，才能更加有效地经营信用卡市场，提高消费者使用信用卡消费的主动性和积极性，同时又能更好地控制信用卡风险，降低信用卡不良率。既要着力满足居民消费对信用卡业务的需求，又要保持信用卡服务质量的上升态势，提高信用卡产业发展的质量和效益，这无论是对监管部门制定政策，还是对商业银行"深耕细作"经营信用卡业务都有所裨益，同时对于共同推动我国信用卡产业快速健康协调发展具有重要的指导意义。

1.3　研究内容和研究方法

1.3.1　研究内容

本书的研究内容及具体章节安排如下：

第1章为导论。阐述了研究背景，分析了研究的理论意义和现实意义；对研究的主要内容进行了梳理，对研究方法和框架进行了阐述；最后对全文的创新进行了总结。

第2章为理论基础与文献综述。本章首先从绝对收入、相对收入、持久收入、生命周期、预防性储蓄、流动性约束、心理账户、信息不对称等方面对信用卡消费行为、逾期行为理论进行了梳理。其次梳理了现有关于经济地位研究、信用卡使用行为及逾期行为的研究情况，并对现有文献的研究成果做了简要评述。最后在传统消费理论的指引下，在现有文献研究的基础上，构建了本书研究的理论框架，介绍了本书使用的数据的来源，对关键指标即经济地位进行了度量，为本书的实证研究提供了理论支持。

第3章为信用卡发展历程及现状。首先对信用卡相关概念进行了定义；其次梳理了国际及我国信用卡发展历程；最后分别从信用卡发卡规模、信用卡消费信贷现状、信用卡分期种类及收入、信用卡逾期等维度，分析了我国信用卡发展现状。

第4章为经济地位对信用卡透支行为的影响。信用卡透支行为是信用卡特有的属性，持卡人只要使用信用卡进行了消费交易，即构成透支行为。信用卡透支行为包括支付和消费信贷行为：一类持卡人仅把信用卡当作支付结算的工具，到期按时还款，不产生任何支付利息；另一类持卡人则使用信用卡消费信贷功能，通过信用卡透支并支付一定的利息。本章首先研究了经济地位对信用卡是否发生透支行为，以及透支程度、透支频率的影响因素。其次进一步分析了信用卡消费信贷功能，考察了经济地位对信用卡信贷功能、信贷透支金额的影响因素。最后通过经济地位与有房、已婚和教育背景为高等学历等变量交叉，进行异质性分析。

第 5 章为经济地位对信用卡分期行为的影响。信用卡发生透支行为后，使用支付功能的持卡人会按时还款，使用信贷功能的持卡人则会出现两种情况：一是到期后只偿付最低还款，按银行计息规则对未偿还部分支付利息；二是分期付款，即根据自己未来收入情况，按不同期限和金额还款。由于信用卡分期消费场景应用广泛、分期还款方式和分期还款时间灵活等特点，大多数持卡人会选择信用卡分期功能来缓解当前消费信贷约束。本章在第 4 章的基础上，深度考察了信用卡消费信贷功能即信用卡分期行为的影响因素，并对持卡人工作单位稳定性、住房特征、教育背景、地区差异、信用卡账龄与经济地位等个人特征信息进行了分析，最后通过稳健性检验发现信用卡分期缓解了人们的流动性约束。

第 6 章为经济地位对信用卡逾期行为的影响。持卡人发生透支行为后，既不按时还款，又不选择最低还款或信用卡分期还款，即持卡人未足额偿还应付款项，由此便形成了信用卡逾期。本章在前面章节的基础上，首先实证研究了经济地位、学历、婚姻、性别、是否拥有自有住房、工作单位为国有的持卡人逾期、逾期金额及逾期时间长短的影响因素，并进一步考察了经济地位与持卡人其他特征因素的异质性研究。

第 7 章为我国信用卡发展对策建议。首先对本书的主要研究结论进行了梳理，其次提出了信用卡业务发展对策建议，最后提出了本书的研究不足及未来可能研究方向。

本书的框架如图 1-1 所示。

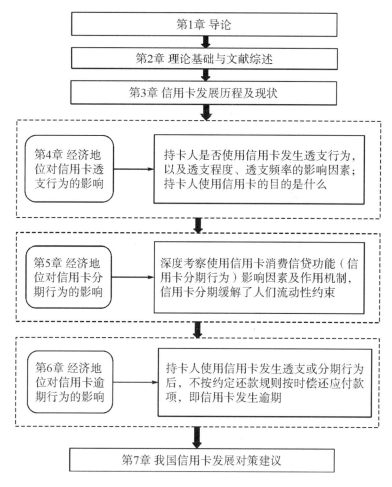

图 1-1　本书框架图

1.3.2　研究方法

根据本书研究目标和研究内容的需要，采用了规范研究与实证研究相结合、定性研究与定量研究相结合的方式，并遵循"文献阅读—提出模型与研究假设—数据收集与清理—实证分析—形成研究结论"的基本研究思路，对相关研究假设进行研究。

文献研究法。根据研究内容，通过对现有文献检索与阅读，收集、整理、评析和引用与研究内容所涉及理论观点相关的研究成果，了解现有理论研究的整体情况。在学习和借鉴其他学者的研究成果基础上对既有研究中尚未充分开展的部分，采用理论推演的方法，并予以拓展，形成本书的研究模型和框架。

实证分析法。在现有理论基础的支撑下，运用四川省某商业银行信用卡中心大型微观数据，采用 OLS、Tobit、Probit、Oprobit、Logit 回归计量经济学方法，通过 STATA13.0 完成实证研究。

同时，充分运用微观经济学、宏观经济学、货币金融学、消费行为学、金融经济学、计量经济学等诸多学科的相关理论和方法进行研究，以此形成具体研究思路和研究框架。

1.4　创新之处

本书的创新与贡献之处主要体现在以下几个方面：

1. 首次从持卡人收入的视角研究了经济地位对信用卡使用行为的影响

收入是衡量家庭或个人经济地位的重要指标。从相对收入理论、生命周期理论和流动性约束等传统消费理论来看，消费者的收入对消费行为具有重大影响；收入不仅是消费者信用卡使用情况的影响因素，也是信用卡偿付的重要保障。然而已有文献中从持卡人收入的视角研究经济地位对信用卡使用及使用后的偿付行为较为系统、完整的尚不多见。随着人们经济水平提高和信用卡使用普及，越来越多的人使用信用卡完成消费行为，综合、全面分析经济地位与信用卡使用行为显得更加重要。因此，本书首次从持卡人收入的视角，研究了经济地位与信用卡使用及使用后的偿付行为的影响机制，从而弥补了已有文献的不足。

2. 更深入刻画了信用卡消费信贷行为

消费信贷为流动性约束提供了一种途径，其中信用卡分期便是重要工具之一。关于信用卡分期行为研究较多的是汽车分期，其原因有可能是在信用卡业务发展初期，人们更多是使用信用卡支付功能，且银行提供的信用卡分期产品也较单一。近几年，各大商业银行在信用卡产品和服务上不断推陈出新，信用卡消费场景逐步扩大，同时随着人们消费观念的变化，更多的人使用信用卡消费信贷功能缓解当前流动性约束。目前针对信用卡分期较为全面和深入的刻画不多见，因此本书深入考察了经济地位与信用卡分期、流动性约束与信用卡分期的影响机制，无论是促进消费经济的发展，还是提高商业银行信用卡收入，抑或是缓解人们的消费信贷约束都具有重要的意义。

3. 更加全面分析了信用卡逾期行为

持卡人使用信用卡发生交易，无论是使用支付功能还是消费信贷功能，也无论是主观原因还是客观原因，都有可能出现逾期情况。近年来，我国信用卡发卡量逐渐增大，信用卡的违约风险也在不断增加。学者们关于信用卡违约的研究主要集中在信用卡违约理论分析、信用评分及风险测量，而对信用卡逾期行为的影响因素的全面研究涉及不多。因此，本书基于四川省某商业银行信用卡逾期的微观数据，探讨了经济地位对信用卡逾期的影响，针对我国信用卡的逾期行为特征，为信用卡风险管理提出应对措施。

（4）丰富了已有文献中有关信用卡透支行为的研究

信用卡作为消费金融的重要支付工具和载体，助推了消费经济的发展，信用卡支付和消费信贷的双重属性增强了人们的消费倾向。然而现有文献对信用卡透支行为、透支目的和用途进行研究的却很少。因此本书从持卡人收入的视角，实证分析了经济地位对信用卡透支的可能性、透支程度及透支频率的影响，在此基础上深度分析了持卡人使用信用卡透支的目的，这是对现有信用卡透支行为研究的有益补充。

2 理论基础与文献综述

本章首先是基础理论分析，阐述了传统消费理论与持卡人消费行为之间的关系。接着是文献综述，梳理总结了现有文献中关于经济地位、信用卡使用及信用卡逾期的研究现状。最后在消费理论和现有成果的研究基础上，提出了本书信用卡使用行为研究理论框架，介绍了数据来源，并对关键指标经济地位变量进行了度量。

2.1 理论基础

传统消费理论为信用卡消费提供了理论依据。从绝对收入理论、相对收入理论、持久收入理论、生命周期理论、随机游走理论、预防性储蓄理论和流动性约束理论等传统消费理论来看，消费的决定因素有具体的现期收入、过去收入、一生的总收入、持久收入以及各种收入的组合，这说明消费者的收入对消费行为有着重大影响。消费者需求主要有两方面的意思：一是消费者具有消费的实际需要，二是消费者有支付的意愿并拥有支付的能力。传统的经济学认为对消费影响最重要的因素是收入的高低，消费者的收入对消费者的消费行为和支付能力有着重大影响。

支付方式的多元化也会影响人们的消费行为。"心理账户"理论认为那是由于不同的支付方式带给人们的精神上的负担不同，现金支付方式让消费者产生了支付"疼痛"，而信用卡"先消费后还款"的支付方式使得消费者通常感受到的是延迟付款或提前消费带来的乐趣，从而加速了购买决策和消费行为，进而促进了信用卡的使用。然而，由于信用卡是纯信用的消费信贷工具，消费者使用信用卡发生透支行为后，信用的脆弱性及信息不对称会影响信用卡的偿付，若持卡人不按约定规则按时还款，就会引发信用卡逾期。

2.1.1 绝对收入理论和相对收入理论

在现代宏观经济学中，英国经济学家凯恩斯（J. M. Keynes）（1936）在《就业、利息和货币通论》中提出"绝对收入理论"，构造了消费函数，提出了边际消费倾向和平均消费倾向，即：

$$C = \alpha + \beta Y$$

其中 C 为现期消费，Y 为现期收入，α 为常数，$\alpha > 0$，β 是边际消费倾向（MPC），$0 < \beta < 1$。当人们收入增加的时候，消费意愿也增加，然而消费增长幅度小于收入增长幅度，边际消费倾向呈现递减趋势。平均消费倾向 $APC = C/Y = (\alpha + \beta Y)/Y = \alpha/Y + \beta$，随着人们收入的增加，$\alpha/Y$ 下降，从而平均消费倾向随着人们收入的上升而下降。凯恩斯认为当期消费主要取决于当期收入，在短期内，家庭平均消费倾向确实逐渐下降，但是在长期内家庭平均消费倾向却趋于稳定。绝对收入假说强调当前收入和当前消费，其局限在于忽视个人消费、储蓄行为受他人影响的事实，忽视每个人收入的跨期预算，忽视社会因素、心理预期、生命周期对消费和储蓄的影响。

美国的杜森贝里（J. S. Duesenberry）（1949）在《收入、储蓄和消费行为理论》中提出"相对收入理论"，即：

$$C_{it} = \alpha_0 Y_{it} + \alpha_1 Y_t$$

其中 C_{it} 为第 i 个人在第 t 期的消费，Y_{it} 为第 i 个人在第 t 期的收入，Y_t 为第 t 期所有人的平均收入，a_0 和 a_1 为常数，且 >0。杜森贝里认为消费者在进行消费选择时，主要考虑自己所处的收入档次群体的消费水准和攀比心理，人们的消费不完全决定于其绝对收入水平，而与和别人相比的相对收入水平有关。同时他还认为消费有习惯性，消费不仅受当期收入的影响，还受以前所达到的最高收入和最高消费的影响，这就是消费习惯上的"上去容易下来很难"的"棘轮效应"，即：

$$C_t = \beta_0 Y_t + \beta_1 Y_0$$

公式中 Y_0 是过去所达到的最高收入，Y_t 为第 t 期的收入，β_0 和 β_1 大于 0。"棘轮效应"认为人们的消费与自己过去消费进行对比，由于消费习惯的影响，即使现期收入有所下降，人们的消费支出不会降低，也会通过减少储蓄或借贷消费的形式，维持过去"高峰"时期的消费水平。

相对收入理论认为随着当期收入的增加，家庭或个人会增强对收入档次的判断，进而提高消费水准，长期平均消费倾向可能比较稳定。相比凯恩斯的绝对收入理论，杜森贝里的相对收入理论考虑到了消费者的行为，认为他人的消费水平和本人过去的消费水平对消费行为也有一定的影响。

2.1.2 持久收入理论和生命周期理论

弗里德曼（M. Friedman）（1957）在《消费函数理论》中提出"持久收入理论"，消费者的消费支出受现在收入和未来的预期收入的影响，其基本公式为：

$$C_t = C \cdot YP_t$$

在上公式中，C_t 为现期消费支出，C 为边际消费倾向，YP_t 为现期持久收入。当现在收入高于平均值时，人们倾向于将多余的进行储蓄；当现在收入低于平均值时，人们往往会使用以往的储蓄，或靠较高的未来收入借债。也就是说，当某些商品或服务所需的一次性消费支出超过消费者现期收入水平时，消费者会有滞后消费和负债消费两种情况：消费者先通过分期进行储蓄的积累，待积累的储蓄达到具有购买能力时再进行消费，这种先储蓄后消费的方式即储蓄性滞后消费；另外一种情况就是先负债消费，再分期还款，即通过信用借贷实现提前消费。由于理性消费者有现时消费的时间偏好，在预计未来有较稳定的收入情况下，具有承担一定的消费信贷的能力，通常会选择负债消费方式。

弗里德曼认为对于收入的冲击有暂时的现在冲击、持久冲击和预期的未来冲击三种情况，不同的收入冲击形式对储蓄和消费的影响也是不同的。在暂时冲击下，家庭或个人倾向动用储蓄；在持久冲击下，家庭或个人的储蓄几乎没有变动；在预期冲击下，家庭或个人倾向于增加当前储蓄。库兹涅茨（S. Kuznets）（1946）发现，在美国长达一个世纪的时期储蓄率并未上升，弗里德曼的持久收入理论给出了很好的解释——储蓄率在暂时收入而不是持久收入上升的时候上升。

莫迪利安尼（F. Modiglianli）和布伦伯格（R. Brumberg）（1954）认为消费是理性的，人们会在整个生命周期进行消费的最优配置，以实现一生消费效用最大化。这一理论的基本公式为：

$$C = a \cdot WR + b \cdot YL$$

公式中 YL 为劳动收入，WR 为财产收入，a、b 分别为劳动收入和财产收入边际消费倾向。从上述基本公式可以看出，消费主要取决于财产和预期劳动收入，人们在不同的年龄阶段财产收入和劳动收入是不一样的，对于消费或储蓄的影响也是不同的。在年轻时期，收入不高，但消费欲望又强，并且预计未来收入会增加，就会通过借贷行为进行消费。在中年阶段，收入会较年轻时有所增加，此时收入不仅要用来偿还年轻时期的债务，还要将一部分收入储蓄起来用于防老。在老年阶段，收入有所下降，进入负储蓄阶段。由于人们在不同时期有不同的收入水平及消费偏好，所以消费者在不同的生命周期阶段里会采用不同的消费和借贷策略（Ando et al.，1963）。

生命周期理论与持久收入理论都是对未来收入进行分析。生命周期理论专注于研究生命特征变化对储蓄的影响，持久收入理论更关注消费的动态行为，消费会受当前和未来收入的均值的影响。

2.1.3　随机游走理论

霍尔（R. E. Hall）（1978）将弗里德曼持久收入理论和莫迪利安尼生命周期消费理论及理性预期相结合，形成了随机游走理论。

如果初始财富为 A，各期的劳动收入分别为 Y_1，Y_2，…，Y_t，那么消费预算约束为：

$$\sum C_t = A + \sum Y_t \quad t = 1,2,\cdots,T$$

随机游走理论在跨期预算约束条件下追求消费者一生期望效用最大化。该理论认为消费遵循随机游走规则，也就是说消费的变化不可预测，不是因为收入可预测变化没有导致消费的可预测变化，而是因为滞后的收入对预测收入变动作用不大，所以不能以收入的变化预测消费的变化。随机游走理论认为有关未来收入的不确定性对消费没有影响。学者们就"消费是否会对可预测的收入变动有反应"做了大量的实证检验，最有代表性的莫过于坎贝儿（J. Y. Campbell）和曼丘（G. N. Mankiw）（1989）。他们利用美国的时序资料进行检验，滞后三期和滞后五期的实证结果表明：随机游走理论与实证资料存在显著的背离，消费对于可预测到的收入变动是有反应的。这被称为消费的"过度敏感性"。

2.1.4　预防性储蓄理论和流动性约束理论

预防性储蓄理论最早可追溯到 20 世纪 80 年代末 90 年代初费雪（I. Fisher）和弗里德曼（M. Friedman）的研究。一方面，由于家庭未来收入存在着下降风险，家庭将会进行预防性储蓄，以避免未来消费下降过多，从而保证家庭终生消费效用最大化。另一方面，如果家庭未来收入的下降风险增大，家庭将会增加预防性储蓄，家庭储蓄对不确定性具有正向反应，预防性储蓄对家庭消费具有重要的影响（Leland，1968）。预防性储蓄理论认为由于未来收入不确定，人们不可能按照随机游走理论来消费，人们更多是依据当期收入情况进行消费。然而，由于未来会存在不确定性的风险且这个风险极大，人们为了预防风险，当期就会进行更多的预防性储蓄。进行储蓄的一个重要动机就是预防未来可能出现的收入下降，即有远见的消费者总是未雨绸缪，在光景好时增加储蓄，以便在光景不好时维持消费。这样在不确定性情况下，消费者会倾向于进行更多的储蓄，不会将收入完全用来消费，以预防未来比如生活中大的变动、住房、子女教育等方面的支出。

根据持久收入理论，家庭消费进行跨期调整，以实现最优消费。其隐含的前提是家庭能够自由进行借贷；如果家庭不能在市场进行自由借贷，家庭就只能在资源较少的约束条件下选择较低消费水平（Zeldes，1989）。因此，当家庭因不能借入而又缺乏金融财富存量时就会产生流动性约束（liquidity constrained）；如果当期家庭无法在资本市场上进行自由借贷，当期收入限制着当期消费，家庭消费就无法进行跨时期的配置。

持久收入理论和生命周期理论的前提是个人能够在同样的利率下实现储蓄和借贷，即信贷和储蓄不存在时间差和利息差的问题，但在实际经济活动中肯定不是这样，由此就会产生流动性约束。预防性储蓄理论认为在未来收入不确定的情况下，消费者会根据当期的收入高低来决定当期的储蓄和消费水平；而流动性约束理论认为人们在实际中面对的同期储蓄和借贷利率是不一样的，就会有流动性约束发生，这样就会导致消费者当期个人消费的减少，储蓄增加，以抵消未来收入下降对消费的影响。

2.1.5　心理账户理论

1980 年，芝加哥大学著名心理学家塞勒（R. H. Thaler）针对消费者行为在"Using Mental Accounting in a Theory of Consumer Behavior"首次提出心理账户概念，从金融学和行为经济学的角度，分析了个体在消费决策时受到沉没成本效应的影响，通过心理账户对损失和收益进行评估，也就是人们心理上的分类记账、编码、估价和预算等过程。1981 年，特沃斯基（A. Tversky）和卡内曼（D. Kahneman）利用著名的"演出实验"分析了消费者在决策时如何根据不同的决策任务形成相应的心理账户，他们认为心里账户产生的原因是消费者将金钱和消费支出分成不同的类型，各个心理账户之间金钱不流动，消费者根据预先设置的心理账户进行支出和消费。1985 年，塞勒正式提出心理账户（mental accounting）理论。他认为心理账户是一个心理学理论，人们将不同的支出类型（如生存性消费类、投资）分别对应不同的心理账户，不同来源的资金带来不同的心理损失感，人们会对不同的资金来源做出不同的消费行为决策。

1998 年，普雷勒克（D. Prelec）和勒文施泰因（G. Loewenstein）提出双通道心理账户理论（double-entry mental accounting），来解释心理账户理论对消费决策的影响。研究认为消费者在做消费决策时将心理账户划分为两个不同的通道：一个通道记录消费的正效用，即消费者获得所需商品或服务时感受到的愉悦；另外一个记录消费的负效应，即消费者获得所需商品或服务而付出成本时感受到的痛苦。这两个通道给消费者的消费决策行为造成不同的影响。李爱梅等（2012）研究发现，双通道理论对消费行为有着显著的影响：先付款后消费的快乐感弱，先消费后付款的痛苦感弱。那么，随着信用卡的诞生，消费者将现金支付和信用卡支付分为两个不同的心理账户：采用现金支付时，支付和消费的联结非常紧密，现金支付使他们失去了金钱，产生了支付痛苦，因此不容易发生消费行为；而进行刷卡支付时，由于支付和消费的联结松散，消费者通常体会到的是延迟付款或提前消费带给自己的欢乐，而没有意识到自己同时也失去了金钱，从而产生了消费愉悦。信用卡因具有支付和消费信贷的双重功能，不仅为消费者提供了便利、快捷的支付方式，还给消费者带来了完全不同于现金支付的消费体验，信用卡支付使得消费行为更加活跃，冲动消费更容易实现，从而加速了购买决策和消费行为的发生。

2.1.6 信用脆弱性与信用卡违约

信用是市场经济的命脉。经济学上的信用实质上是一种借贷关系，指的是以收回为条件的付出或是以归还为义务的取得。信用关系广泛存在于市场交易主体之间，在法律约束和道德控制下，信用是促进经济发展的重要基础；然而，当法律约束不强和道德水平控制不强时，信用就露出脆弱性，市场交易就充满风险。信用风险是债务人在规定的日期不愿或无力履行合同即不能按期还本付息，致使债权人遭受损失的可能性。信用风险反映的是贷款的第一还款来源不足，债务人缺乏资金无力偿还债务。由于信用消费信贷的对象是个人，收入不稳定等诸多不确定因素会产生信用风险。

金融脆弱性的本质在于信用关系的脆弱性，信息不对称、跨期消费等多种原因会导致信用关系的不稳定性。金融的脆弱性具有广义和狭义之分。广义是指信贷融资和金融市场融资领域中的风险聚集；狭义是指金融业高负债的行业特点决定了交易更容易失败的本性，有时也称"金融内在脆弱性"。明斯基（H. P. Minsky）（1982）研究的是信贷市场上的脆弱性，他从企业角度对金融脆弱性问题做了比较系统的解释。他认为借款的企业有三类：第一类是抵补性的借款企业（hedge-financed firm），该类企业每一时期总量上的预期收入都大于债务，是用未来现金流来做抵补性融资，是最安全的借款企业。第二类是投机性的借款企业（speculative-financed firm），这类企业预期收入在总量上大于偿还债务，但在借款后的前一小段时期内（如 m 期）预期收入小于 m 期偿还债务，所以在 m 期内，投机企业为偿还债务，进行债务结构重组或变卖资产，因利率上升或资产价格下跌出现不确定性风险，最后有可能导致财务状况恶化。第三类为庞氏企业（ponzi firm），这类企业虽然预期收入在总量上大于债务额，但从第 1 期到倒数第 2 期，每一期的预期收入不仅小于应偿债务本金，还小于到期应偿利息，为了维持经营，庞氏企业必须在长时间内不断地借新还旧。

明斯基认为出现金融脆弱内生性，有两种可能的原因：一个是被称为代际遗忘解释，认为是由于今天的贷款人忘记了过去的痛苦经历；另一个解释被称为竞争压力解释。第一个解释，从银行角度来说，是不会忘记的，但从借款人（持卡人）角度来说是成立的，很明显是"好了伤疤忘了痛"，才会出现信用卡高额透支，才会有大批的持卡人沦为"卡奴"。再来看第二个解释。随着互联网金融和第三方市场的发展，各商业银行信用卡经营受到一定的冲击，所以为了拓展新客户，巩固现有银行卡市场，适当降低信用卡准入门槛，这也在一定程度上形成了信用卡违约隐患。

克里格（J. A. Kregel）（1997）从银行角度研究了金融脆弱性。克里格引用安全边界，用利息承诺的收益保障衡量安全边界，认为银行家是根据借款人的信用记录和其他银行的行为来估计安全边界，并做出信贷决定的。黄金老（2001）认为金融脆弱性是指一种趋于高风险的金融状态，高负债经营的行业特点决定了金融业具有更容易失败的本性。对于银行来说，金融脆弱性的根源在于信贷资金使用与偿还在时间上的分离。金融机构根据持卡人的信用记录及现有债务情况，为其提供信用卡服务，并根据持卡人信用卡透支情况获得利息收入，当持卡人透支额度超过个人偿还能力时，信用卡违约行为就发生了。

2.1.7 信息不对称与信用卡违约

1970 年，三位美国经济学家阿克尔洛夫（G. A. Akerlof）、斯宾塞（M. Spence）、斯蒂格利茨（J. E. Stiglitz）在哈佛大学经济学期刊上发表了著名的《次品问题》一文，首次提出了"信息市场"概念。信息不对称是指在市场经济活动中，一些成员拥有其他成员无法拥有的信息，信息不充分的人员则处于比较弱势的地位。信用卡风险是指商业银行在信用卡业务经营管理过程中，因各种不利因素以致信用卡业务发生损失，本书仅指持卡人因信用卡透支不按时还款而发生的信用卡风险。发卡机构与持卡人之间的信息不对称会导致信用卡风险。

张维迎（1996）认为信息不对称（asymmetric information）分为时间不对称和信息内容不对称两个方面。时间不对称是指事件发生在当事人签约之前，也可能发生在签约之后。研究事前不对称信息称为逆向选择（adverse selection），研究事后不对称信息称为道德风险模型（moral hazard）。信息的内容不对称是指某些参与人的行动，也有可能是指某些参与人的知识；不可观测的行动称为隐藏行动（hidden action），不可观测的知识称为隐藏知识（hidden knowledge）或隐藏信息（hidden information）。米什金（F. S. Mishkin）（2009）认为在金融市场上，交易一方对另一方缺乏充分的了解以至于无法做出正确的决策，这种不对等的状态被称为信息不对称。在交易之前，信息不对称会导致逆向选择，那些积极寻求贷款的人很有可能带来潜在的不良贷款风险；在交易之后，信息不对称所导致的问题称为道德风险，借款人从事了与贷款人意愿相背离的活动，增大了贷款违约的可能性。有学者研究了美国次贷危机对消费信贷的影响，结果表明即使在危机期间和利率有所提升的情况下，次级借款人仍然不会降低消费信贷需求。

1. 信贷市场上的逆向选择和道德风险

斯蒂格利茨和韦易斯（A. Weiss）（1981）从信息经济学角度对信贷配给现象进行了系统分析。在信贷市场上，借款人有可能发生逆向选择和道德风险，银行不仅要考虑利率变化对银行收益的影响，还要考虑借款人还款的风险。在信贷市场上，贷款利率与风险不会独立存在，当银行不能观察借款人的投资风险时，银行提高利率将使低风险的借款人退出市场，这样逆向选择就发生了，而那些愿意支付较高利息的借款人会选择更高风险的项目，这样道德风险也就发生了。

2. 信用卡市场上的逆向选择和道德风险

信用卡市场具有信贷信息不对称的特征，如持卡人个人收入等信息的变动情况银行不能及时获得，就变成了一种隐性信息（hidden information），隐性信息会造成发卡行和持卡人之间的信息不对称，从而导致逆向选择和道德风险（Ausubel，1999；Agarwal et al.，2009）。按照上述观点，发卡机构通过提高信用卡利息来增加收入以补偿可能出现的逾期损失，那么对于能按时偿还信用卡的客户只好放弃这一高价信贷市场；而风险较大的客户认为高风险与高收益成正比，为支付高利息只好把透支贷款用于高风险的项目上。结果低风险持卡人退出市场，高风险持卡人继续使用信用卡透支功能，这与各金融机构的选择相背离，也就形成了信用卡市场上的逆向选择。信用卡的道德风险是在信用卡申请后，发卡机构因成本和条件受限不能及时得到关于持卡人在职业、经济状况及用卡等方面的信息，而持卡人也没有义务随时将个人信息（如收入、财产等）的变动情况报告银行，结果发卡机构直到持卡人不按期偿还信用卡，即信用卡发生逾期时才发现，从而产生发卡机构和持卡人之间的道德风险。

2.2 文献综述

2.2.1 经济地位研究综述

"经济地位"最早来源于社会经济地位指数（socio-economic index，SEI）。邓肯（O. D. Duncan）（1961）指出：该指数最早是通过对各职业群体的社会经济特征，以及多种社会经济因素统计结果进行排序和赋值（其中用收入代表经济地位，用教育代表社会地位），对其收入和教育水平与相应权重做乘积计算而得。

（1）早期文献多把经济地位和社会地位放在一起研究，二者合称为社会经济地位。社会经济地位（socio-economic status，SES），是结合经济学和社会学关于收入、教育和职业等因素对于人们经济和社会地位的总体衡量。已有文献多使用单个或多个指标衡量个人或家庭的社会经济地位。学者们通常用社会经济地位来衡量一个人的经济实力和社会身份地位、研究社会经济地位对人们行为的影响。

美国社会学家邓肯（1961）根据各个职业平均受教育水平和收入计算出各个职业的社会经济地位指数，布劳（P. M. Blau）和邓肯（1967）认为教育和收入对职业声望和社会经济地位指数的影响力差不多。伍德（M. Wood）（1998）研究了社会经济地位、延迟满足与冲动购买。在控制年龄和性别的前提下，研究发现较高水平的冲动购买与教育背景有关，家庭收入与冲动性购买无关。李春玲（2005）通过职业声望和社会经济地位指数测量，研究了当代中国社会的声望分层。该研究通过全国12个省及直辖市共计73个区、市、县的调查数据，对81种职业进行职业声望测量，以每个职业的平均收入和教育背景及其权重的积衡量社会经济地位，认为收入水平和教育水平不仅决定了人们的社会地位，还决定了人们的职业声望。陈升和顾娟（2020）使用2015年中国综合社会调查数据，以个体的经济收入、受教育程度和职业地位来衡量个体社会经济地位，研究了经济收入、受教育程度及职业地位对政府公共服务满意度影响。焦开山（2014）以收入、教育、职业衡量个人社会经济地位，研究了社会经济地位、环境意识与环境保护行为。佟大建和黄武（2018）以户主受教育水平、经营规模、户主自评在本村的社会声望、家庭社会网络规模等指标来衡量农户的社会经济地位。沃赫（R. Y. Awh）和沃特斯（D. Waters）（1974）随机抽取了某商业银行600名持卡人样本数据，研究了收入、年龄、教育、社会经济地位、信用态度等信息对信用卡使用行为的影响，以持卡人的职业定义社会经济地位。研究认为收入高、学历高、社会经济地位高的人更愿意持有信用卡。

（2）把社会地位与经济地位分开研究。社会声望通常也被称作社会地位。学者们（Nisbet，1959；Clark et al.，1991；Hout et al.，1993）根据个人的收入水平、身份地位或声望高低等可以量化的指标，采用高低等的测量方法，把个人归类为高低不同的社会地位。林南（N. Lin）和谢文（W. Xie）（1988）考察了北京市城镇居民20~64岁成年人和50种职业声望的影响，通过社会主要职业来衡量声望排名，认为以职业来衡量声望排名的结果与其他国家排名非常一致。美国社会学家邓肯（1961）用教育代表社会地位，李春玲（2005）以职业代表社会声望，黄婷婷等（2016）以相对收入代表经济地位、以受教育程度代表社会地位，结果发现年轻人和老年人的主观幸福感不仅受经济地位比较的影响，还受社会地位比较的影响。周长城和徐鹏（2014）把受教育程度和职业作为社会地位的衡量指标，研究了社会地位与生活体验对政府工作满意度的影响。申云和贾晋（2016）、申云和朱玉芳（2017）使用收入差距衡量个人的社会经济地位，研究认为收入差距扩大会导致居民幸福感的下降，社会经济地位的提高对于提升个人健康水平起着重要的作用。徐延辉和史敏（2018）研究将社会地位分解为经济地位、社会网络和社会不平等感知三个维度，研究了社会地位与农民工的定居意愿。刘志侃和程利娜（2019）以教育程度、职业、收入衡量经济地位的高低，研究了家庭经济地位对主观幸福感的影响，研究发现经济地位高的家庭所拥有的经济资源丰富，家庭经济地位与主观幸福感呈显著正相关关系。

（3）在研究经济地位时，学者们多使用收入指标。美国社会学家邓肯（1961）在编制社会经济地位指数时用收入代表经济地位。拉瓦雷（M. Ravallion）和洛克辛（M. Lokshin）（2002）研究了俄罗斯成年人经济福利影响因素，发现收入对经济地位是一个非常重要的预测因素，经济福利除了受收入主观经济地位的影响，还受到教育、就业、资产和居住地区的相对收入影响。鲍德哈维（N. Powdthavee）（2007）以收入衡量个人的主观经济地位，利用印度尼西亚家庭生活调查数据进行研究，认为收入对个人主观经济地位有着显著的影响，经济地位的高低影响着消费能力。官皓（2010）运用 Probit 方法，把相对收入作为自身经济地位的评价标准，从绝对收入和相对收入视角，研究了经济地位对幸福感的影响机制，研究表明相对收入地位对幸福感具有显著的正向影响。更高的家庭人均收入能够显著提升主观经济地位（何兴强 等，2014；Graham et al.，2004）。黄婷婷等（2016）以平均月收入水平衡量经济地位。另外，李涛等（2019）借鉴拉瓦雷和洛克辛（2002）、鲍德哈维（2007）的做法，以家庭人均收入代表经济地位，研究了客观相对收入与主观经济地位之间的关系，认为客观相对收入越高，则主观经济地位越高。

2.2.2 信用卡使用行为研究综述

（1）有学者认为信用卡使用是指消费者是否持有信用卡即信用卡持有者和非信用卡持有者。阿德科克（W. O. Adcock）等（1976）通过对信用卡持有者和非信用卡持有者个人特征信息的研究对比发现，收入水平高、男性、已婚、中年、高学历的消费者更容易持有信用卡。卡拉（A. Kara）、凯内克（E. Kaynak）和库卡米鲁格鲁（O. Kucukemiroglu）（1994）通过信用卡授信额度、卡片等级（普卡、金卡和白金卡）、年费收取、利率、还款方式等维度，运用联合分析法进行研究，发现大学生选择是否持有信用卡最关注的是利率高低和信用卡还款方式。杜卡（J. V. Duca）和怀特塞尔（W. C. Whitesell）（1995）研究了家庭特征信息对信用卡持有的影响因素，认为户主是年轻的女性且生活在城市者更容易持有信用卡，户主为已婚和高学历者也更容易持有信用卡。肖（J. J. Xiao）、诺宁（F. E. Noring）和安德森（J. G. Anderson）（1995）对美国大学生进行研究，发现信用态度的情感、认知态度和行为对是否持有信用卡有着显著的影响。卡拉、凯内克和库卡米鲁格鲁（1996）对宾夕法尼亚州中南部家庭信用卡偏好做了研究，发现消费者在选择是否持有信用卡上有显著的差异，信用卡的还款方式、是否免年费及品牌名称三个因素是消费者选择是否持有信用卡最关注的因素。海荷（C. R. Hayhoe）、利奇（L. Leach）和特纳（P. R. Turner）（2000）针对大学生信用卡持有数量进行了研究，发现大学生的年龄越大，更容易持有四张及更多数量的信用卡，男性大学生持有信用卡的数量要明显低于女性大学生。夏普（D. L. Sharpe）、姚（R. Yao）和廖（L. Liao）（2012）进行了城市居民信用卡使用的相关因素分析。傅联英和王明筠（2016）基于 2011 年中国家庭金融调查数据（CHFS）进行了研究，认为城镇居民个人特质和家庭特征对信用卡持有决策有着重要影响，年龄越大、收入越高、已婚、家庭有车等会降低信用卡的持有概率，性别、工作编制、工作年限等对是否持有信用卡的影响不显著。

（2）更多的学者认为信用卡使用是指不仅消费者持有信用卡，并且还要使用信用卡，也就是还要发生交易行为。目前国外关于信用卡的使用研究主要集中在以下几个方面：①学者们认为持卡人个人（家庭）特征信息或风险态度对信用卡使用有着重要的影响。莫迪利安尼（F. Modigliani）（1986）通过生命周期储蓄模型研究信用卡使用者的人口统计特征变量，发现信用卡的使用者与非使用者在人口统计变量上有明显的差异。较非使用者而言，男生、已婚、中年阶段、高学历及中等以上的收入的消费者更容易使用信用卡。克鲁克（J. N. Crook）、汉密尔顿（R. Hamilton）和托马斯（L. C. Thomas）（1992）通过研究发现持卡人所在地区、收入水平、年龄等方面对信用卡使用和非使用有着重要的影响。梅丹（A. Meidan）和达沃（D. Davo）（1994）研究了希腊信用卡持有及使用情况，认为信用卡使用的便利性、经济性及声望影响信用卡的持有，持卡人的年龄、性别和收入对信用卡使用起着主要作用。卡拉、凯内克和库卡米鲁格鲁（1996）研究发现持卡人的收入与信用卡透支行为呈正向变化，收入越高的消费者越容易持有和使用信用卡。卡罗（K. A. Carow）和斯塔顿（M. E. Staten）（1999）分析了消费者使用借记卡、通用信用卡、汽油信用卡或现金的支付选择情况；基于 Logit 模型的结果，研究发现当受教育程度较低、收入较低、中年人和信用卡拥有量较少时，消费者更倾向于使用现金，借记卡和信用卡用户更年轻，受教育程度更高，持有的信用卡也更多。海荷、利奇和特纳（2000）通过研究认为认知水平也是影响大学生使用信用卡的重要因素，金融知识越丰富，信用卡使用也更加理性。阿卜杜勒-穆明（A. G. Abdul-Muhmin）和奥马尔（Y. A. Umar）（2007）基于沙特阿拉伯的样本研究了信用卡的拥有量和使用量，认为该国信用卡渗透率较低，女性比男性更容易拥有信用卡，持卡人对债务的态度影响信用卡使用。有学者研究了马来西亚信用卡持有者特征，通过 Probit 和 Tobit 研究发现年龄、家庭规模、收入、教育程度对信用卡持有具有影响，年龄和以前的信用卡持有量和坏账历史情况等因素影响信用卡债务的水平。汉考克（A. M. Hancock）、约根森（B. L. Jorgensen）和斯旺森（Swanson）（2013）研究认为父母的工作年限、财务知识、信用卡态度、个人特征等因素对大学生信用卡持有数量具有影响，同时发现大三、大四的学生有更多的债务和两张或更多的信用卡。

②银行提供的金融服务对信用卡使用也有一定的影响。怀特（K. J. White）（1975）考察了影响消费者使用信用卡的因素，认为不同的支付工具

成本影响消费行为决策。李（J. Lee）和霍格斯（M. J. Hogarth）（1999）研究认为信用卡的利率对消费者来说至关重要，影响着信用卡使用。李（J. Lee）和权（K. N. Kwon）（2002）通过百货商店消费者调查数据发现，消费者对商店卡的使用因功能而异，信用历史、信用态度和收入都影响商店卡的使用，商店卡与银行卡信贷起着一种补充信贷额度的作用。

③也有学者以信用卡用卡频次衡量信用卡使用情况。肖、诺宁和安德森（1995）以平均每月刷卡次数衡量大学生信用卡使用情况，认为经常使用者比不经常使用者对信用卡有着更为正面的态度。陈（R. Y. Chan）（1997）研究了香港的信用卡使用情况，将每月信用卡使用次数超过 10 次者定义为活跃使用者，每月使用次数未达到 10 次者定义为非活跃使用者，通过商户接受度、信用卡授信额度、还款的便捷性、免息期时间长度、年费、产品增值服务等维度，发现较活跃持卡人而言，非活跃持卡人对商户接受度和信用卡授信额度的态度显著低于活跃持卡人。

（3）国内早期对信用卡使用情况的研究使用的是调查问卷数据。江明华和任晓炜（2004）使用有效调查问卷 164 份，对信用卡的使用和透支行为分别进行了定义：信用卡使用是指信用卡刷卡频率（次数），即如果消费者使用信用卡消费的频率为两周一次（或以上），被认为是经常使用信用卡的持卡人，信用卡刷卡次数为半年一次和两周一次的持卡人被认为是偶尔使用者，信用卡刷卡次数半年不到一次的持卡人被认为是几乎不使用信用卡者；对于信用卡透支行为，他们通过 Logit 回归研究认为持卡人对信用卡的正面情感、对金钱的保守态度、冲动性消费以及存款对信用卡使用有着积极的影响。江明华和任晓炜（2004）还使用调查问卷，将信用卡的使用者定义为"从未透支"和"使用透支"两类，将使用信用卡透支频率"一月一次"及以上持卡人定义为"有透支习惯者"，其他持卡人则定义为"没有透支习惯者"；研究认为学历和职业类别与"透支与否"和"透支习惯"有着明显的相关性，而其他变量与信用卡透支行为关系不显著。

韩德昌和王大海（2007）对天津市五所高校大学生进行抽样调查，研究发现性别、可支配收入、生源所在地对大学生是否持有信用卡有着显著的影响，学历与所学专业与大学生是否持有信用卡关系不显著。李永强（2008）研究了信用卡开卡意愿与使用频率影响因素，该研究通过调查问卷方式，收集了成都、深圳与郑州三地持有"睡眠卡"消费者的数据，借助海荷、利奇和特纳（1999）的态度变量定义，将使用意愿分为两类：一类是基于信用卡价值而申请的样本，如为了透支、不需要携带现金、出国等功能性动机；另一类为基于非信用卡价值而申请的样本，如帮助朋友完成发卡任务、申领信用卡可以获得礼物、信用卡卡片设计漂亮等。使用频率一是指是否有未开通的信用卡，二是指开通后使用的次数仅为免年费的次数，三是指连续6个月刷卡消费小于或等于1次。研究结果表明金钱与信用态度同持卡人对信用卡的态度正相关，影响开卡意愿和使用频率的因素由大到小依次为感知实用性、信用卡态度、信用卡相关知识、感知方便性、金钱与信用态度、感知风险。

（4）近些年国内也有学者使用商业银行微观数据研究信用卡使用行为。较有代表性的是清华大学廖理、复旦大学沈红波等人。黄卉、沈红波（2010）依据某商业银行2007年3月至2008年2月的数据，使用Logit和Probit模型，研究了生命周期、消费者态度与信用卡使用频率。信用卡使用频率是持卡人用卡积极性和活跃度的重要体现，该研究以持卡人在开户后一年内的用卡次数来衡量信用卡使用频率，同时结合样本行信用卡免年费政策，将持卡人一年内刷卡次数小于或等于5次定义为消极（inactive）的信用卡使用者、将一年刷卡次数高于免年费要求的次数即6次以上的持卡人定义为积极（active）的信用卡使用者。以持卡人性别、年龄及婚姻子女情况衡量持卡人的生命周期，以持卡人对信用卡申请额度的高低和对卡等级的选择来衡量持卡人的信用态度。研究认为我国的信用卡持卡人具有显著的"生命周期效应"，已婚有子女的持卡人信用卡使用频率低于其他持卡人，但性别和年龄对信用卡使用频率结果不显著。以信用卡授信额度来衡量持卡人信用态度对信用卡使用频率不显著，而持卡人对卡等级的选择与持卡人使用频率具有正向显著影响。持卡人收入水平与使用频率也有显著影响。

廖理、沈红波和苏治（2013）使用某商业银行仅一年（2007年3月至2008年2月）的信用卡账户数据样本，基于住房的研究视角，研究了如何推动中国居民的信用卡消费信贷。该研究所指信用卡使用包括信用卡用途、负债利息、使用频率。信用卡用途是指信用卡是否产生信贷利息，负债利息是指持卡人年度负债利息，使用频率是指持卡人年度产生信用卡消费的月份数。研究发现拥有自有住房的居民，其信用卡的消费信贷程度和使用频率都不高，住房的财富效应当前在中国并不存在。相比租房，采用分期付款的居民其信用卡的消费信贷金额和使用频率较低。

沈红波、黄卉、廖理（2013）使用某商业银行仅一年（2007年3月至2008年2月）的信用卡账户数据样本，研究了中国信用卡市场持卡人透支行为。该研究将信用卡持卡透支行为分为两个阶段：第一阶段是指持卡人是否成为循环信贷者，即持卡人有使用信用卡透支的可能性且信用卡透支产生利息即为循环信贷者；若持卡人信用卡账户按期全额还款，则持卡人仅把信用卡当作支付工具。第二阶段考察的是持卡人透支程度，即以一年以内的利息总额衡量持卡人透支程度。以年龄衡量生命周期，以收入和职务衡量社会经济地位。研究结果表明生命周期与信用卡透支可能性及透支程度呈反向变化，社会经济地位（收入与职务）与持卡人透支可能性及透支程度呈显著的正相关关系。李广子和王健（2017）使用某商业银行 2015 年 5 月、6 月和 7 月的信用卡数据，研究了持卡人信用卡授信额度调整对消费行为的影响，信用额度的调增导致消费信贷的增加，从而增加了消费者的消费行为。

2.2.3 信用卡逾期行为研究综述

根据《商业银行信用卡业务监督管理办法》，持卡人未按事先约定的还款规则在到期还款日（含）前足额偿还应付款项即为信用卡逾期。信用卡逾期有主观和客观两方面的原因。主观方面是由经济受限或主观意愿上不愿意还款，就产生了还款意愿消极和还款行为滞后；客观方面因疏忽或其他不可抗力因素以致客户忘记还款。信用卡逾期未偿还易形成信用卡风险，从而直接影响商业银行盈利水平。

关于信用卡逾期的研究，国内外学者主要集中在以下两个方面：

1. 基于统计方法对信用卡风险的预测（评级）

常见的研究方法有 Logit、支持向量机（support vector machine，SVM）、随机森林（random forest，RF）、决策树等。古瓦特（M. J. Goovaerts）和施丁耐克尔斯（A. Steenackers）（1989）采用 Logit 建立了个人贷款的信用评分模型，将消费者的年龄、性别、婚姻、工作单位、工作时间、收入、职业、房产情况等纳入研究框架，研究分析影响个人贷款信用风险的因素。施赖纳（M. Schreiner）（2004）通过对 1998—2003 年玻利维亚的小额贷款机构建立了信用卡评分机制，研究发现性别对信用卡违约风险也有一定影响；较女性而言，男性的信用意识薄弱，更容易出现信用卡违约的情况。德赛（V. S. Desai）等人（2005）采用决策树模型和神经网络法来分析商业银行信用卡业务信用风险的影响因素。刘闽和林成德（2005）、刘云焘等（2005）基于支持向量机信用风险评估模型研究了我国商业银行信用风险。乔恩（Jon）等（2008）利用自组织映射方法（self-organizing map，SOM）研究了信用卡欺诈识别。陈（W. M. Chen）等（2009）运用混合支持向量机方法，随机选取 2 000 个关于信用好坏比率的数据集，建立信用评分模型。研究结果表明，收入是最重要的，其次是受教育水平等，年龄变量也有一定的影响，而婚姻状况、国别、籍贯的影响则很小。贝洛特（T. Bellotti）等（2009）运用数据挖掘的支持向量机（SVM）方法，将客户在开户后的前 12 个月内拖欠付款 3 个月或以上的行为定义为违约，研究了消费者个人特征信息与信用卡违约行为。丁特（H. T. Dinht）等（2010）通过越南零售银行市场信用评分模型进行研究，发现消费者教育背景对信用风险没有显著影响，认为虽然越南的主要人群受教育程度不高，但受教育程度对信用风险没有显著影响，受教育程度越高的消费者并不代表着信用违约率越低。查尔斯（Charles）和朱利安（Julian）（2010）采用组合学习算法评估信用风险，发现对信用评分影响最大的是收入水平，其次是受教育程度，婚姻、年龄等也会有一定影响。

国内学者迟国泰、许文、孙秀峰（2006）通过还贷能力与还贷意愿 2 大类共 15 项指标，建立了个人信用卡信用风险评价体系，并通过对每个指标设置不同的分值及权重，计算个人信用得分。研究认为影响评分权重较大的是申请人收入水平，其次是家庭状况指标、个人司法记录、家庭财产和负债状况，这几项指标是反映信用卡信贷风险的主要指标。个人收入是还贷资金的主要来源，家庭状况影响到持卡人的还贷能力和意愿，当持卡人收入不足还贷时，家庭财产将会折现赔偿债务，而拥有信用卡记录、受教育程度、健康状况、个人保险记录的权重较低，它们对个人信用评分的影响相对较小。刘莉亚（2007）基于判别法和 Logit 回归模型，从借款人还款能力和还款意愿两方面，以收入充足性和稳定性来度量借款人短期和长期还款能力；以名誉度（代表违约的机会成本）和诚信度（代表历史信用记录）来度量还款意愿，构建了个人贷款信用评分模型。朱晓明、刘治国（2007）梳理了信用评分方法，认为回归分析模型仍是目前应用最为广泛的一种信用评分模型，其中有代表性的有 Logit、线性回归分析、Probit 回归等方法。赵青松、祝学军、钱妹（2019）基于混合两阶段信用评分模型，运用神经网络和 Logit 回归分析法，以信用卡持卡人的各种信用行为记录进行建模，计算消费者最终信用得分；研究认为商业银行应该根据消费者不同的信用得分匹配授信额度，并着重注意申请人的预期还款行为，适当参考申请人的月收入情况。

2. 关于信用卡逾期实证研究

爱德华（Edward）（1998）根据不同收入水平家庭的数据，计算各个家庭的收入负债比率和消费收入比率。结果表明，较其他收入家庭，低收入家庭因信用债务越过了他们的收入。方匡南等（2010）基于某商业银行信用卡部 2004—2009 年共计 70 532 个原始数据库进行实证研究，认为消费者职业、年龄、家庭人口数、月刷卡额、学历、家庭月收入对信用风险有着显著影响；收入对信用风险有着重大的影响，而性别和婚姻状况等对信用风险影响不显著。方匡南、章贵军和张惠颖（2014）基于某商业银行信用卡部数据，运用 Lasso-Logistic 回归分析法进行研究，发现持卡人居住在省会城市、个人月收入在 1 000 元以下、信用卡使用频率较高、月刷卡额度 2 万元以上、年龄 35 岁以下且学历为专科的已婚女性违约较高。张秋菊（2018）使用某银行半年的数据，将逾期时间细分为逾期 1 个月还款、逾期 2 个月还款，依此类推至逾期 9 个月还款。研究发现持卡人逾期时间越长，银行坏账的风险越大。那些逾期 1 个月、2 个月的客户，并不是银行重点防范的对象，相反这部分客户会因逾期还款缴纳罚息，为银行带来收益；而逾期时间超过 3 个月的客户被视为逾期还款客户中风险非常高的客户。

2.2.4　文献评述

近年来，对信用卡的相关理论与实证研究有了进一步发展。信用卡缓解了信贷约束，平滑消费，促进了经济发展。较现金支付而言，信用卡"先消费后还款"的支付方式让人们产生了消费愉悦。从国内外现有研究文献来看，关于信用卡使用行为和逾期行为的研究，不同的研究者选取不同的研究样本，由于不同国家或地区、不同时期、不同消费习惯差异，信用卡发展水平各国或地区也有差异，所以学者们对信用卡使用的研究内容也有所不同，其研究结果也不完全一致，但这些都为本书的研究奠定了理论和实证基础。

总体看来，关于信用卡的使用，一些学者研究了哪些因素影响信用卡持有即是否拥有信用卡。更多的学者研究了信用卡使用即信用卡是否发生透支、透支金额及透支频次，学者们认为持卡人（家庭）特征信息、银行提供的信用卡服务对信用卡使用有着重要的影响，其中收入是其重要因素。关于信用卡逾期的研究侧重在信用风险预测或评级方面，认为对信用评分影响最大的是收入水平（Charles et al.，2010），那是因为个人收入水平是还贷的重要来源（迟国泰 等，2006）。从传统消费理论及现有关于信用卡的研究文献来看，收入对人们的消费行为、使用行为及偿付行为有着重要的影响。我国信用卡业务历经 40 年发展，现正处于快速发展阶段，特别是近 10 年信用卡业务发展非常迅猛，随着信用卡使用的普及和人们消费观念的变化，越来越多的人使用信用卡完成消费行为。信用卡无论是在我国支付业务的推进还是消费信贷业务的促进方面都发挥着无可替代的作用，因此研究信用卡具有十分重要的意义。然而目前国内大多数学者基于调查问卷或少量的信用卡微观数据，对信用卡透支行为有粗浅的研究，但却很少有学者通过商业银行大样本微观数据，从收入的视角研究经济地位对信用卡使用行为及使用后偿付行为进行更深层次和较系统、完整的研究。持卡人使用信用卡透支的目的是什么？是使用支付功能还是信贷功能？透支程度如何？透支频率怎样？是积极的用卡人还是消极的用卡人？经济地位与信用卡是否透支、透支程度、透支目的及透支频率是怎样一种关系？随着信用卡信贷功能对消费的促进作用更加显著，经济地位对信用卡消费信贷功能（信用卡分期）又会产生怎样的影响？经济地位与信用卡分期程度、分期周期又是怎样的一种关系？消费者通过信用卡分期能缓解流动性约束吗？持卡人使用信用卡发生透支行为及分期行为后，无论是使用信用卡支付功能还是消费信贷功能，都有可能出现逾期的情况，那么经济地位与信用卡是否逾期、逾期程度及逾期时长又是怎样的一种关系？除了持卡人的收入，持卡人其他个人特征信息如住房、学历、教育背景、地区差异等对信用卡使用及偿付也有一定的影响，那么持卡人的收入与不同的信息特征之间交互作用又是如何影响信用卡使用及偿付的呢？这些将是本书研究的重点内容。

2.3 本书研究的理论框架

2.3.1 信用卡使用流程

对于持卡人而言，信用卡业务环节主要有信用卡申领、激活、使用及使用后的偿付。

1. 信用卡申领

我国居民持有效身份证件，提供相关资料证明（如近一年收入证明、工作证、房产证、公积金缴存记录等），通过发卡机构的营业网点、网上或自助渠道可申请办理信用卡。发卡机构根据申请人收入水平、学历、信用记录等信息进行信用评分，按照授信规则，通过电话核实、信函调查、当面核实等多种方式和途径完成资信审核，给予发放或不发放信用卡，并对审核通过的申请人给予一定的信用额度。信用卡过件率在一定程度上反映消费者申请办理信用卡的通过情况，根据中国银联数据报告，2010 年全国性股份制商业银行过件率为 72.7%，2017 年全国性股份制商业银行过件率为 56.0%。从整体来看，过件率大幅下降，各商业银行信用卡风险开始从源头上进行控制。

2. 信用卡激活

信用卡激活是指持卡人在申领信用卡后，通过激活或不激活决定是否使用信用卡。根据中国银联数据报告，全国性股份制银行信用卡激活率由 2012 年的 70.1%提升至 2017 年的 71.5%，区域性商业银行信用卡激活率由 2012 年的 70.1%提升至 2017 年的 76.5%，激活率较以前有所提升。

3. 信用卡使用

持卡人激活信用卡后，在可用额度之内，使用信用卡包括消费交易、预借现金及分期等交易即为信用卡透支。根据中国人民银行公布的《支付体系运行报告》，2018 年末信用卡授信金额为 15.4 万亿元，应偿信贷余额为 6.9 万亿元。相比过去 10 年，信用卡授信额度和透支金额都有很大提高，说明随着经济发展，人们的信用卡透支能力增强，消费信贷行为不断提升。

4. 信用卡偿付

信用卡发生透支行为后主要会出现三种偿付情况（此处暂不讨论持卡人忘记还款以及其他客观因素导致未按时偿付的情况）：一是使用支付功能的持卡人在免息期结束后按时还款，不会支付任何利息。二是使用消费信贷功能。根据与银行约定的还款规则，一种方式是持卡人到期后只偿付最低还款，按银行计息规则对未偿还部分支付利息，不影响信用记录；另一种方式是持卡人发生透支行为后，在信用卡账单未出前，使用分期功能，根据自己未来收入情况，按不同期限还款，也不影响信用记录。三是因收入原因，持卡人未按约定的还款规则按时还款形成了信用卡逾期，持卡人不仅要支付逾期利息，个人信息记录也会受到影响。根据中国人民银行公布的《支付体系运行报告》，2018 年末信用卡逾期半年未偿信贷总额高达 789 亿元，是 2009 年的 10 倍，信用卡逾期金额不断攀升，信用卡逾期风险增大。

2.3.2　研究的理论框架

赫希曼（1979）经过研究认为传统消费行为模式完全忽视了消费者购买行为的支付方式，其原因有可能是传统支付方式只有现金，而且消费者一般都是待拥有一定的储蓄时才发生购买行为。然而随着信用消费的出现，消费者不再受自身的资金约束，也可以通过消费信贷行为，实现消费效用最大化。卡勒特纳和科奇勒（2007）在传统消费行为模型基础上提出了信用消费行为模型，认为消费信贷使用应视为一个长期过程。该模型包括三个主要部分，即信贷之前的过程、信贷期间的过程和贷款后的过程。

第一部分，在信用卡使用之前消费的具体行为过程有：需求、对商品的欲望、商品的类型（是习惯性购买还是即时性购买）、广泛的决策过程（商品决策和融资决策）、结果选择（放弃购买、延迟购买、打算购买）、支付选择（储蓄购买还是信用支付）。

第二部分，信用卡使用行为有：信用决策即通过信用购买。

第三部分，信用卡使用之后有：偿付。

该模型认为信用消费行为会受到个人特征和情景特质（如财务情景）的影响，并且个人特征和情景特质可能以各种方式存在交互作用从而影响信用消费行为。

信用卡消费是信用消费的重要体现，信用卡支付和消费信贷功能缓解了流动性约束，刺激了消费。对于持卡人本身而言，个人特征信息对信用卡使用有着重要影响，其中收入是关键；持卡人收入不仅影响人们是否成功办理信用卡、信用卡授信额度大小，还是信用卡还款的重要保障。因此，本书在传统消费理论的指引下，结合卡勒特纳和科奇勒（2007）的信用消费行为模型，构建本书信用卡使用行为研究的理论框架。具体如图2-1。

从图2-1可以看出，本书信用卡使用行为包括三个方面的内容：第一部分是信用卡使用之前的行为过程，该过程与传统的消费行为过程大致相同，与原模型流程过程基本一致，信用卡"先消费后还款"和"信用卡分期"付款方式会增加消费结果的可能性，消费支付通过信用卡支付方式完成。

第二部分是信用卡使用，持卡人发生消费行为，通过使用信用卡完成支付，一部分持卡人使用信用卡的支付功能，另一部分持卡人使用信用卡的信贷功能。

第三部分是指信用卡支付之后的过程，信用卡消费后会出现按时还款、分期或支付透支利息和逾期三种偿付结果。

根据图2-1信用卡使用行为研究理论框架，结合持卡人信用卡使用流程，在信用卡未激活前，持卡人信用卡账户不发生具体的动账交易。因此，本书重点关注框架的第二部分和第三部分即信用卡使用过程中和信用卡使用后的行为：在信用卡使用过程中，持卡人是使用信用卡的支付功能还是消费信贷功能；在信用卡使用后，持卡人除了按时还款外，还可能使用信用卡循环信贷功能和发生信用卡分期行为，也有可能出现信用卡逾期。值得一提的是持卡人发生分期行为，有可能是在使用信用卡透支时就申请分期还款，也有可能是在发生透支后申请分期还款，只要是在持卡人本期应出账单之前都可以向银行申请分期付款。因此，本书从收入的视角，分析了经济地位对信用卡透支行为、分期行为及逾期行为的影响，以及经济地位与个人特征和情景特质交互作用对信用卡使用行为的影响。

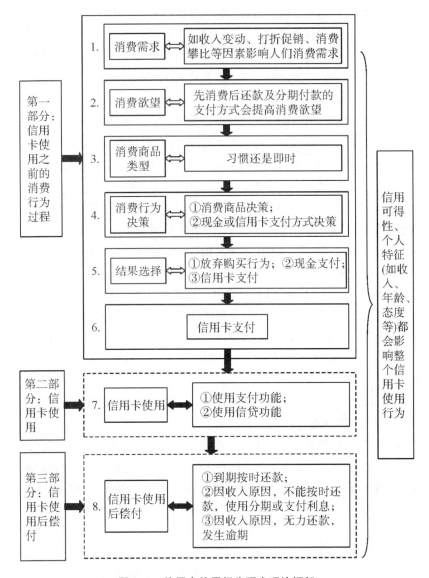

图 2-1　信用卡使用行为研究理论框架

2.3.3　数据来源

本书采用的数据来自四川省某商业银行脱敏后的信用卡数据库。数据库共分为四个主要部分：一是持卡人的身份证号、卡号、卡产品、卡种、卡状态、性别、婚姻、学历、收入、住房、授信额度、地区、发卡时间、激活时间等。

二是信用卡透支数据，包括卡号、卡种、卡状态、透支利息、透支时间。透支利息（收入）有：利息收入、预借现金手续费收入、分期付款收入、超限费、滞纳金、其他收入、年费、挂失费、POS回佣收入。三是信用卡分期数据，包括卡号、卡种、卡状态、分期产品、分期金额、分期期限、分期时间。四是信用卡逾期数据，包括卡号、卡种、卡状态、逾期金额、逾期时间、逾期天数。

本书使用的数据虽然为四川省某商业银行的信用卡数据，样本覆盖范围主要为四川省省会城市，但其信用卡业务发展逐渐趋于同业水平。从信用卡激活率来看，2017年末，全国性股份制商业银行与区域性商业银行信用卡激活率分别为71.5%和76.5%，该样本商业银行的信用卡激活率为76.5%。从信用卡市场来看，信用卡产品及服务同质化较强。从信用卡发展活力指数（图2-2）来看，该样本行信用卡的收入能力、规模水平、发展速度、用户黏性、风险管理、额度管理基本达到区域性银行的总体水平，因此数据样本不影响结论的可靠性。

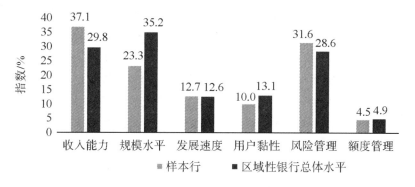

图2-2　信用卡发展活力指数

各指数的具体因素如下：

收入能力：卡均收入、资金回报率、生息资产余额占比、生息资产账户占比、卡日均垫款余额。

规模水平：卡量规模、信贷规模、收入规模。

发展速度：新增发卡率、净收入环比增速、日均垫款环比增速。

用户黏性：激活率、活跃率、当年新增销卡率、当年卡均交易金额、中小额交易笔数占比。

风险管理：M2+余额占比、损失率、催收乘数、拨备覆盖率。

额度管理：低额度使用率账户占比、高额度使用率账户占比。

2.3.4 关键指标——经济地位度量

1. 收入与信用卡使用

传统消费理论及现有研究文献为本书的研究奠定了重要的基础。一是传统消费理论为信用卡消费提供了理论依据。传统的消费理论认为对消费影响最重要的因素是收入的高低，消费者的现期收入、过去收入、一生收入等各种收入的组合对消费行为有着重大影响。二是从现有研究来看，对信用卡使用及逾期影响最重要的还是消费者收入。卡梅隆（S. Cameron）和戈尔比（D. Golby）（1991）用相对收入假设、社会比较理论及低收入者的低自控特质，分析了收入和负债之间的反向变化情况。戈德温（D. D. Godwin）（1997）通过消费者金融调查数据，考察了家庭收入对信贷的态度变化情况。奥兹古尔（Ozgur）和梅赫迈特（Mehmet）（2010）通过研究认为消费信贷机构选择和筛除客户的首要因素是收入与消费行为。韩立岩和杜春越（2011）研究认为收入差距、借贷水平对居民消费行为有着重要影响，研究结果显示收入与消费呈正向显著关系，政府要促进居民消费，着力推进消费金融发展。裴春霞和孙世重（2004）通过收入研究认为中国居民消费受到显著的流动性约束，对中国居民来讲，当长期的实际收入增长 1%，长期的实际消费增长幅度在 0.73% 左右。黄卉、沈红波（2010）运用 Logit 和 Tobit 模型研究了信用卡使用频率：信用卡的使用频率随着持卡人收入水平的提高而增加，收入最高的持卡人的用卡活跃度率最高，信用卡的使用频率在很大程度上反映了持卡人的购买能力，也就是说持卡人的收入直接影响着信用卡的使用。查尔斯和朱利安（2010）认为收入水平是影响信用评分最大的因素，那是因为个人收入水平是还贷的重要来源。

2. 收入是国内商业银行信用卡准入最重要的因素之一

从国外信用卡评分指标体系（表 2-1）来看，国外评价机构 FICO（美国最广泛使用的信用卡评分机构）比较重视考察的是消费者支付记录、当前信用使用情况、信用记录等（徐可达，2013）。

表 2-1　美国 FICO 信用评分内容及信用评价等级

评分要素	权重	主要内容	评分范围	信用等级
支付记录	35%	支付记录包括是否按时付账，每个账户付账信息和有关催收欠款的公共记录	750 分以上	优
当前信用使用情况	30%	当前所有账户的总欠款、不同类别账户的欠款、账户授信使用率、分期付款账户上的原始欠款和剩余欠款额等	680~750 分	良
信用记录累计时间	15%	个人信用累计时间包括客户最早账户的账龄、所有账户的平均账龄等	620~679 分	中
新的信用记录活动	10%	新的信用卡记录包括是否有新的债务、新账户的数量、查询信用报告的次数	620 分以下	差
其他拥有信用情况	10%	客户不同信用种类的配比和使用，如房贷、车贷、信用卡等贷款使用情况等		

　　我国由于受限于个人信用管理的现状，无法完全沿用国外的指标体系。各商业银行根据信用卡申请人的年龄、性别、婚姻、文化水平、住房性质、职业、年收入等信息进行信用卡综合评分，按照评分结果高低，给予申请人是否准入办卡以及对应的授信额度。从表 2-2 某国有商业银行（该行信用卡发卡量在国有商业银行中排名靠前，信用卡不良率也控制得最好）信用卡评分内容来看，办卡者的收入分值最高，权重高达 15%，这说明发卡银行在信用卡准入和授信时关注重点还是持卡人的收入水平，那是因为收入水平对持卡人的透支能力和还款能力有着重要的保障。另外，从本书研究的四川省某商业银行信用卡授信政策来看，对于依据收入水平授予信用额度时，授信额度配比系数可为年收入的 3 倍。

表 2-2　某国有商业银行信用卡评分内容

评分要素	指标名称	分值	权重	评分结果运用
一、自然人信息	1. 年龄	15	7.5	得分 1～160 拒绝 建议参考：161 ～180 建议批准：181 ～200
	2. 性别	4	2	
	3. 婚姻状况	15	7.5	
	4. 文化水平	17	8.5	
	5. 住房性质	24	12	
	小计	75	37.5	
二、职业情况	1. 职业	14	7	
	2. 在现职年限	14	7	
	3. 职务	24	12	
	4. 职称	20	10	
	5. 年收入	30	15	
	小计	102	51	
三、与银行的关系	1. 在本行账户	10	5	
	2. 持有信用卡情况	13	6.5	
	小计	23	11.5	
	合计	200	100	

3. 在信用卡中有关社会经济地位的研究

马修斯（H. L. Mathews）和斯洛克姆（J. W. Slocum）（1969）以职业和教育水平两因素来衡量社会阶层指标，研究了社会阶层对信用卡使用的影响。研究认为不同的社会阶层对信用卡使用的目的不一样：社会阶层高的人使用支付功能，社会阶层低的人使用信贷功能。斯洛克姆和马修斯（1970）重新检视了收入、社会阶层与信用卡使用的关系，研究发现当控制收入变量时，社会阶层（指职业和教育水平）并不能完全解释信用卡支付功能使用者和信贷功能使用者之间的差异化行为，而应当把收入与其他变量一同考虑，社会阶层并不是比收入水平更好地反映消费信贷行为的指标。普卢姆（Plummer）（1971）对生活方式对信用卡使用的影响进行了深入研究，认为收入更高、受过更好的教育、处于中年阶段者为信用卡使用最多的群体。另外，不同的社会阶层因生活方式的不同，对信用卡使用也不同，较非信用卡使用者而言，信用卡使用者的生活方式更为积极，社会经济地位更高。沃赫和沃特斯（1974）对收入、年龄、教育、社会经济地位等信息对信用卡持有行为的积极性和非积极性进行了研究，并以信用卡持有人的职业定义社会经济地位，认为收入越高、学历越高、社会经济地位越高的人越愿意持有信用卡。沈红波、黄卉和廖理（2013）利用 Probit 和 Tobit 模型，以年龄代表生命周期，以信用卡持有人的年收入代表经济地位，以职务级别代表社会地位，研究了生命周期、社会经济地位对信用卡透支行为的影响。研究认为持卡人持有信用卡透支的可能性随着收入的增长而上升，收入与持卡人透支程度呈正相关关系，持卡人收入越高，透支金额越多；职务级别与信用卡透支可能性及透支程度也有着显著正向影响。

4. 使用收入衡量持卡人经济地位

在西方社会，相同职业者的收入和其文化水平较为接近，然而这一点在我国与西方社会并不完全一致。李春玲（2005）研究结果显示，在我国同样职业的人在收入和教育水平上差距很大，特别是在收入方面，那是由于同样的职业在不同的地区、不同的行业部门对文化水平有不同的要求，经济报酬也有很大差异。收入、教育水平、职务等代表经济和社会地位的因素会影响人们的社会经济地位。但在我国学历高、社会地位高的人不一定就有高收入，低学历、社会地位低的人收入不一定就低，并且这也不是个别现象。由于信用卡具有支付和消费信贷的双重功能，所以无论其社会地位高低，持卡人都享受信用卡"先消费后还款"的免息期。显而易见，在信用卡使用阶段和信用卡偿付阶段，持卡人的收入高低直接影响着信用卡透支行为和使用后的偿付行为，而不是社会地位的高低。

综上，从现有研究文献来看，学者们根据实际情况选择研究对象在教育、收入或者职业的某一个方面或者多个方面来测量或评价经济地位，但收入被认为是刻画经济地位必不可少的因素，本书研究的是信用卡使用行为和使用后的偿付行为。本书在传统消费理论的指引下，借鉴邓肯（1961）、斯洛克姆和马修斯（1970）、沈红波等（2013）、李涛等（2019）的研究成果，以收入衡量经济地位，按照信用卡使用行为研究理论框架，从持卡人的收入角度，采用收入连续变量和分组变量来衡量持卡人经济地位，研究了经济地位对信用卡使用过程中和信用卡使用后的影响机制。

当收入作为连续变量时，本书对收入取自然对数；当收入作为分组变量时，本书将收入分为低收入组、中等收入组和高收入组。不同的学者根据研究样本的实际情况，对低、中、高收入分组有所不同。本书对分组做出如下说明：①根据人均可支配收入现状确定。从四川省某商业银行所在省会城市统计局官网数据显示的全体居民年可支配收入来看，在 2014 年至 2017 年期间，全体居民人均可支配收入分别为 2.7 万元、2.9 万元、3.0 万元和 3.2 万元，居民的年均可支配收入在 3 万元左右；城镇居民 2008 年至 2017 年人均可支配收入是在 1.7 万元和 3.8 万元之间，在此期间全国人均可支配收入在 1.0 万元和 2.6 万元之间，四川省省会城市的全体居民年人均可支配收入高于全国水平（图 2-3）。②借鉴其他学者做法。黄卉和沈红波（2010）将年收入分为 5 个组：3 万元以下，3 万~10 万元，10 万~25 万元，25 万~100 万元及 100 万元以上；傅联英和骆品亮（2018）通过中国家庭金融调查数据（CHFS）研究了信用卡循环负债对居民消费行为的影响，将年可支配收入在 3 万元以下定义为低收入组，3 万~10 万元为中等收入组，10 万元以上为高收入组。因此，本书根据收入做如下分组：低收入组为年收入小于 3 万元（含），中等收入组为年收入 3 万~10 万元（含），高收入组为年收入 10 万元以上。

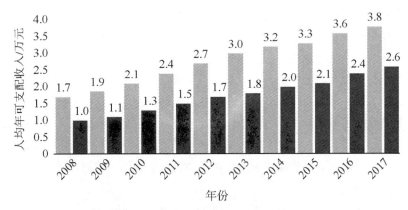

图 2-3　人均年可支配收入

3 信用卡发展历程及现状

本章主要介绍了信用卡相关定义，梳理了国际信用卡和我国信用卡发展历程，以及我国信用卡市场发展现状，具体包括以下几个方面的内容：第一部分对信用卡相关概念进行了描述。第二部分以事件发生的时间为主线回顾了国际信用卡发展历程及我国信用卡发展历程。第三部分概述了我国信用卡发展现状。第四部分为本章小结。

3.1 信用卡基本概念

信用卡又叫贷记卡，由商业银行或信用卡公司（即发卡机构）发行，用以记录持卡人账户相关信息，并具有支付媒介和消费信贷的双重功能。

信用卡发卡业务是指发卡机构基于对客户的信用评估结果，对符合条件的客户发放信用卡并提供相关银行服务。信用卡发卡业务包括营销推广、审批授信、卡片制作发放、资金结算、争议处理和欠款催收等环节。

信用卡的卡号长度按照国际标准为 13 位至 19 位数，我国各商业银行发行的信用卡的卡号大多数是 16 位，一般以 62 开头的卡是中国银联卡，以 4 开头的卡是携带 VISA 标志的卡，以 5 开头的卡是携带 Master 标志的卡，以 3 开头的卡是携带 JCB 标志的卡。第 1 至 6 位数表示信用卡发卡行，也叫 BIN 号，信用卡 BIN 号主要用于识别发卡银行；第 7 至 15 位数是卡等级、顺序号等，由发卡行自行定义；最后一位数即第 16 位数是校验码。

信用卡透支是指持卡人在可用额度之内进行信用消费、转账结算、提取现金、分期等交易。

信用额度（授信额度）指商业银行根据持卡人信用状况核定的，持卡人在信用卡有效期内可以循环使用透支的最高限额。

信用卡到期还款日指银行规定持卡人应该偿还应付款项的最后日期。

信用卡最低还款额指持卡人应该偿还的最低还款金额，由发卡银行制定最低还款额标准，一般为账单金额的 10%。

信用卡免息还款期指持卡人在到期还款日（含当日）前偿还全部应还款额的前提下，可享受免息待遇的透支金额从银行记账日至到期还款日之间的时间（遇节假日不顺延），一般为 50~60 天。

信用卡分期是指持卡人使用信用卡进行透支（包含消费和预借现金）时，由发卡银行向商户（持卡人）指定账户一次性支付持卡人所购商品、服务的消费金额（预借现金额），根据持卡人申请，发卡银行将持卡人透支总额的本金及分期手续费平均分摊至每期账单中（通常以月为单位计算），持卡人按与发卡银行约定的分期还款规则按时偿还。

信用卡逾期是指持卡人未在到期还款日（含）足额偿还应付款项。

3.2 信用卡发展历程

3.2.1 国际信用卡发展历程

回望历史，信用卡的诞生与发展同市场需求紧密相连。20 世纪 50 年代，由于现金携带的安全性和便利性的问题，美国纽约"就餐者俱乐部"（Diners Club）发行了"先就餐，后付账"的卡片，以方便消费者外出消费。1952 年，美国富兰克林国民银行作为金融机构首先发行了世界上首张信用卡。信用卡的出现使人们的支付行为变得便捷，深刻地改变了人们的生活方式。美国人历来崇尚提前消费、债务消费，美国信用卡产业是完全市场化的经营体制。一方面，发卡主体多，除了银行，石油公司、零售商等都可以独立或合作发行信用卡；另一方面，成立有专业性的信用卡服务机构，如 VISA、MasterCard。这些都推动了美国信用卡业务的快速发展，其业务经营模式也被其他国家学习和借鉴。美国信用卡发展大致经历了获客、基本普及和快速发展阶段。

1. 信用卡获客阶段

20 世纪 60 至 70 年代是美国信用卡行业的发展早期，凡是被认定为具有良好信用风险的银行客户，美国商业银行都会对该类客户大批量邮寄卡片，以迅速提高信用卡获客量。

2. 信用卡基本普及阶段

20 世纪 80 年代初，美国信用卡行业初步成熟，信用卡在美国普及度大大提高，VISA、MasterCard 两大信用卡巨头地位初步形成。根据美联储的"消费金融调查"数据，80 年代末拥有信用卡的家庭已经达到 56%，在 90 年代初，AT&T 以其多年积累的庞大客户信息库及长途电话卡的消费场景进军信用卡市场，随后通用汽车等实业巨头纷纷进军信用卡行业，信用状况较好的美国家庭一般都已持有多张信用卡，信用卡在美国家庭基本普及。

3. 信用卡快速发展阶段

在 20 世纪 90 年代第三次科技革命的浪潮中，Signet 银行成立独立信用卡部门，借助使用数据营销的创新模式，通过获取数据、存储数据、分析数据，对不同风险水平的人进行差异化定价，信用卡业务由此高速增长，该银行 1992 至 2002 年营业收入的年均复合增速在 30% 以上。Wind 数据显示，2016 年美国人均持有信用卡 2.9 张，而 2016 年我国人均持有信用卡 0.3 张，中国人均信用卡持有数量仅为美国的十分之一。

欧洲信用卡业务早期发展与美国信用卡发展有着类似的经历。20 世纪 50 年代，英国旅店餐馆协会（British Hotel and Restaurant）发行了 BHR 信用卡。Access 是欧洲第二大信用卡组织。法国是世界上首个使用芯片智能卡（即 IC 卡）的国家。CB（Cartes Bancaires）是法国的银行卡组织。亚太地区主要以日本和韩国为代表。JCB（Japan Credit Bureau）是日本第一家信用卡公司。1969 年韩国新世纪百货公司发行会员卡被认为是信用卡业务的开始，韩国信用卡业务的快速发展离不开 KICC 公司，2001 年韩国信用卡市场成为亚洲第一大信用卡市场（虞月君，2004）。

信用卡业务国际化的发展离不开全球性支付清算机构的推动。全球性支付清算机构的成立实现了信用卡跨国支付，使信用卡业务国际化。比较有代表性的组织有 VISA 国际组织、MasterCard 国际组织、美国运通公司和 JCB 国际信用卡公司等。VISA 是全球支付清算公司，始创于 1958 年，于 2008 年在美国上市。美国运通公司是国际上最大的金融投资及信息处理公司，不仅提供清算服务，还直接发行信用卡，是全球最大的独立信用卡公司，其在 1958 年发行了第一张信用卡。MasterCard 也是全球支付清算公司，始创于 1966 年，于 2006 年在美国上市。MasterCard 本身并不直接发卡，信用卡是由参加万事达卡的金融机构成员发行，国内大多数银行是 VISA 或 MasterCard 的会员行，与它们联名合作发行双币种卡，以使国内发行的信用卡在国外也可进行消费支付。JCB 国际信用卡公司成立于 1961 年，是日本的一家信用卡公司，具有发卡和收单两方面的业务经验（柯颖 等，2006；胥莉 等，2004；卢林，2002）。

3.2.2　我国信用卡发展历程

20 世纪 70 年代末，信用卡业务进入我国。我国信用卡业务的发展与我国的改革开放基本同步。我国信用卡发展历程大致可以分为五个阶段：萌芽期（1979—1984年）、起步期（1985—1995年）、规范化期（1996—2001年）、转型期（2002—2010年）、快速发展期（2011年至今）。我们将以各阶段的主要事件为线索，探析中国信用卡市场发展路径。

1. 在信用卡萌芽期（1979—1984年）代理开展信用卡业务

1979年10月，中国银行代办"东美VISA信用卡"，从此信用卡在中国出现。1980年起，中国银行陆续与国外银行和信用卡组织签约，在国内代理信用卡业务，如日本的"百万信用卡"（Million Card）、美国的"威士卡"（VISA）和"万事达卡"（MasterCard）等。

2. 在信用卡起步期（1985—1995年）开始自主发行信用卡

1985年3月，中国第一张准贷记卡"中银卡"在珠海诞生。之后，中国工商银行（简称"工行"）、中国农业银行（简称"农行"）、中国建设银行（简称"建行"）、交通银行（简称"交行"）分别发行了牡丹信用卡、金穗信用卡、龙卡信用卡和太平洋信用卡。为进一步推动银行卡产业的发展，1993年6月国务院启动了"金卡工程"，并提出了全民使用信用卡的倡议。"金卡工程"的启动促进了银行卡（借记卡和信用卡）的联网联合，实现银行卡（借记卡和信用卡）跨行异地交易，有力地推动了我国金融业的改革与信息化发展。

3. 在信用卡业务规范化期（1996—2001年）制定和颁布行业标准

1996年我国正式颁布了《信用卡业务管理办法》（银发〔1996〕27号），对信用卡业务首次进行了全面的规范。对于人民币信用卡，该办法规定商业银行以不低于交易金额的2%的标准向商户收取刷卡手续费。1999年，中国人民银行颁布《银行卡业务管理办法》（银发〔1999〕17号），《信用卡业务管理办法》（银发〔1996〕27号）废止。银发〔1999〕17号文件首次明确了商户按照不同行业分类实行区别定价。2001年，中国人民银行发布了《中国人民银行关于调整银行卡跨行交易收费及分配办法的通知》（银发〔2001〕144号），维持各商户刷卡费率不变，但将采用固定发卡行收益比例的方式进行利润分配。在这五年时间里，中国人民银行对银行卡刷卡手续费用标准及分润模式不断进行调整，既有利于银行卡联网联合的顺利开展，又能充分调动各方的积极性，加快建立平等竞争的银行卡市场环境。

4. 在信用卡业务转型期（2002—2010年）顺应国际形势

为改变封闭、低效、各自为政的银行卡市场境况，2002年3月，中国银联在上海成立，截至目前是我国专业的银行卡组织机构，对我国银行卡产业发展发挥着基础性作用。为不断提高信用卡的盈利能力和抗风险能力，各商业银行纷纷成立信用卡中心。2002 年 5 月，中国工商银行牡丹卡中心成立；2002 年 7 月，中国银行对银行卡中心按照专业化运作模式，实施独立核算；2002 年 12 月，中国建设银行信用卡中心也在上海挂牌成立；2002 年 12 月招商银行首次发行双币种信用卡。

为顺应国际经济趋势，2003 年底中国人民银行启动金融 IC 卡工作。2005 年 3 月中国人民银行发布第 55 号文，颁发了行业标准《中国金融集成电路（IC）卡规范》（JR/T0025－2005）（业内简称 PBOC2.0），随后又发行了 PBOC3.0 金融 IC 卡，这意味着银行卡"磁条时代"将结束。金融 IC 卡拥有更高的安全性，不易被不法分子通过简单的盗刷装置就能克隆信息后进行盗刷，降低伪卡风险。2008 年 12 月，首家外资银行东亚银行在中国发行信用卡。

5. 快速发展期（2011 年至今）

2011 年，成熟的移动互联网技术推动了信用卡业务线上发展，如线上申请办卡、激活、线上支付等业务陆续展开，互联网已经渗透到信用卡使用的全过程。同时随着移动互联网技术的创新发展，诞生了无卡支付、手机支付等多种新兴支付方式，为消费者带来了更加便捷、安全的体验。

2013 年国家发展改革委发布了《国家发展改革委关于优化和调整银行卡刷卡手续费的通知》（发改价格〔2013〕66 号），执行了十年之久的"03 版"银行卡刷卡费率体系正式退出历史舞台，新刷卡费率的实施，提升了商户 POS 机的使用率，提高了消费者办卡用卡的频率，利好政策的出台进一步推动了信用卡市场的发展。

2016 年 3 月，国家发展改革委和中国人民银行联合发布了《国家发展改革委 中国人民银行关于完善银行卡刷卡手续费定价机制的通知》（发改价格〔2016〕557 号），也简称"96 费改"。"96 费改"取消了商户按行业分类定价，首次实行借、贷记卡差别计价扣率，下调发卡行服务费和网络服务费率，进一步降低商户经营成本，减少商户为逃避高扣率而窜改经营类型的"套码"乱象。

2016 年 4 月，中国人民银行发布《中国人民银行关于信用卡业务有关事项的通知》（银发〔2016〕111 号）（以下简称《通知》）。《通知》取消了现行统一规定的信用卡透支利率标准，实行透支利率上限、下限区间管理，透支利率上限为日利率万分之五，下限为日利率万分之五的 0.7 倍；取消滞纳金和超限费。新规推进了信用卡利率市场化，提高了商业银行信用卡利率定价的自主性和灵活性。

2018 年 11 月，中国人民银行官网公布，已经批准美国运通银行卡清算业务许可证的筹备申请，2019 年 5 月 VISA 也提出此申请。美国运通和 VISA 两大机构的信用卡业务不仅在美国数一数二，在全世界也都有影响力，这也标志着外资向支付清算市场迈出重要一步。

3.3　我国信用卡发展现状

3.3.1　信用卡发卡规模及活卡情况

1. 信用卡发卡规模

我国信用卡行业虽然起步较晚，但发展速度较快。2009 年信用卡发卡量较上一年增幅高达 31%，而同年的全国银行卡发卡量增幅为 14.8%，信用卡增速超越全国银行卡增速。从 2009 年至 2014 年，信用卡发卡量每年以 20% 左右的增长率持续增长，到了 2015 年，首次出现信用卡发卡量增幅下降，同年全国银行卡发卡量增幅也下降，这有可能与当年金融 IC 卡的推广和磁条卡退市有一定的关系，2016 年信用卡发卡量开始上升，2017 年信用卡发卡量增幅高达 25.5%，2018 年末，全国累计发行信用卡 6.9 亿张（图 3-1）。

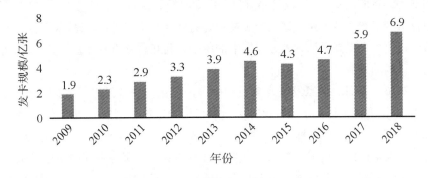

图 3-1　信用卡发卡规模

（数据来源：中国人民银行公布的《支付体系运行报告》）

注：信用卡发卡量包含准贷记卡发卡量和贷记卡发卡量。

接下来分别看看各类商业银行信用卡发卡量。

首先，从全国性商业银行 2014—2018 年信用卡发卡量来看，信用卡发卡量位居第一的是中国工商银行，截至 2018 年末，信用卡发卡量高达 1.5 亿张，建设银行和中国银行分别位居第二和第三，信用卡累计发卡量分别为 1.2 亿张和 1.1 亿张（图 3-2）。信用卡发展到一定阶段后，每家银行信用卡经营策略都不一样：有些银行重在卡量，而有些银行则坚持高质量发展理念，不会一味追求规模扩张，在经营方向上更加注重精细，管控风险，获取优质客户，提高服务品质。值得一提的是，各家银行年报在信用卡统计口径上也有所差异：中国银行 2018 年前公布的是流通卡量（累计有效卡量），2018 年公布的是信用卡累计卡量；交通银行公布的是在册卡量；其他银行公布的是信用卡累计卡量。

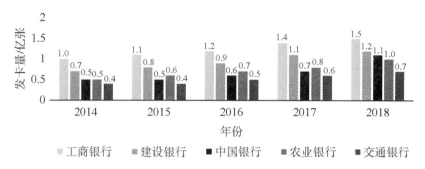

图 3-2　国有商业银行信用卡发卡量

（数据来源：根据各银行年报整理）

注：流通卡量（有效卡量）= 发卡量-睡眠卡量。

睡眠卡：指 6 个月以上未发生主动金融交易（包括消费、存取现和转账交易）的信用卡。

在册卡量：指银行在册登记信用卡发卡量。

商业银行：包括国有、股份制及其他商业银行；其他商业银行如城市商业银行或农村商业银行；银行业务经营不跨区域的商业银行也称区域性商业银行。

其次，在股份制商业银行中，招商银行、广发银行、平安银行、中信银行、浦发银行的信用卡业务规模一直靠前（图 3-3）。截至 2018 年末，招商银行有效发卡量为 0.8 亿张，在股份制商业银行中排第一；广发银行和平安银行均为 0.5 亿张，中信银行和浦发银行均为 0.4 亿张。招商银行有独立的信用卡中心，信用卡发卡量在国内信用卡市场上占有一席之地，信用卡经营策略也被大多数银行效仿。根据招商银行年报，2018 年前信用卡统计口径是累计发卡量，而 2018 年统计口径是有效流通卡量。

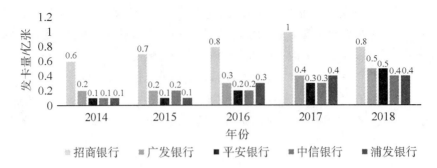

图 3-3　股份制商业银行信用卡发卡量

（数据来源：根据各银行年报整理）

最后，我们来看看部分区域性商业银行信用卡发卡量（图 3-4）。区域性商业银行的信用卡业务较国有和股份制商业银行起步晚，在各区域性商业银行中，信用卡业务规模最大的是上海银行，到 2018 年末信用卡发卡量达到 440 万张。上海银行的信用卡业务发展迅速，这与上海的经济与居民消费水平有很大的关系。江苏银行、贵阳银行、徽商银行信用卡发卡量也突破百万大关，截至 2018 年末，信用卡发卡量分别为 166 万张、140 万张和 127 万张。

图 3-4　部分区域性商业银行信用卡发卡量

（数据来源：根据银联数据客户服务年报整理。"银联数据"是我国专业的金融数据处理商，为各银行提供信用卡、借记卡系统建设及系统托管服务）

2. 信用卡普及情况

随着信用卡发卡规模的迅速扩张，人均持有量也在逐渐增加（图 3-5）。2009年末我国人均持有信用卡量约为 0.1 张，2012 年至 2016 年人均持有信用卡量约为 0.3 张；到了 2017 年，信用卡人均持有量有所增长，截至 2018 年末人均持有信用卡量约为 0.5 张。据银联数据统计，在人均持有卡量上，深圳市的人均持卡量为 3 张左右，北京为 1.5 张左右，上海约为 1 张，其他的城市均在 1 张以下，有些城市的人均持有量极低。虽然我国的人均信用卡持有量有所增长，但距离世界上信用卡发展迅速的国家人均持有量相差甚远，信用卡普及力度有待进一步加大。

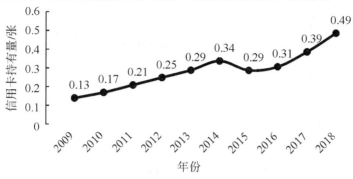

图 3-5　2009—2018 年信用卡人均持有量

（数据来源：中国人民银行公布的《支付体系运行报告》）

注：信用卡人均持有量=信用卡有效卡量/当年国民经济和社会发展统计公报公布的总人口数。

3. 信用卡激活率和活卡率情况

信用卡激活是指持卡人在申领信用卡后，通过激活或不激活决定是否使用信用卡。根据银联数据统计（图 3-6），2014 年全国性股份制商业银行和区域性商业银行信用卡激活率均为 70.1%，2017 年激活率分别为 71.5% 和 76.5%，激活率较以前有大幅提升。

图 3-6　全国性股份制和区域性商业银行信用卡激活率

（数据来源：根据银联数据客户服务报表整理）

注：信用卡激活率=激活卡卡量/有效卡总量×100%。

激活卡：指已经激活的有效卡片。

信用卡激活会带动活卡率上升。从图3-7信用卡活卡率来看，在2013年之前，信用卡活卡率为50%左右，到了2013年，信用卡活卡率首次超过60%，到了2016年活卡率则超过70%，截至2018年，信用卡活卡率为73.2%。

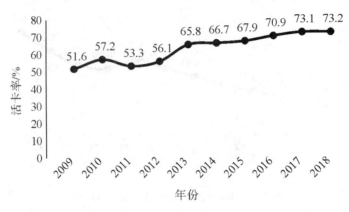

图3-7　信用卡活卡率

（数据来源：中国信用卡产业发展蓝皮书）

注：活卡量＝发卡量-睡眠卡量；准贷记卡和贷记卡睡眠卡是指6个月以上未发生主动金融交易（包括消费、存取现和转账交易）的卡。

信用卡活卡率＝180天内使用的卡量/总卡总量。

根据银联数据2014年12月至2017年12月的数据（图3-8和图3-9），2015年12月区域性商业银行近90天活跃卡高于股份制商业银行0.7个百分点，180天活跃卡高于0.8个百分点，2014年、2016年和2017年均低于股份制银行。这说明在信用卡交易市场上，股份制商业银行信用卡活跃度要高一点，这也与股份制商业银行的信用卡的发卡规模、产品多样化、功能丰富、增值服务范围广等方面有关系。

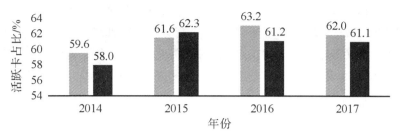

图 3-8　信用卡近 90 天活跃卡情况

（数据来源：根据银联数据客户服务报表整理）

　　注：90 天活跃卡指近 90 天信用卡该卡号发生过消费、取现、还款交易的有效卡片数量。

　　90 天活跃卡占比＝90 天活跃卡量/有效卡量×100%。

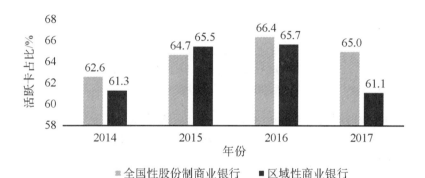

图 3-9　信用卡近 180 天活跃卡情况

（数据来源：根据银联数据客户服务年报整理）

　　注：180 天活跃卡指近 180 天信用卡该卡号发生过消费、取现、还款等交易的有效卡片数量。

　　180 天活跃卡占比＝180 天活跃卡量/有效卡量×100%。

3. 3. 2　信用卡消费信贷现状

1. 信用卡授信金额逐年增长

　　随着信用卡规模的扩大，信用卡授信总额不断增加，这表明消费信贷供给增加。从图 3-10 可以看出，2009 年授信金额为 1.4 万亿元，截至 2018 年末，授信总额为 15.4 万亿元，是 2009 年的 11 倍。在 2009—2018 年的 10 年中，

2010年授信总额增长率高达42.9%；之后慢慢开始放缓，到2014年，增长率为21.7%，增长率较2010年下降21.2个百分点；从2015年起，信用卡授信总额增长率又不断增加，2017年又高达37.4%，2018年又放缓。从2009—2018年10年来看，信用卡授信额度变化4年左右为一个周期，先上升，然后下降，再上升。信用卡授信额度的变化与经济周期也有一定的关系，随着经济周期的波动而变化。

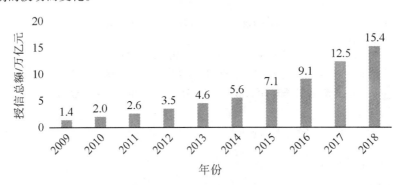

图3-10　信用卡授信总额

（数据来源：中国人民银行公布的《支付体系运行报告》）

注：信用卡授信总额指信用卡总的授信额度。

　　信用卡授信额度增加，单卡授信额度也不断提高。截至2018年（图3-11），我国信用卡卡均授信2.2万元，较2009年增加214%。虽然我国信用卡授信总额及卡均授信逐年增长，但还是低于美国同期。Wind数据显示，2016年美国信用卡卡均额度为4271美元（约人民币3万元），而我国是2万元。

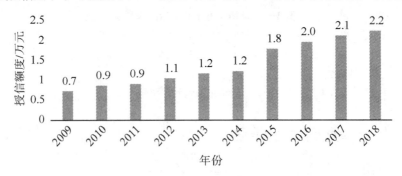

图3-11　信用卡卡均授信额度

（数据来源：中国人民银行公布的《支付体系运行报告》）

注：卡均授信额度=信用卡授信总额/信用卡累计发卡量。

2. 信用卡透支余额不断增加

随着信用卡授信总额的增长，单卡授信额度不断提高，信用卡透支额度也相应增加。从图3-12可以看出，截至2018年，信用卡应偿信贷余额为6.9万亿元，是2009年的23倍。

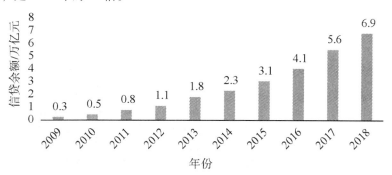

图3-12　信用卡应偿信贷余额

（数据来源：中国人民银行公布的《支付体系运行报告》）

注：应偿信贷总额指期末信用卡应偿信贷总额。

接下来看看各类商业银行信用卡透支余额情况。

首先从五大国有商业银行信用卡透支余额（图3-13）来看，截至2018年底，五大国有商业银行信用卡透支余额从高到低依次是建设银行、工商银行、交通银行、中国银行和农业银行，透支余额大小与该行的信用卡发卡量不完全一致，信用卡发卡量排第一的是工商银行，信用卡发卡量排第二的建设银行在透支余额方面却排第一，说明各商业银行信用卡经营策略及侧重点各有不同。

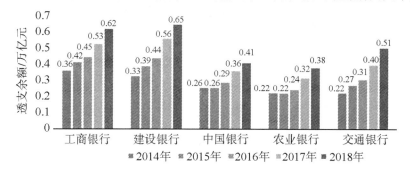

图3-13　国有商业银行信用卡透支余额

（数据来源：根据银行年报整理）

注：透支余额指本账户透支金额及分期未摊销本金之和（含本外币）。

其次从股份制商业银行信用卡透支余额（图 3-14）来看，截至 2018 年末，在股份制商业银行中招商银行信用卡透支余额最高，其卡量也在股份制商业银行中排首位，其后依次是广发银行、平安银行、中信银行与浦发银行。一般情况下信用卡发卡量越大，信用卡透支规模越大。

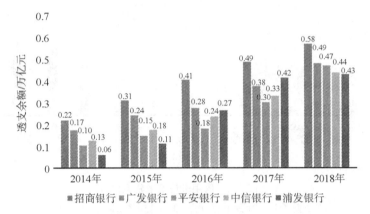

图 3-14 股份制商业银行信用卡透支余额

（数据来源：根据银行年报整理）

注：透支余额=本账户透支金额+分期未摊销本金（含本外币）。

最后从区域性商业银行信用卡透支余额（图 3-15）来看，上海银行的信用卡透支余额仍然在区域性商业银行中排第一，截至 2018 年末，上海银行信用卡透支余额为 310 亿元，紧随其后的江苏银行和徽商银行信用卡透支余额分别为 159 亿元和 112 亿元。很明显，区域性商业银行的信用卡透支规模与股份制和全国商业银行信用卡透支规模相比还有很大距离。

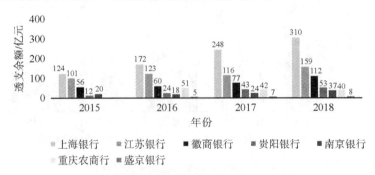

图 3-15 区域性商业银行信用卡透支余额

（数据来源：根据银联数据客户报表整理）

注：透支余额=本账户透支金额+分期未摊销本金（含本外币）。

3. 信用卡授信使用率

从总体授信使用率（图 3-16）来看，截至 2018 年末，我国信用卡授信使用率为 44.5%（此处中国人民银行官网公布的授信使用率与计算公式结果略有差异，有可能是计算过程中四舍五入导致的），信用卡授信使用率虽然较以前有大幅增长，但总体授信使用率不足 50%，信用卡授信使用率有待进一步提升。

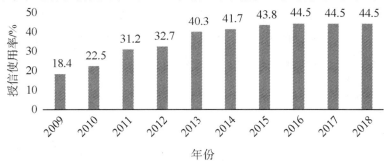

图 3-16 信用卡授信使用率

（数据来源：中国人民银行公布的《支付体系运行报告》）

注：信用卡授信使用率＝期末信用卡应偿信贷总额/期末信用卡授信总额×100%。

4. 银行卡渗透率

银行卡渗透率越高表明银行卡用卡环境越成熟。从图 3-17 可以看出 2009—2018 年 10 年银行卡渗透率呈逐年上升趋势。截至 2018 年末，银行卡渗透率为 49.0%，说明银行卡消费占社会消费品零售总额的比例达一半。借记卡消费是持卡人用自己储蓄账户余额进行消费，而信用卡可以先消费后还款，因此，随着信用卡使用的普及，信用卡对银行卡渗透率的贡献度会更高。

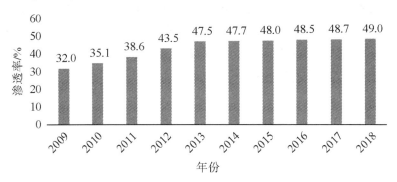

图 3-17 银行卡渗透率

（数据来源：中国人民银行公布的《支付体系运行报告》）

注：银行卡渗透率指剔除房地产、大宗批发等交易类型，银行卡消费金额占社会消费品零售总额的比例。

5. 银行卡消费情况

一是消费笔数总体情况。从银行卡消费笔数（图3-18）来看，截至2018年末，银行卡消费笔数达983亿笔，约是2009年的28倍；在2014年和2015年，银行卡消费笔数分别较上年增长约52.3%和46.5%；2016年增速较前两年有所下降，有可能是第三方支付冲击带来的后期影响；到2017年和2018年，银行消费交易增速迅速提升。这说明第三方支付的发展只是将信用卡嵌入了支付系统，并不是对信用卡消费信贷功能的取代，所以应加强银行卡与第三方支付及多场景的应用，进一步扩大银行卡消费。

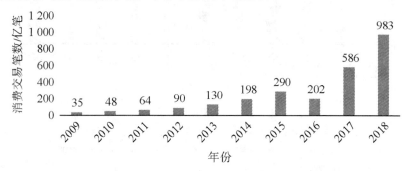

图3-18　银行卡消费交易笔数

（数据来源：中国人民银行公布的《支付体系运行报告》）

注：银行卡消费交易笔数指银行卡本期消费、取现和转账交易笔数之和（包含查询交易）。

二是消费金额。从银行卡消费金额（图3-19）来看，截至2018年末，银行卡消费交易金额达93万亿元，约是2009年的13倍。随着信用卡的使用普及，在人们的日常消费中，能使用信用卡消费就不会使用借记卡消费，因为信用卡在不用提前储蓄的前提下就可以消费，还有一定的免息期。这也说明在近几年的银行卡消费中，信用卡消费占比较高。

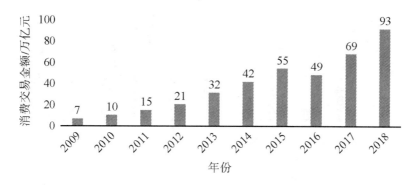

图 3-19　银行卡消费交易金额

（数据来源：中国人民银行公布的《支付体系运行报告》）

注：银行卡消费交易金额指银行卡本期消费、取现和转账交易金额之和。

三是居民收入与银行卡消费。从图 3-20 可以看出，随着人均收入的增长，居民消费水平增长，同期银行卡卡均消费金额也逐渐增加。从图 3-21 关于居民消费占收入、银行卡消费占居民消费的比重来看，截至 2018 年末，人均收入中有 88.6% 用于消费，其中银行卡消费占比接近一半；在 2015 年银行卡消费占居民消费的比例已达到 52.1%，这说明银行卡促进了人们消费水平的提升。

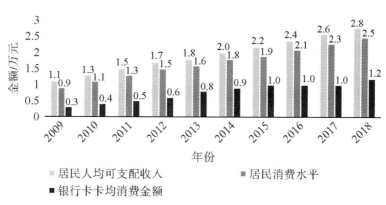

图 3-20　居民收入与消费

（数据来源：居民收入及居民消费数据来自某银行数据）

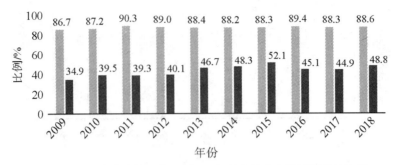

图 3-21　居民消费占收入的比例及银行卡消费占居民消费的比例

（数据来源：居民收入及居民消费数据来自某银行数据以及中国人民银行）

四是消费结构。根据银联数据客户服务报表，从银行卡各类商户消费情况（图 3-22）来看，全国股份制商业银行 2014 年 12 月和 2015 年 12 月批发类商户占比最高，分别为 52.7% 和 48.7%。2016 年 12 月，各类商户占比结构发生变化，这也有可能与当年商户刷卡手续费调整有关。2016 年 12 月民生类消费最高，为 33.2%，占消费的三分之一；2017 年 12 月一般类消费占 35.9%；房车类消费占比逐渐在下降，2014 年 12 月为 3.6%，2017 年 12 月为 1.8%；银行卡消费在餐饮娱乐方面逐渐提升，2014 年 12 月为 1.3%，到 2017 占比提升为 17.0%。这也再次说明了银行卡在拉动内需、促进经济发展、改善人们生活质量方面发挥着重要的作用。

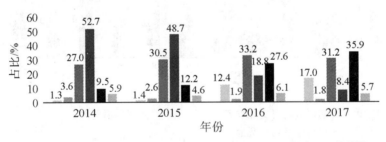

图 3-22　全国股份制商业银行各类商户消费情况

（数据来源：根据银联数据客户服务报表整理）

从各区域性商业银行商户消费情况（图 3-23）来看，各类商户银行卡消费结构基本与全国股份制商业银行一致。2014 年和 2015 年批发类商户消费占比分别为 53.9% 和 55.3%，2016 年民生类占比最高，为 30.0%，2017 年一般类占比最高，为 35.2%，银行卡消费在餐饮娱乐方面不断增长。

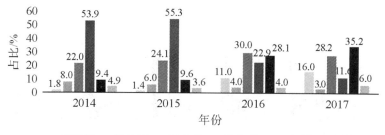

图 3-23　区域性商业银行各类商户消费情况

（数据来源：根据银联数据客户服务报表整理）

6. 信用卡推动零售业务发展

信用卡推动了商业银行零售业的发展。

首先，看看股份制商业银行信用卡业务贡献情况。从图 3-24 可以看出，截至 2018 年末，在股份制商业银行中，广发银行的信用卡零售信贷比达 65.5%，在全国最高，其次是平安银行，占比为 41.0%。

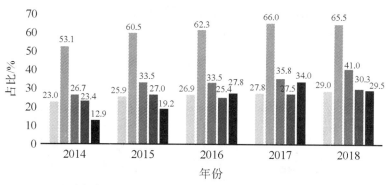

图 3-24　股份制商业银行信用卡零售信贷比

（数据来源：根据银行年报整理）

注：零售信贷比=信用卡透支余额/个人贷款和垫款总额×100%。

其次，看看五大国有商业银行的信用卡发展情况。从图3-25可以看出，截至2018年，交通银行信用卡零售信贷比为31.4%，位居第一，其次是工商银行和建设银行。信用卡零售信贷比的高低与该行整个零售业务规模也有关系，这说明各大商业银行经营策略逐渐在向大零售转型，信用卡表现最为明显。

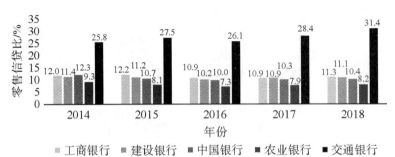

图3-25 国有商业银行信用卡零售信贷比

（数据来源：根据银行年报整理）

注：零售信贷比=信用卡透支余额/个人贷款和垫款总额×100%。

最后，看看区域性商业银行信用卡零售业务发展情况。从图3-26可以看出，截至2018年末，区域性银行信用卡零售信贷比最高的是贵阳银行，占比为14.5%；虽然上海银行在信用卡发卡规模和透支余额两方面一直位于区域性商业银行首位，但信用卡零售信贷比低于贵阳银行。从整体来看，区域性信用卡零售信贷比还是较低，这说明区域性商业银行信用卡业务还有较大的发展空间。

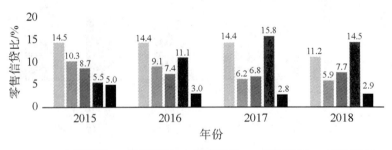

图3-26 区域性商业银行信用卡零售信贷比

（数据来源：根据银联数据客户服务报表整理）

注：零售信贷比=信用卡透支余额/个人贷款和垫款总额×100%。

3.3.3 信用卡分期及收入现状

1. 信用卡各类分期产品情况

信用卡分期业务一直是信用卡收入的重要组成部分，信用卡业务一般有传统POS分期、账单分期、大额分期、现金分期等。从股份制商业银行各类分期产品的分期金额（图3-27）来看，2017年末，股份制商业银行账单分期均值为264亿元，账单分期是各大商业银行重点经营的分期产品，其次是大额分期产品。

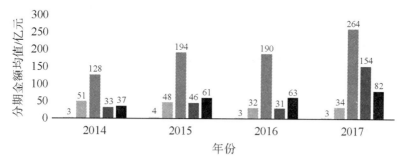

图3-27 全国股份制商业银行各类分期金额均值

（数据来源：根据银联数据客户服务报表整理）

注：

POS分期：又称信用卡商户分期或商场分期，指持卡人在与发卡行有合作关系的商场购物后，由营业员在专门的POS机上刷卡的一种提前消费方式，持卡人不需要单独联系银行对此消费进行分期。持卡人在分期后根据对账单上金额按期支付，直至全部分期金额还清为止，如苏宁、国美的家电分期等。

灵活分期：指信用卡持卡人针对信用卡消费的某一笔或几笔消费，向银行申请分期。

账单分期：指信用卡持卡人在本期账单到期还款日前向银行申请对整期账单金额进行分期。

大额分期：指银行针对特定的客群提供的分期服务，对分期金额有最低要求。

现金分期：指持卡人使用信用卡现金分期卡直接向银行申请现金分期。

从图3-28可以看出，大额分期金额较高。2017年，区域性商业银行大额分期金额均值为27.0亿元，其次是现金分期5.0亿元，而相比全国性股份制商业银行分期金额及笔数较多的账单分期，在区域性银行中占比不是最主要的。

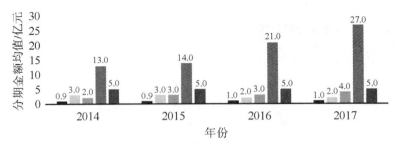

图 3-28　区域性商业银行各类分期金额均值

（数据来源：银联数据客户服务年报整理）

注：各类别分期解释同图 3-27。

2. 信用卡各类收入构成分析

从全国股份制商业银行信用卡收入构成（图 3-29）来看，在 2017 年以前，以利息收入为主，2014 年利息收入占信用卡收入的 52.3%，即信用卡一半多的收入来自利息收入，之后利息收入逐年开始下降，信用卡收入结构也开始发生变化。2017 年信用卡分期收入占比最高，为 39.4%，其次是利息收入，占比为 36.2%。值得注意的是，2016 年中国人民银行发布《中国人民银行关于信用卡业务有关事项的通知》（银发〔2016〕111 号），取消滞纳金，由发卡机构和持卡人协议约定违约金；取消超限费，并规定发卡机构不得对服务费用计收利息，这对信用卡收入结构也有一定的影响。

从区域性商业银行信用卡收入结构（图 3-30）来看，利息和分期收入仍是重要组成部分。2017 年末信用卡分期收入占比最高，为 43.6%，其次是信用卡利息收入，占比为 41.5%。与全国股份制商业银行相比，区域商业银行信用卡分期和利息收入占比略高于全国股份制商业银行。

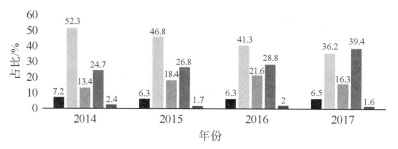

图 3-29　全国股份制商业银行信用卡各类收入占比

（数据来源：根据银联数据客户服务报表整理）

注：

年费收入：银行为持卡人提供信用卡服务收取的服务费用，每家银行的信用卡年费收取的标准不同，但是都是公开透明的，可以在官网进行查询。

利息收入：利息计息标准是日利率万分之五，商业银行可按监管要求上下浮动，一般按月计收复利；持卡人在逾期、预借现金、未全额还款情况下被收取。

滞纳金（违约金）收入：指持卡人就还款不足最低还款额的差额部分按规定向发卡机构支付的费用。2016 年新规取消滞纳金。

分期收入：指信用卡分期手续费收入。

信用卡其他收入：除以上几类收入之外的其他收入，如换卡、挂失、快速发卡、邮寄费等收入。

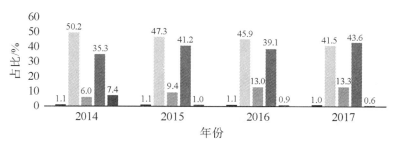

图 3-30　区域性商业银行信用卡各类收入占比

（数据来源：根据银联数据客户服务报表整理）

注：信用卡各类收入解释同图 3-29。

3.3.4 信用卡逾期情况

1. 逾期半年未偿信贷情况

随着信用卡规模的扩大、授信额度的增加以及信用卡各类分期产品的出现，信用卡透支金额不断提升，信用卡风险也逐渐加大。从图 3-31 看，截至 2018 年末，信用卡逾期半年未偿信贷总额高达 789 亿元，约是 2009 年的 10 倍。从图 3-32 来看，截至 2018 年末，信用卡逾期半年未偿信贷总额占应偿信贷总额的 1.2%，信用卡逾期不容忽视。

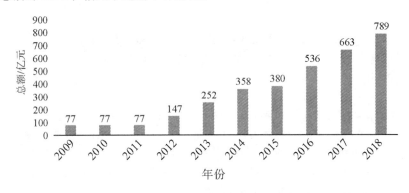

图 3-31　信用卡逾期半年未偿信贷总额

（数据来源：中国人民银行公布的《支付体系运行报告》）

注：逾期半年未偿信贷总额指各类信用卡的逾期（透支）超过 180 天以上和逾期虽未超过 180 天但已确定无法收回（如破产、失踪、死亡等）信贷账户的累计透支金额。

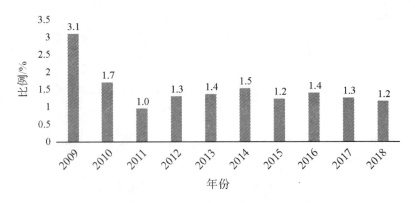

图 3-32　信用卡逾期半年未偿信贷总额占信用卡应偿信贷总额的比例

（数据来源：中国人民银行公布的《支付体系运行报告》）

注：应偿信贷余额指报告期末各类型信用卡的透支余额，即应偿还的信贷余额。

2. 逾期金额的逾期期数情况

根据银联数据客户服务报告,全国股份制商业银行逾期金额为1期的比例在下降,而逾期半年以上的比例增长较快,2014年逾期半年为1.6%,而到2017年逾期半年就增长为6.0%(图3-33)。从区域性商业银行信用卡逾期的时间长短看看,逾期半年以上也在逐年增加,2016年达到近几年的高峰,逾期半年以上的占比达4.1%(图3-34)。

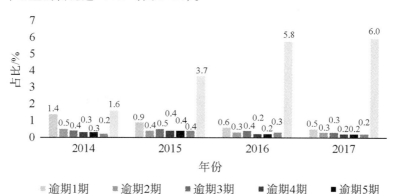

图3-33　全国股份制商业银行信用卡逾期金额占比

(数据来源:根据银联数据客户服务报表整理)

注:

逾期:持卡人未在到期还款日(含)足额偿还应付款项。

逾期1期:指逾期天数是30天之内。

逾期2期:指逾期天数是31~60天。

逾期3期:指逾期天数是61~90天。

逾期4期:指逾期天数是91~120天。

逾期5期:指逾期天数是121~150天。

逾期6期:指逾期天数是151~180天。

逾期6期以上:指逾期天数181天以上。

信用卡逾期金额占比=逾期金额/透支余额×100%。

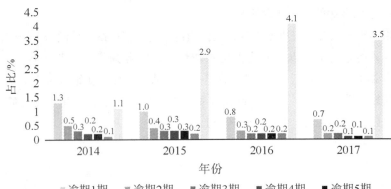

图 3-34　区域性商业银行信用卡逾期金额占比

（数据来源：根据银联数据客户服务报表整理）

注：逾期、逾期期数及信用卡逾期金额占比解释同图 3-33。

3. 信用卡不良率

从以下几个商业银行信用卡不良贷款率来看，中国银行的信用卡不良率一直较高，在 2015 年和 2016 年分别高达 3.4% 和 3.5%，而建设银行无论信用卡规模还是透支余额，在国有商业银行中都靠前，但信用卡不良率却一直较低，说明该行在信用卡风险控制上成效显著。招商银行信用卡业务发展较好，信用卡不良率也较低，截至 2018 年末，信用卡不良率为 1.1%（图 3-35）。

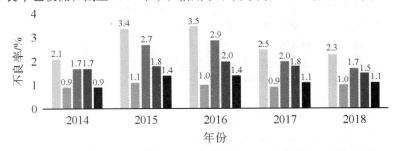

图 3-35　部分商业银行信用卡不良贷款率

（数据来源：根据银行年报整理）

注：信用卡不良贷款率=（次级类贷款+可疑类贷款+损失类贷款）/各项贷款×100%。

关注类：逾期天数为 1～90 天。

次级类：逾期天数为 91～120 天。

可疑类：逾期天数为 121～180 天。

损失类：逾期天数超过 181 天。

3.4　本章小结

美国是信用卡发源之地，人们超前消费的观念助推了信用卡消费信贷业务多元化发展。在美国发行信用卡的不仅有正规金融机构，还有信用卡公司，它们提供信用卡代偿余额服务。除了美国，英国、日本、韩国也是世界上信用卡业务发展较早的国家，各国均成立专门的信用卡组织，以期促进信用卡业务的经营与发展。

中国于1985年正式独立发行信用卡，迄今为止已有37年，信用卡已经成为中国银行业的一项重要业务，是我国居民普遍使用的金融工具。纵观我国信用卡发展历程，信用卡相关制度逐渐完善，发卡方、收单方等信用卡市场上各个主体的业务经营也更加规范，在政策的支持推动下，中国信用卡产业环境逐步改善，信用卡已成为刺激消费、拉动内需的重要消费信贷工具。

我国信用卡业务虽然起步晚，但发展快，潜力大，信用卡的使用逐渐扩展到百货零售、餐饮娱乐、房车、公共事业等与人民群众生活紧密联系的各个领域。从我国信用卡发展现状来看，信用卡发卡规模、人均信用卡持有量、信用卡透支余额增长迅猛，信用卡收入已经成为各商业银行零售业务的支柱，信用卡分期逐渐成为信用卡收入的第一大来源。然而随着信用卡业务的发展，信用卡风险也不断加大，违约率不断上升。

4 经济地位对信用卡透支行为的影响

第 3 章回顾了信用卡起源、国际信用卡及我国信用卡发展历程，分析了我国信用卡业务发展现状。从信用卡发卡规模、透支情况来看，很明显信用卡已成为我国消费金融的基础，其已作为第一驱动力助推消费经济发展。因此，本章将从微观层面分析信用卡透支行为特征。其结构安排如下：第一部分为引言；第二部分提出了本章的研究假设；第三部分是本书的研究设计，包括数据介绍、变量的定义及模型设定；第四部分是本书的实证结果；第五部分是进一步研究：异质性分析；第六部分是稳健性检验；第七部分是本章小结。

4.1 引言

1985 年，我国第一张信用卡诞生，历经近 40 年的渗透，信用卡使用越来越广泛。信用卡又叫贷记卡，由商业银行或信用卡公司（即发卡机构）发行，记录持卡人账户相关信息，具有支付媒介和消费信贷的双重功能。据中国人民银行发布的《支付体系运行总体情况》，2018 年末，全国累计发行信用卡 6.9 亿张，信用卡活卡率为 73.2%，人均持有信用卡量为 0.49 张，信用卡授信总额为 15.4 万亿元，卡均授信 2.2 万元，信用卡应偿信贷余额为 6.9 万亿元，信用卡使用率为 44.5%。信用卡发卡量的增加、授信总额的加大、透支余额的上升，得益于信用卡透支消费及信用卡业务越来越繁荣，同时也表明商业银行消费信贷供给增加，居民消费信贷需求旺盛。

信用卡透支行为是信用卡特有的属性。信用卡透支是指持卡人在可用额度之内发生信用消费、转账结算、存取现金等交易，具有支付和消费信贷双重功能。信用卡支付和消费信贷的双重属性增强了人们的消费意愿（Tokunaga，1993；Hayashi，1985；Feinberg，1986；Gross et al.，2002；李广子 等，2017）。梅基（A. Maki）和西山（S. Nishiyama）（1993）研究认为信贷供给的增加会促进消费增长。阮小莉、彭嫦燕和郭艳蕊（2017）通过研究认为拥有消费贷款或者信用卡的家庭的消费水平会更高。李江一和李涵（2017）通过 2011 年和 2013 年中国家庭金融调查数据（CHFS）研究了信用卡消费信贷对家庭消费的影响，认为持有信用卡可使家庭总消费提高约 14%，授信额度对信用卡消费也有正向显著影响，银行每将信用卡透支额度提高 1%，可使持有信用卡家庭的总消费增加约 0.071%。信用卡支付行为与心理学也有一定的联系（Veblen，1994），较现金支付而言，信用卡支付（先消费后还款）这种相对不愉快的支付方式，短期会无形地增加消费欲望与消费量（Lea et al.，1993；Prelec et al.，1998；Bertrand et al.，2005），消费者通过合理安排，使用信用卡可将消费行为提前，让人们享受到提前消费带来的乐趣（Hirschman，1979；Chatterjee et al.，2012；Soman et al.，2002；杨晨 等，2014；杨晨 等，2015），提升了享受型消费支出比重和发展型消费支出比重（王巧巧 等，2018）。

据此，有学者将信用卡透支行为分为两类，即支付行为和消费信贷行为（Mathews et al.，1969；Garman et al.，2000；沈红波 等，2013）。一类持卡人使用信用卡支付功能，把信用卡当作支付结算的工具，充分享用信用卡透支使用的免息期；持卡人只要按时还款，在免息期内就不会支付任何利息，也能实现提前消费。另外一类持卡人使用消费信贷功能，通过信用卡透支并支付一定的利息。持卡人无论使用信用卡的支付功能还是消费信贷功能，都在一定程度上缓解了自身的流动性约束，同时也为商业银行信用卡业务的发展带来更高的收益。因此，通过对持卡人透支行为的分析，探讨信用卡透支行为的影响因素，分析持卡人使用信用卡透支功能及用卡频率，对于了解我国持卡人的消费行为特征、持续保持信用卡在消费领域的重要地位、促进消费经济发展具有重要的意义。

近几年，国内学者对信用卡的透支行为也有一些探讨和研究，主要集中在问卷调查阶段，采用大样本微观数据进行研究的较少。较调查数据而言，金融机构内部信用卡数据是持卡人信用卡真实消费交易行为的反映，能更好地深入检验持卡人的消费背景特征与信用卡透支行为的关系。本书较以往研究的区别主要表现在：①本书基于四川省某商业银行信用卡中心的大型微观数据，首次从收入的视角，把经济地位对信用卡透支行为、透支程度、透支功能及透支频率纳入研究框架。②对信用卡透支行为开展深度研究——持卡人使用信用卡透支的目的是什么？仅把信用卡当作一种支付工具还是使用信用卡的消费信贷功能？其影响因素又有哪些？③持卡人的教育背景、住房特征、婚姻状况、地区差异这些重要特征信息对信用卡透支行为也有影响，那么经济地位与持卡人这些特征信息交互作用又是如何影响信用卡的透支行为、透支功能、使用频率的？这些将是本章研究的重点。

4.2 研究假设

邓肯（1961）提出了社会经济地位指数（socioeconomic index，SEI），并用收入代表经济地位，用教育代表社会地位。也有其他学者研究认为，收入越高，主观经济地位越高（官皓，2010；Graham et al.，2004；Powdthavee，2007；Ravallion et al.，2002）。另有学者研究认为消费信贷机构筛选客户的首要因素是收入与消费行为，收入是决定家庭能否获取信贷的关键因素（Jappelli，1990）。许蒂宁（A. Hyytinen）和塔卡洛（T. Takalo）（2009）基于芬兰消费者的调查数据，研究居民收入水平对"多种支付工具"的影响；研究发现，收入越高，人们越愿意使用多种支付工具，即收入与"多种支付工具"呈正向变化，但是当收入水平超过一定门限值之后，收入对"多种支付工具"的影响将降低。巩师恩和范从来（2012）通过研究认为在信贷供给情形下，收入不平等对消费行为有着重要的影响，中国当前要采取措施改善收入分配不平等状况，特别是向低收入阶层提供更多的金融服务。那么对于商业银行而言，持卡人的收入高低不仅直接影响信用卡准入，也是透支能力的体现，因此银行应更多关注持卡人的收入。

已有文献大多数认为持卡人的收入与信用卡透支行为呈正向变化：收入越高，越容易持有和使用信用卡（Erdener，1994；Chan，1997），持卡人用卡行为更显著（Mandell，1972）；经济社会地位越高的持卡人用卡行为更活跃，用卡行为活跃的持卡人对信用卡支付利息、是否超限额使用信用卡关注度不高（Awh et al.，1974）；从透支程度来看，持卡人收入越高，透支金额越多，收入越低，负债金额越少（Kim et al.，2001）；高收入者比低收入者更容易持有信用卡负债（Steidle，1994），其借款也更多（Berthoud et al.，1992）。利文斯通（M. S. Livingstone）和伦特（K. P. Lunt）（1992）研究发现，信用负债金额大小与家庭人口数量多少呈反向变化，负债多的家庭实际上往往有较少的孩子，那是因为孩子多，家庭负担重，人们通常会采取保守的财务策略，从而降低债务增加。

在我国，从各商业银行的信用卡授信政策来看，通常情况下，收入越高的人越容易办理信用卡，且银行给予的授信额度也高。信用卡授信额度调增显著提高了信用卡使用频率和交易金额（李广子 等，2017）。而收入低的人，银行批准的授信额度也不高，且消费越理性，负债金额越少（汪伟 等，2013；沈红波 等，2013）。基于此，提出本章第一个假设：

H4-1：经济地位对信用卡透支行为具有正向显著的影响。

信用卡拥有支付和消费信贷的双重功能，不同的群体在透支功能使用上也所差异。收入低的持卡人更需要使用信用卡（Zhu 和 Meek，1994），马修斯和斯洛克姆（1969）研究认为低收入和低社会地位的持卡人更倾向于使用信用卡信贷功能，而高收入的持卡人更多把信用卡作为一种支付工具。持卡人若有贷款偿还困难，则更倾向于使用信用卡信贷功能（Canner et al.，1985；Bei，1993）。

由于信用卡具有先消费后还款功能，持卡人只要合理安排收入，在免息期内就无须支付任何利息（免息期一般是 50～60 天），也可以短期缓解流动性约束，实现提前消费。若免息期结束，持卡人不能按约定还款，可以使用信用卡消费信贷功能，并支付一定的利息。沈红波、黄卉和廖理（2013）认为，在我国低收入的持卡人虽然有资金需求，但也更关注资金成本，较高的信用卡透支利率使低收入持卡人望而却步，降低了低收入持卡人使用信用卡透支的积极性。

根据《中国人民银行关于信用卡业务有关事项的通知》，信用卡透支利率实行上限和下限管理，上限为日利率万分之五，下限为日利率万分之五的 0.7 倍。目前各商业银行透支利率大都执行日利率万分之五，如持卡人采取最低还款方式，那么对于未偿还部分从记账日期（交易日期开始）计息，持卡人对于未偿还部分是没有享受到免息期的，年利率＝日利率×365＝0.000 5×365＝18.25%。另外，我国大多数人的消费习惯都还是"量入为出"，特别是低收入群体的消费行为表现更是明显。基于此，提出本章第二个假设：

H4-2：低收入的持卡人重在使用信用卡支付功能，而高收入的持卡人重在使用信用卡消费信贷功能。

廖理、沈红波、苏治（2013）研究认为，人们的住房特征对信用卡消费信贷业务也有一定的影响。在中国人的传统观念里，有房才有安全感，有房才有家，房产是每个家庭重要且又价值较高的资产。广发银行和西南财经大学联合发布的《2018 中国城市家庭财富健康报告》显示，中国家庭高达 77.7% 的资产用于房子。张翔等（2015）研究认为房屋资产属性（大小面积、产权性质及首套还是多套）也会影响幸福感。臧旭恒、张欣（2018）以住房资产衡量高流动性，认为无房的消费者面临的流动性约束水平更高。李广子和王健

（2017）研究认为，较金融资产而言，房产还具有较长期的价格波动性，资产的流动性也不强，因此，持卡人的住房特征差异较其他个人背景特征对信用卡消费行为的影响更大。

住房对不同收入水平的人们带来的消费行为也是有所差异的。路德维格（A. Ludwig）和斯洛克（T. Slok）（2002）对住房财富效应的传导机制进行了分析，认为有些传导机制对居民消费有正向拉动作用，有些是负向作用即抑制居民消费。正向拉动作用可以认为存在财富效应，住房财富增加时，会使个人感觉更富有，从而增强消费倾向。负向抑制作用可以理解为存在挤出效应，当人们通过贷款方式购买住房时，房贷会扩大家庭的总负债额，会抑制居民消费。凯斯（K. E. Case）、奎格利（J. M. Quigley）和夏纳（R. J. Shiner）（2001）研究了住房财富、金融财富和消费支出之间的关系。他们通过运用 14个发展中国家的宏观面板数据，计算每个国家的自住房总价值、金融资产价值和总消费，发现住房财富会显著增加家庭的消费。廖理、沈红波和苏治（2013）研究认为，相比有自有住房且无房贷的持卡人而言，有自有住房但有房贷和租房的持卡人存在更高的流动性约束，这部分信用卡持卡人更容易出现信用卡消费信贷和更高的信用卡负债，在中国住房的财富效应并不存在。李涛和陈斌开（2014）研究认为，在中国家庭住房资产呈现出消费品属性，只存在微弱的"资产效应"且不存在"财富效应"。李江一（2017）研究认为"房奴效应"会通过抑制住房财富效应而间接降低消费，购房动机挤出了7.4%的家庭消费，降低了家庭在食品、衣着、教育文化和娱乐方面的开支，偿还住房贷款挤出了 15.8% 的家庭消费，降低了家庭在耐用品和住房装修方面的支出。

根据生命周期理论（Modiglianli et al., 1954；Ando et al., 1963），人们在不同的人生阶段持有不同的资产，有着不同的负债水平。对于中国大多数人而言，一般在年轻时期，受收入水平的影响，他们更多是租房或者是按揭购房，此类人群由此会存在较高的流动性约束。在此阶段，人们就会通过负债来满足当前消费需求，因此也就更有可能进行信用卡消费信贷和持有更高的信用卡负债。李广子和王健（2017）研究认为：收入较高的消费者，其经济实力强，他们一般面临较低的流动性约束，信用卡授信额度变化带来的消费信贷变化并不会对其面临的流动性约束产生太大的影响，收入较高的消费者不需要通过消费贷款来调整消费行为。基于此，提出本章第三个假设：

H4-3：有房的低收入持卡人提高了信用卡透支行为的可能性，有房的高收入持卡人降低了信用卡透支行为的可能性。

刘晓欣、周弘（2012）研究认为，家庭个人特征对居民的借款行为有着重要的影响。程郁和罗丹（2009），程郁、韩俊和罗丹（2009）研究认为，较城市而言，我国农户受信贷约束更强，可通过引入社会资本和缩小农户收入差距等措施，刺激农村家庭居民消费（刘雯，2018）。近几年，随着城镇化建设的加速推进，县域和乡村地区的人们收入、消费水平也有很大的提高，再加上各金融机构普惠金融工作的推进、支付环境的改善，县域和乡村地区的持卡人信用卡使用比例也在逐步提升，信用卡的普及和使用在一定程度上有效缓解了农村家庭信贷约束。然而有学者认为居住在城市的持卡人信用卡使用主动性要显著高于县域和乡村的持卡人（黄卉和沈红波，2010），其主要原因可能还是城乡经济发展的差异化和信用卡受理环境的差别，导致城市持卡人的用卡频率要高。同时在现实生活中，城里的人不仅在住房贷款压力方面高于县域地区的人，在生活成本、教育方面的开支也比县域和乡村地区的人们更高，因此城里的低收入和高收入的持卡人信用卡透支概率更大，透支金额也更高。基于此，提出本章第四个假设：

H4-4：城里的低收入和高收入持卡人更容易发生信用卡透支行为。

4.3 研究设计

4.3.1 数据处理与介绍

1. 数据处理

根据持卡人的客户信息数据和信用卡透支数据，首先按卡号对每一张信用卡产生的每一笔透支利息（收入）进行汇总。如果在样本期内，单卡透支利息（收入）合计大于 0，那说明此卡发生了透支行为。单卡透支利息（收入）合计总金额即为透支程度。其次按卡号统计样本期信用卡的透支次数，即一年出现多少次。再次根据卡号和透支利息类别定义信用卡透支功能，即持卡人使用的是支付功能还是消费信贷功能。最后按身份证号和卡号去剔重。将持卡人客户信息数据与透支数据库的数据进行合并，因为存在同一身份证号会有多张卡号，一张卡号多笔交易情况。将身份证号、卡号、选择同一身份证号透支金额最大的一笔的卡号对应的相关信息作为研究样本，即可使用的数据中每一条信息都来自唯一可识别的持卡人身份信息。

另外，本书对一些极端值进行了处理：剔除了持卡人收入等于 0 或大于 300 万元的样本；剔除了信用卡授信额度大于 300 万元的样本；剔除了持卡人年龄小于18岁或大于60岁的样本（四川省某商业银行规定信用卡办卡年龄不超过60岁）；剔除了未激活卡及相关信息缺失值。最终我们得到有效样本149 366个。

2. 数据介绍

（1）持卡人经济地位分布情况

一般情况下，各商业银行核准信用卡额度主要依据申请人的收入，同时结合个人特征信息等综合因素进行评级授信。本书借鉴黄卉和沈红波（2010），傅联英和骆品亮（2018），路晓蒙、侯晓华和尹志超（2019）的做法将收入分为三个组：持卡人年收入小于3万元（含）的划入低收入组，持卡人年收入3万~10万元（含）的划入中等收入组，持卡人年收入10万元以上的划入高收入组。根据图4-1，四川省某商业银行持卡人收入在3万元以下的占比高达57.7%，中等收入人群占比为28.1%，高收入群体占比较少，为14.2%，说明低收入的持卡人占比较高。其原因有可能是在业务发展初期，经营策略重在扩大信用卡发卡规模，对持卡人的准入条件较为宽松。

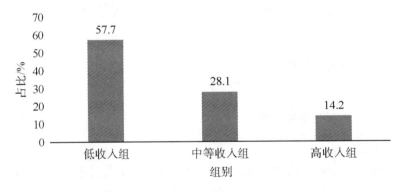

图4-1 四川省某商业银行信用卡总体情况——按经济地位分布

（数据来源：四川省某商业银行信用卡中心数据）

（2）持卡人生命周期分布情况

从四川省某商业银行的信用卡持卡人生命周期分布情况（图4-2）来看，25岁至34岁是持卡最多的人群，此年龄段一般是刚大学或研究生毕业至事业奋斗初期，该年龄段的人还要面临购房、成家的经济压力，同时年轻人消费观念也超前，所以此年龄段的人特别受各商业银行的青睐。作为年轻人来说，他们也需要通过信用卡来缓解流动性约束，增强消费倾向。35岁至55岁是事业较稳定、经济及身份地位在一生中较高的阶段，此年龄阶段的人重在消费品质，还款来源有保障，也是各商业银行营销和维护的重点人群。

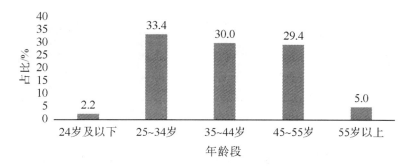

图4-2 四川省某商业银行信用卡总体情况——按生命周期分布

（数据来源：四川省某商业银行信用卡中心数据）

（3）持卡人教育背景分布情况

从四川省某商业银行的持卡人教育背景分布情况（图4-3）来看，中等教育（学历为专科及本科）持卡人的占比较高，为61.2%，低等教育（学历为高中及以下）持卡人次之，为35.0%，高等教育（学历为本科以上）的持卡人占比仅为3.8%。

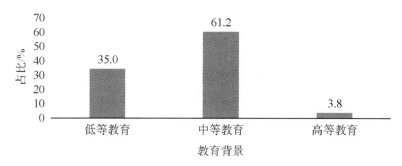

图4-3 四川省某商业银行信用卡总体情况——按教育背景分布

（数据来源：四川省某商业银行信用卡中心数据）

（4）持卡人信用卡账龄分布情况

从持卡人信用卡使用的账龄分布情况（图4-4）来看，四川省某商业银行的持卡人用卡时长5年以上的较多，约占30.7%，说明有近三分之一的持卡人忠诚度较高，长期使用该行信用卡，也有一种可能就是这近三分之一的客群是银行信用卡收入贡献度最高的群体，所以该商业银行也通过多种措施，持续维持合作关系，进一步提升持卡人用卡频率。

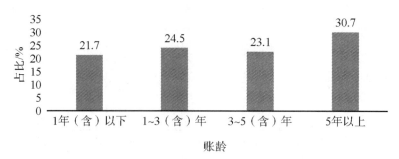

图 4-4　四川省某商业银行信用卡总体情况——按信用卡账龄分布

（数据来源：四川省某商业银行信用卡中心数据）

注：信用卡账龄是信用卡账户从开户到样本期的年数。

（5）信用卡透支总体情况

从四川省某商业银行信用卡透支情况（图 4-5）来看，该商业银行持卡人透支行为占比达 48.0%，没有发生透支行为的占 52.0%。根据持卡人收入情况，我们将收入划分为 3 万元（含）以下、3 万~10 万元（含）、10 万元以上三个组。从图 4-6、图 4-7、图 4-8 可以看出经济地位与透支行为呈逐渐上升的趋势，随着收入的增加，透支程度更高，透支行为更积极。

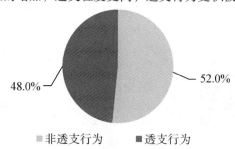

■非透支行为　■透支行为

图 4-5　四川省某商业银行信用卡透支情况

（数据来源：四川省某商业银行信用卡中心数据）

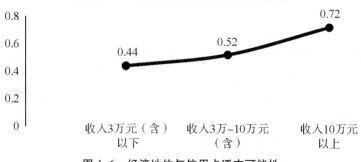

图 4-6　经济地位与信用卡透支可能性

（数据来源：四川省某商业银行信用卡中心数据）

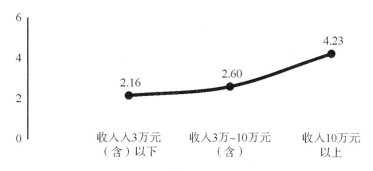

图 4-7 经济地位与信用卡透支程度

（数据来源：四川省某商业银行信用卡中心数据）

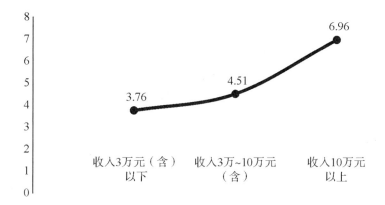

图 4-8 经济地位与信用卡透支频率

（数据来源：四川省某商业银行信用卡中心数据）

注：透支频率是指年透支次数。

4.3.2 变量选择与定义

1. 因变量选择

（1）透支可能性（Card_use$_i$）

沈红波、黄卉和廖理（2013）将信用卡客户分为便利交易者和循环信贷者。便利交易者把信用卡当作支付结算的工具，到期按时还款，免息期结束后，不会产生支付利息行为；循环信贷者是使用循环信贷功能的持卡人，其通过信用卡透支并支付一定的利息。如果持卡人在观察期内使用信用卡并产生利息，则将持卡人定义为使用信用卡循环信贷功能，取值为 1；否则为 0。本书认为，由于信用卡存在先消费后还款功能，持卡人在免息期内无须支付任何利息（该商业银行最长免息期为 56 天），持卡人只要合理安排收入，即可在免息期内短期缓解流动性约束，也可实现提前消费。因此，本书将持卡人只要发生了用卡行为，无论是使用支付功能还是信贷功能，即定义为持卡人使用了信用卡，发生了信用卡透支行为 $Card\_use_i$；透支行为采用 0-1 变量，若持卡发生了透支行为，则取值为 1，否则为 0。

（2）透支程度（$LnCard\_debt_i$）

本书将身份证号、卡号、选择同一身份证号透支金额最大的一笔的卡号对应的相关信息作为研究样本，该卡号透支利息是在样本内其产生的透支利息总额（沈红波 等，2013），透支利息取对数，以此来考察信用卡透支程度。

（3）透支频率（$Card\_freq_i$）

黄卉、沈红波（2010）将某商业银行 2007 年 3 月至 2008 年 2 月一年的信用卡账户数据作为数据样本，将信用卡账户在开户后一年内的用卡次数定义为信用卡用卡频率。其中，一年刷卡次数小于或等于 5 次的持卡人被定义为消极的信用卡使用者，取值为 0；一年刷卡次数在 6 次以上的为积极的信用卡使用者，取值为 1。江明华和任晓炜（2004）将使用频率为两周一次的消费者定义为经常使用信用卡消费的持卡人，使用频率半年一次的消费者为偶尔使用者。随着信用卡业务的快速发展及用卡普及，大多数人都不只拥有一家银行的信用卡，而是手持多家银行的信用卡，各商业银行当年刷卡免次年年费优惠政策也有所差异（目前有些银行是当年刷卡次数达 3 次或 5 次，无交易金额限制，持卡人即可享受次年信用卡免年费；也有银行是当年刷卡交易单笔达一定标准，持卡人即可享受次年信用卡免年费）。本书采用在样本期内按年出现的透支次数。从表 4-1 持卡人年透支次数来看，年透支次数达 11 次的持卡人最多，占比为 7.46%，说明用卡次数频繁的持卡人基本上每个月都使用一次信用卡，因此本书将一年用卡使用次数在 11 次（含）以上者定义为积极信用卡使用者（$Card\_act_i$），并采用 0-1 变量：若持卡人年透支次数在 11 次（含）以上则取值为 1，否则为 0。

表 4-1　信用卡年透支频率

年刷卡次数	样本量	百分比/%	累积百分比/%
0	77 718	52.03	52.03
1	3 577	2.39	54.42
2	3 650	2.44	56.86
3	3 270	2.19	59.05

表4-1（续）

年刷卡次数	样本量	百分比/%	累积百分比/%
4	3 150	2. 11	61. 16
5	3 449	2. 31	63. 47
6	4 075	2. 73	66. 20
7	4 309	2. 88	69. 08
8	4 795	3. 21	72. 29
9	5 726	3. 83	76. 12
10	8 251	5. 52	81. 64
11	11 148	7. 46	89. 10
12	6 720	4. 50	93. 60
12 次以上	9 528	6. 40	100
合计	149 366	100	

（4）透支功能（Card_function$_i$）

信用卡透支是指信用卡只要发生交易，无论金额大小，就说明持卡人在使用信用卡透支。由于信用卡具有支付和消费信贷双重功能，通过对每一张信用卡利息收入定义持卡人是使用的支付功能，还是消费信贷功能。透支利息（收入）包括利息收入、预借现金手续费收入、分期付款收入、超限费、滞纳金、年费、挂失费、POS 回佣收入及其他收入，如果一张卡有且只有利息收入或预借现金手续费收入或分期付款收入或超限费或滞纳金，或者有以上一种或几种收入，即将透支行为定义为消费信贷。同理，如果一张卡只有年费、挂失费、POS 回佣收入，或者有以上一种或几种收入即透支行为为支付，但如果一张信用卡有支付又有信贷交易，将定义为信贷功能。透支功能采用0-1变量：若持卡人使用消费信贷功能则取值为 1，否则为 0。那么使用信贷功能的这张信用卡对应的透支利息即为信贷功能透支程度，对应的年透支次数即为信贷功能透支频率。

2. 自变量选择

经济地位变量（Economic_status$_i$），是衡量信用卡持卡人经济地位的变量，我们借鉴邓肯（1961），沈红波、黄卉和廖理（2013），李涛等（2019）等做法，以持卡人的收入（Pei）衡量经济地位。在把收入作为分组变量时，借鉴黄卉和沈红波（2010）、傅联英和骆品亮（2018）、路晓蒙、侯晓华和尹志超

（2019）的做法，本书将收入分为三个组：持卡人年收入小于3万元（含）的低收入组、中等收入组为持卡人年收入为3万~10万元（含）的中等收入组、持卡人年收入10万元以上的高收入组。当收入作为连续变量时，本书对收入取了自然对数。

3. 变量定义及说明

各变量定义及说明如表4-2所示：

表4-2　变量定义及说明

变量符号	变量名称	变量含义
$Card\_use_i$	透支行为	虚拟变量。持卡人若发生透支行为，则取值为1，否则为0
$LnCard\_debt_i$	透支程度（元）	持卡人在样本期内透支金额最大的一笔的利息收入
$Card\_freq_i$	透支频率（次/年）	信用卡一年的透支次数
$Card\_function_i$	透支功能	虚拟变量。若持卡人使用信贷功能则取值为1，否则为0
Pei	收入（万元）	持卡人办卡时个人提供的有效的年收入
Age	年龄	持卡人办卡时的年龄
Edu_l	低等教育	若持卡人学历为中专或高中以下，则取值为1，否则为0
Edu_m	中等教育	若持卡人学历为专科或本科，则取值为1，否则为0
Edu_h	高等教育	若持卡人学历为本科以上，则取值为1，否则为0
Sex	女性	持卡人若为女性，则取值为1，否则为0
Marr	已婚	若持卡人已婚，则取值为1，否则为0
Lmt	授信额度（万元）	持卡人在信用卡有效期内可向发卡机构透支的最高限额
House	有自有住房	若持卡人拥有自有住房，则取值为1，否则为0
Indus	工作单位稳定	若持卡人在行政事业单位、国防军事单位、国有独资企业、社会/国际组织、集体企业工作，则取值为1，否则为0

表4-2（续）

变量符号	变量名称	变量含义
Mob	信用卡账龄（年）	信用卡账龄是信用卡账户从开户到样本期的年数，反映了持卡人使用信用卡的持续性和稳定性
Region	城乡差异	信用卡发卡机构为城区。根据该地区银行监管部门对所辖区域主城区和郊县地区的划分规则，将发卡机构为主城区的区域定义为城区，则取值为1，其他地区为县域和乡村，取值为0

4.3.3 变量相关性分析和描述性统计

信用卡持卡人的收入、授信额度、学历等个人特征信息之间可能会存在一定的相关性，因此在进行实证分析前，本书对收入及持卡人基本特征变量进行相关性分析。从表4-3变量的相关性结果来看，控制变量相关系数绝对值均未超过0.5，说明变量之间基本没有相关性或个别变量弱相关。

表4-4显示了主要变量的描述性统计结果。样本中有透支行为的持卡人达47.97%，接近一半的比例。透支利息均值为164.086 8元。持卡人一年透支频率均值为4.157 3次，一年透支次数最多的是24次，即基本上两周透支一次。从透支用途来看，使用信贷功能的持卡人占已有透支样本的70%，占全样本的34%，表明使用信贷功能的持卡人较多。持卡人申请办卡的年龄均值是39.427 8岁，最大为59岁。持卡人办卡时年收入均值为8.481 7万元，收入最大值为300万元。从教育背景来看，学历为中专或高中以下的占比为34.97%，学历为专科或本科的持卡人均值为61.21%，学历为本科以上的持卡人占比为3.82%。女性办卡人数的均值为44.03%。持卡人群中有74.67%的持卡人婚姻状况为已婚，说明已婚的消费者办卡人较多。授信额度均值为3.776 8万元，最高为300万元，该行给予持卡人的授信额度略高（中国人民银行2017年《支付体系运行报告》显示，2017年信用卡卡均授信额度为2.12万元），这也有可能是商业银行提升获客量的一个营销策略。持卡人有住房的占比达82.13%。持卡人工作单位比较稳定的人占比为31.71%。信用卡账龄为4.015 4年，发卡机构为城区的比例为40.34%。

表4-3　变量的相关性分析

	Pei	Age	Edu	Sex	Marr	lmt	House	Indus	Mob	Region
Pei	1.000 0									
Age	0.058 7	1.000 0								
Edu	−0.012 9	−0.264 7	1.000 0							
Sex	−0.040 1	−0.109 5	0.051 9	1.000 0						
Marr	0.059 1	0.399 3	−0.114 8	−0.043 8	1.000 0					
lmt	0.085 4	0.064 8	0.176 8	−0.044 8	0.079 8	1.000 0				
House	0.046 0	0.331 8	−0.001 9	−0.027 5	0.321 8	0.125 4	1.000 0			
Indus	−0.000 6	0.074 9	0.004 0	−0.010 1	0.046 7	−0.023 1	0.030 6	1.000 0		
Mob	−0.049 6	0.132 2	−0.133 3	0.032 2	−0.120 0	−0.319 1	−0.163 5	0.009 7	1.000 0	
Region	0.001 3	−0.073 6	0.194 9	0.027 7	−0.104 3	0.029 3	−0.070 2	−0.030 3	0.050 6	1.000 0

表4-4　描述性统计

变量	均值	标准差	中位数	最小值	最大值
$Card\_use_i$	0.479 7	0.499 6	0	0	1
$Card\_debt_i$	164.086 8	316.926 1	0	0	3 264.440 0
$Card\_freq_i$	4.157 3	5.152 0	0	0	24
$Card\_function_i$	0.700 0	0.402 4	1	0	1
Pei	8.481 7	22.852 5	3	1	300
Age	39.427 8	8.834 7	39	18	59
Edu_l	0.349 7	0.476 9	0	0	1
Edu_m	0.612 1	0.487 3	1	0	1
Edu_h	0.038 2	0.191 7	0	0	1
Sex	0.440 3	0.496 4	0	0	1
Marr	0.746 7	0.434 9	1	0	1
lmt	3.776 8	11.793 9	0.5	0	300
House	0.821 3	0.383 1	1	0	1
Indus	0.317 1	0.465 4	0	1	1
Mob	4.015 4	2.334 1	0	0	1
Region	0.403 4	0.490 6	0	0	1

注：样本量 = 149 366 个。

4.3.4　模型设定

1. 信用卡透支可能性

下面分析持卡人是否使用信用卡透支的影响因素。由于因变量 $Card\_use_i$ 为二元变量，本书采用了 Probit 模型进行分析。其 Probit 具体形式如下：

$$Card\_use_i = \beta_0 + \beta_1 Economic\_status_i + \beta_2 Age_i + \beta_3 Edu_i + \beta_4 Sex_i + \beta_5 Marr_i$$
$$+ \beta_6 Lmt_i + \beta_7 House_i + \beta_8 Indus_i + \beta_9 Mob_i + \beta_{10} Region_i + \varepsilon_i \quad (4-1)$$

公式 4-1 中，$Card\_use_i$ 是衡量信用卡持卡人是否透支的虚拟变量，表示的是持卡人只要刷卡即发生信用卡透支行为，无论是使用支付功能还是信贷功能，$Card\_use_i$ 取值为 1，否则为 0。

$Economic\_status_i$ 是衡量信用卡持卡人经济地位的变量，用持卡人收入来衡量。低收入组中持卡人年收入小于3万元（含），中等收入组中持卡人年收入为3万~10万元（含），高收入组中持卡人年收入10万元以上。Age_i是持卡人办卡时的年龄，Edu_i是持卡人办卡时的学历，Sex_i是持卡人为女性，$Marr_i$为持卡人是已婚，Lmt_i为信用卡授信额度，$House_i$是持卡人有自有住房，$Indus_i$为持卡人工作单位稳定，Mob_i为信用卡账龄，$Region_i$指持卡人发卡地区为城区，ε_i是残差项，服从$\varepsilon_i \sim N(0, \sigma^2)$。

2. 信用卡透支程度

下面分析信用卡持卡人透支程度的影响因素。采用Tobit模型，具体如下：

$$LnCard\_debt_i = \beta_0 + \beta_1 Economic\_status_i + \beta_2 Age_i + \beta_3 Edu_i + \beta_4 Sex_i + \beta_5 Marr_i$$
$$\beta_6 Lmt_i + \beta_7 House_i + \beta_8 Indus_i + \beta_9 Mob_i + \beta_{10} Region_i + \varepsilon_i \quad (4-2)$$

公式4-2中，$LnCard\_debt_i$是衡量信用卡持卡人在观察期内信用卡透支负债利息总额，衡量持卡人透支的程度，透支利息总额取了自然对数。$Economic\_status_i$和其他控制变量的定义与公式4-1一致。

3. 信用卡透支频率

下面分析信用卡持卡人透支频率的影响因素。首先考察持卡人用卡行为的活跃度，因变量的取值形式为：

$$Card\_act_i = \begin{cases} 1 & 当\ Card\_freq_i \geq 11\ 次 \\ 0 & 当\ Card\_freq_i \leq 10\ 次 \end{cases} \quad (4-3)$$

公式4-3中考察的是信用卡持卡人是积极用卡行为还是非积极的用卡行为；一年内实际的刷卡次数在11次（含）以上即为积极信用卡使用者（$Card\_act_i$），即取值为1，否则为0。$Economic\_status_i$和其他控制变量的定义与公式4-1一致。持卡人用卡行为活跃度（$Card\_act_i$）为二元变量，采用了Probit模型，具体如下：

$$Card\_act_i = \beta_0 + \beta_1 Economic\_status_i + \beta_2 Age_i + \beta_3 Edu_i + \beta_4 Sex_i + \beta_5 Marr_i$$
$$\beta_6 Lmt_i + \beta_7 House_i + \beta_8 Indus_i + \beta_9 Mob_i + \beta_{10} Region_i + \varepsilon_i \quad (4-4)$$

为了避免样本偏差问题，本书还采用Oprobit模型对信用卡用卡频率进行分组回归。

$$Card\_freq_i = \beta_0 + \beta_1 Economic\_status_i + \beta_2 Age_i + \beta_3 Edu_i + \beta_4 Sex_i + \beta_5 Marr_i$$
$$\beta_6 Lmt_i + \beta_7 House_i + \beta_8 Indus_i + \beta_9 Mob_i + \beta_{10} Region_i + \varepsilon_i \quad (4-5)$$

公式4-5中，$Card\_freq_i$为持卡人用卡频率，并以年度单位来衡量持卡人的用卡频率。将每个持卡人一年内的用卡次数进行分组：第一组年透支次数为0次，第二组年透支次数为1~6次，第三组年透支次数为7~12次，第四组年透支次数在13次以上。$Economic\_status_i$和其他控制变量的定义与公式4-1一致。

4. 信用卡透支功能

因信用卡具有支付和信贷的双重功能，首先考察是否使用透支功能的影响因素。因变量 Card_function$_i$ 为二元变量，采用了 Probit 模型，具体如下：

$$\text{Card\_function}_i = \beta_0 + \beta_1 \text{Economic\_status}_i + \beta_2 \text{Age}_i + \beta_3 \text{Edu}_i + \beta_4 \text{Sex}_i + \beta_5 \text{Marr}_i$$

$$\beta_6 \text{Lmt}_i + \beta_7 \text{House}_i + \beta_8 \text{Indus}_i + \beta_9 \text{Mob}_i + \beta_{10} \text{Region}_i + \varepsilon_i \qquad (4\text{-}6)$$

公式 4-6 中，信贷透支功能（Card_function$_i$）用以衡量持卡人是使用信用卡的支付功能还是消费信贷功能，若持卡人使用消费信贷功能，则 Card_function$_i$ 取值为 1，否则为 0。信贷功能对应的透支金额即为信贷透支程度，同公式 4-2，此处不再赘述。Economic_status$_i$ 和其他控制变量的定义与公式 4-1 一致。

4.4　实证结果

4.4.1　经济地位与信用卡透支行为

基于前面的研究设计和变量定义，本小节将中等收入、受教育程度分为低等学历、性别为男性、婚姻状况为未婚、无自有住房、工作单位不稳定、发卡机构所在地区为非城区作为基准组，代入公式 4-1 和公式 4-2，得出如表 4-5 所示的回归结果。

表 4-5　经济地位对信用卡透支行为的影响

变量	是否透支（透支＝1）		透支程度	
	OLS	Probit	OLS	Tobit
	(1)	(2)	(3)	(4)
低收入组	-0.035 5 *** (0.002 7)	-0.034 4 *** (0.002 7)	-0.233 7 *** (0.014 0)	-0.178 8 *** (0.011 9)
高收入组	0.064 1 *** (0.004 0)	0.066 1 *** (0.004 0)	0.516 4 *** (0.022 6)	0.332 6 *** (0.016 4)
年龄 25~34 岁	-0.059 4 *** (0.010 6)	-0.054 8 *** (0.010 4)	-0.318 6 *** (0.053 7)	-0.213 5 *** (0.039 7)
年龄 35~44 岁	-0.121 0 *** (0.010 8)	-0.115 6 *** (0.010 6)	-0.580 8 *** (0.055 2)	-0.461 2 *** (0.040 9)

表4-5（续）

变量	是否透支（透支=1）		透支程度	
	OLS	Probit	OLS	Tobit
	（1）	（2）	（3）	（4）
年龄 45~54 岁	−0.165 0 *** (0.010 9)	−0.160 0 *** (0.010 7)	−0.810 8 *** (0.055 6)	−0.649 9 *** (0.041 3)
年龄 55 岁及以上	−0.218 6 *** (0.012 5)	−0.216 2 *** (0.012 5)	−1.062 1 *** (0.064 7)	−0.900 4 *** (0.051 1)
中等学历	−0.154 4 *** (0.002 7)	−0.152 8 *** (0.002 7)	−0.830 9 *** (0.014 4)	−0.656 9 *** (0.011 3)
高等学历	−0.286 4 *** (0.006 8)	−0.287 8 *** (0.006 9)	−1.679 6 *** (0.038 0)	−1.308 7 *** (0.033 1)
女性	−0.050 1 *** (0.002 4)	−0.049 6 *** (0.002 4)	−0.320 1 *** (0.012 8)	−0.256 4 *** (0.010 5)
已婚	0.000 9 (0.003 1)	−0.000 6 (0.003 1)	−0.055 1 *** (0.016 9)	−0.029 5 ** (0.013 6)
授信额度 1 万~5 万元 （含）	0.291 6 *** (0.003 3)	0.284 1 *** (0.003 2)	1.598 5 *** (0.018 3)	1.243 0 *** (0.012 9)
授信额度 5 万元以上	0.356 6 *** (0.004 2)	0.361 7 *** (0.004 4)	2.890 3 *** (0.024 8)	1.894 2 *** (0.017 3)
有自有住房	−0.024 4 *** (0.003 4)	−0.024 6 *** (0.003 4)	−0.024 7 (0.017 4)	−0.065 2 *** (0.014 6)
工作单位稳定	−0.083 5 *** (0.002 9)	−0.086 6 *** (0.002 9)	−0.469 9 *** (0.015 0)	−0.384 4 *** (0.013 3)
信用卡账龄 1~3 年 （含）	0.291 3 *** (0.004 6)	0.282 8 *** (0.004 4)	1.875 7 *** (0.024 3)	1.268 2 *** (0.018 8)
信用卡账龄 3~5 年 （含）	0.236 1 *** (0.004 6)	0.231 1 *** (0.004 5)	1.663 3 *** (0.024 5)	1.096 6 *** (0.019 5)
信用卡账龄 5 年以上	0.087 5 *** (0.004 3)	0.087 7 *** (0.004 3)	0.796 9 *** (0.022 9)	0.369 0 *** (0.019 0)
城乡差异	−0.078 6 *** (0.002 5)	−0.079 1 *** (0.002 4)	−0.348 4 *** (0.013 1)	−0.322 7 *** (0.010 9)
Constant	0.558 0 *** (0.011 2)		2.325 9 *** (0.057 2)	
Observations	149 366	149 366	149 366	149 366

表4-5(续)

变量	是否透支（透支＝1）		透支程度	
	OLS	Probit	OLS	Tobit
	（1）	（2）	（3）	（4）
Pseudo R^2	0.158 9	0.123 9	0.200 0	0.054 5

注：括号内是稳健性标准差。***、**、* 分别表示在1%、5%、10%的水平上显著。Probit 和 Tobit 回归显示的是边际效应。

1. 经济地位对信用卡是否透支的影响

表4-5中，第（1）-（2）列是 OLS 和 Probit 的回归结果。较中等收入组而言，第（1）列结果显示低收入组对信用卡是否透支的回归系数为0.035 5，在1%水平上显著为负，高收入组对信用卡是否透支的回归系数为0.064 1，在1%水平上显著为正；从第（2）列 Probit 回归结果来看，低收入组对信用卡是否透支的回归系数为0.034 4，在1%水平上显著为负，高收入组对信用卡是否透支的回归系数为0.066 1，在1%水平上显著为正。回归结果表明：较中等收入组而言，收入较低的持卡人不容易发生透支行为，这与黄卉、沈红波（2010）的研究结论一致；收入较高的持卡人更容易发生信用卡透支行为，这与沈红波等人（2013）的研究结论一致。其原因有可能是收入较低的持卡人虽然需要使用信用卡的双重功能，但因其收入水平受限，银行批准的授信额度也不高，同时持卡人收入低，一般也不会随意使用信用卡提前消费，故其透支的可能性也就不高；而收入越高的持卡人，还款能力越有保障，银行给予的授信额度也越高，消费能力也越强，因此也就越容易发生信用卡透支行为。

2. 经济地位对信用卡透支程度的影响

表4-5中，第（3）-（4）列是 OLS 和 Tobit 的回归结果。从 OLS 的回归结果来看，较中等收入组而言，低收入组对透支金额的回归系数为0.233 7，在1%水平上显著为负，高收入组对透支金额的回归系数为0.516 4，在1%水平上显著为正；从 Tobit 的回归结果来看，低收入组对信用卡透支金额的回归系数为0.178 8，在1%水平上显著为负，高收入组对信用卡透支金额的回归系数为0.332 6，在1%水平上显著为正。回归结果表明收入越低的持卡人，透支金额越小，透支程度越低（黄卉 等，2010）；收入越高的持卡人，透支金额越大，透支程度越高（沈红波 等，2013）。

综上，从经济地位与信用卡透支的可能性及透支程度的回归结果来看，经济地位对信用卡透支行为具有正向显著影响，由此可知，研究假设 H4-1 成立。

3. 控制变量

（1）年龄与信用卡是否透支、透支程度呈反向变化

年龄使用分组变量，较年龄在 24 岁以下持卡人而言，其他年龄段的持卡人对信用卡是否透支的 OLS 和 Probit 回归系数均在 1% 水平上显著为负，对信用卡透支程度的 OLS 和 Tobit 回归系数也均在 1% 水平上显著为负。回归结果表明，随着年龄的增长，持卡人发生透支的可能性降低，透支金额变小，即信用卡使用行为随着年龄增长在逐渐弱化，这与现实情况也相符。

（2）教育背景对信用卡透支行为具有反向显著影响

较低等学历组持卡人而言，中等学历的持卡人对信用卡是否透支的 OLS 和 Probit 回归系数分别为 0.154 4 和 0.152 8，均在 1% 水平上显著为负；高等学历对信用卡是否透支的 OLS 和 Probit 回归系数分别为 0.286 4 和 0.287 8，均在 1% 水平上显著为负；中等学历对信用卡透支程度的 OLS 和 Tobit 回归系数分别为 0.830 9 和 0.656 9，均在 1% 水平上显著为负；高等学历对信用卡透支程度的 OLS 和 Probit 回归系数分别为 1.679 6 和 1.308 7，均在 1% 水平上显著为负。其回归结果表明：学历越高的持卡人透支可能性越低，透支金额越小，这可能是因为学历越高，借贷需求越小，信用卡透支可能性越小，学历与信用卡使用呈负相关。

（3）性别（女性）对信用卡透支行为具有反向显著的影响。

从 OLS 和 Probit 回归结果来看，女性对信用卡是否透支的回归系数分别为 0.050 1 和 0.049 6，均在 1% 水平上显著为负；从 OLS 和 Tobit 回归结果来看，女性对信用卡透支程度的回归系数分别为 0.320 1 和 0.256 4，均在 1% 水平上显著为负。回归结果表明，男性比女性更容易发生透支行为，虽然女性爱消费，但女性在金钱方面的态度比男性更保守，同时男性也会有更多的出差和公务应酬，男性还是家庭经济的主要承担者，所以女性持卡人使用信用卡透支的可能性和透支金额低于男性。

（4）婚姻状况对信用卡透支行为的影响

此处已婚对信用卡是否透支的 OLS 和 Probit 回归结果不显著，可能的原因是收入等其他经济因素占据了主导地位；但若信用卡发生透支行为，透支金额也不高，已婚对信用卡透支程度的 OLS 回归系数为 0.055 1，在 1% 水平上显著为负，其 Tobit 回归系数为 0.029 5，在 5% 水平上显著为负。

（5）授信额度对信用卡透支行为具有正向显著影响

较授信额度在 1 万元（含）以下的持卡人而言，授信额度在 1 万~5 万元（含）的持卡人信用卡透支可能性的 OLS 和 Probit 回归系数分别为 0.291 6 和

0.284 1，均在1%水平上显著为正；信用卡透支程度的OLS和Tobit回归系数分别为1.598 5和1.243 0，均在1%水平上显著为正；授信额度在5万元以上的持卡人信用卡透支可能性及透支程度的回归系数也均在1%水平上显著为正。回归结果表明，信用卡授信额度越高，持卡人发生透支的可能性越高，透支金额越大。

（6）住房对信用卡透支行为的影响

有自有住房对是否透支的OLS和Probit回归系数分别为0.024 4和0.024 6，均在1%水平上显著为负；有自有住房对信用卡透支程度的OLS和Tobit回归系数分别为0.024 7和0.065 2，在1%水平上显著为负。其回归结果表明，有自有住房的信用卡持卡人发生透支的可能性较小，透支金额小，即拥有自有住房的持卡人，信用卡透支的可能性和透支程度都不高，住房的财富效应在当前不明显。

（7）工作单位稳定性对信用卡透支行为具有反向显著影响

工作单位稳定对信用卡是否透支的OLS和Probit回归系数分别为0.083 5和0.086 6，均在1%水平上显著为负；工作单位稳定对信用卡透支程度的OLS和Tobit回归系数分别为0.469 9和0.384 4，均在1%水平上显著为负。从回归结果来看，工作单位越稳定的持卡人，信用卡发生透支的可能性越低，透支金额越小。

（8）信用卡账龄对信用卡透支行为具有正向显著影响

信用卡账龄为分组变量，较信用卡账龄在1年（含）以下的持卡人而言，信用卡账龄各分组变量对信用卡是否透支和透支程度的回归系数均在1%水平上显著为正。回归结果表明，持卡人与发卡机构的合作时间越长，信用卡越容易发生透支行为，透支金额也越高，这也体现出各商业银行不仅要拓展信用卡新的客群，还要重视对存量信用卡客群的维护。

（9）城乡差异对信用卡透支行为的影响

城区的持卡人对信用卡是否透支的OLS和Probit回归系数分别为0.078 6和0.079 1，均在1%水平上显著为负；城区的持卡人对信用卡透支程度的OLS和Tobit回归系数分别为0.348 4和0.322 7，均在1%水平上显著为负。从回归结果来看，非城区的持卡人透支可能性更高，透支金额也更大。近几年随着城镇化建设加速推进，城乡居民的收入水平和消费能力不断提升，用卡支付环境逐渐改善，这都有利于加强县域和乡村地区的人们对信用卡的使用。

4.4.2 经济地位与信用卡透支功能

信用卡因拥有支付与消费信贷的双重功能，接下来进一步分析经济地位对信用卡透支功能的影响，并重点分析经济地位对信贷功能的影响。基于前面的研究设计和变量定义，我们将中等收入、受教育程度为低学历、性别为男性、婚姻状况为未婚、无自有住房、工作单位不稳定、发卡机构所在地区为非城区作为基准组，代入公式4-6，得到表4-6的回归结果。

1. 经济地位对信用卡使用信贷透支功能的影响

表4-6中，第（1）列OLS结果显示低收入组对持卡人使用信贷功能的回归系数为0.048 2，在1%水平上显著为负；高收入组对持卡人使用信贷功能的回归系数为0.052 4，在1%水平上显著为正。第（2）列Probit结果显示低收入组对持卡人使用信贷功能的回归系数为0.047 5，在1%水平上显著为负；高收入组对持卡人使用信贷功能的回归系数为0.049 9，在1%水平上显著为正。

2. 信贷透支程度

表4-6中，第（3）列OLS结果显示低收入组的持卡人在信贷透支程度的回归系数为0.289 0，在1%水平上显著为负；高收入组对持卡人在信贷透支程度的回归系数为0.390 0，在1%水平上显著为正。第（4）列Tobit结果显示低收入组对持卡人在信贷透支程度的回归系数为0.230 0，在1%水平上显著为负；高收入组对持卡人在信贷透支程度的回归系数为0.258 4，在1%水平上显著为正。

年龄、性别、授信额度、有自有住房、工作单位稳定性、信用卡账龄、城乡差异对信用卡透支功能影响与表4-5回归结果一致。

表4-6的回归结果表明：较中等收入组持卡人而言，低收入组的持卡人很少使用信用卡的信贷功能，更多是使用支付功能；即使使用信贷功能，透支金额也不高。而收入较高的持卡人更多使用信用卡信贷功能，信贷透支金额也更高，这也与现实情况相符。由此可知，研究假设H4-2成立。

表4-6　经济地位对信用卡透支功能的影响

变量	透支功能（信贷=1）		信贷透支金额	
	OLS	Probit	OLS	Tobit
	（1）	（2）	（3）	（4）
低收入组	−0.048 2*** (0.002 6)	−0.047 5*** (0.002 6)	−0.289 0*** (0.014 0)	−0.230 0*** (0.012 4)
高收入组	0.052 4*** (0.004 0)	0.049 9*** (0.003 9)	0.390 0*** (0.023 2)	0.258 4*** (0.017 2)

表4-6（续）

变量	透支功能（信贷=1）		信贷透支金额	
	OLS	Probit	OLS	Tobit
	（1）	（2）	（3）	（4）
年龄 25~34 岁	-0.080 9 *** （0.010 3）	-0.071 8 *** （0.009 8）	-0.381 4 *** （0.053 7）	-0.254 2 *** （0.039 1）
年龄 35~44 岁	-0.147 9 *** （0.010 5）	-0.138 5 *** （0.010 0）	-0.687 8 *** （0.055 3）	-0.544 2 *** （0.040 5）
年龄 45~54 岁	-0.196 9 *** （0.010 6）	-0.187 0 *** （0.010 1）	-0.955 1 *** （0.055 7）	-0.770 3 *** （0.040 9）
年龄 55 岁及以上	-0.244 8 *** （0.012 1）	-0.239 1 *** （0.012 0）	-1.161 3 *** （0.064 7）	-1.001 5 *** （0.052 0）
中等学历	-0.153 8 *** （0.002 7）	-0.148 5 *** （0.002 6）	-0.827 9 *** （0.014 8）	-0.671 7 *** （0.011 9）
高等学历	-0.305 3 *** （0.006 5）	-0.305 0 *** （0.007 1）	-1.699 6 *** （0.037 2）	-1.409 3 *** （0.035 8）
女性	-0.074 7 *** （0.002 4）	-0.074 5 *** （0.002 4）	-0.429 8 *** （0.012 9）	-0.367 6 *** （0.011 1）
已婚	-0.021 7 *** （0.003 1）	-0.023 1 *** （0.003 1）	-0.146 4 *** （0.017 1）	-0.118 8 *** （0.014 1）
授信额度 1 万~5 万元（含）	0.154 0 *** （0.003 4）	0.151 4 *** （0.003 2）	0.910 7 *** （0.019 4）	0.750 0 *** （0.014 8）
授信额度 5 万元以上	0.380 5 *** （0.004 4）	0.375 1 *** （0.004 4）	2.552 2 *** （0.026 6）	1.796 8 *** （0.018 1）
有自有住房	-0.018 1 *** （0.003 4）	-0.019 3 *** （0.003 3）	-0.019 4 （0.017 6）	-0.060 3 *** （0.015 2）
工作单位稳定	-0.071 2 *** （0.002 8）	-0.073 7 *** （0.002 9）	-0.391 4 *** （0.014 9）	-0.341 7 *** （0.014 0）
信用卡账龄 1~3 年（含）	0.269 8 *** （0.004 3）	0.258 8 *** （0.004 4）	1.569 0 *** （0.024 2）	1.151 3 *** （0.020 1）
信用卡账龄 3~5 年（含）	0.251 9 *** （0.004 4）	0.242 7 *** （0.004 5）	1.424 0 *** （0.024 6）	1.070 3 *** （0.020 8）
信用卡账龄 5 年以上	0.108 0 *** （0.004 1）	0.101 3 *** （0.004 4）	0.598 8 *** （0.022 9）	0.357 4 *** （0.020 4）

表4-6(续)

变量	透支功能（信贷=1）		信贷透支金额	
	OLS	Probit	OLS	Tobit
	（1）	（2）	（3）	（4）
城乡差异	−0.054 4 *** (0.002 4)	−0.056 2 *** (0.002 4)	−0.256 5 *** (0.013 2)	−0.252 0 *** (0.011 4)
Constant	0.521 0 *** (0.010 8)		2.490 7 *** (0.057 0)	
Observations	149 366	149 366	149 366	149 366
Pseudo R^2	0.131 9	0.104 9	0.155 6	0.047 8

注：括号内是稳健性标准差。***、**、*分别表示在1%、5%、10%的水平上显著。Probit 和 Tobit 回归显示的是边际效应。

4.4.3　经济地位与信用卡透支频率

前面分析了经济地位对信用卡透支可能性及透支功能的影响，接下来分析经济地位与信用卡透支频率的关系。黄卉、沈红波（2010）将信用卡账户在一年刷卡次数为 6 次以上者定义为积极的信用卡使用者；江明华和任晓炜（2003）将使用频率为两周一次者定义为经常使用信用卡消费的持卡人。然而，随着信用卡使用的普及，本书将一年用卡次数在 11 次（含）以上者定义为积极的信用卡使用者，因变量取值使用公式4-3。基于前面的研究设计和变量定义，本书将中等收入、受教育程度为低学历、性别为男性、婚姻状况为未婚、无自有住房、工作单位不稳定、发卡机构所在地区为非城区作为基准组，代入公式4-4。表4-7 显示了经济地位对信用卡透支频率的影响，其中，第（1）和第（2）列为经济地位对信用卡透支频率的 OLS 和 Probit 回归结果，低收入组的回归系数分别为 0.037 7 和 0.035 3，均在1%水平上显著为负；高收入组的回归系数分别为 0.028 1 和 0.025 4，均在1%水平上显著为正。第（3）和第（4）列为信贷透支频率，低收入组 OLS 和 Probit 的回归系数分别为 0.042 4 和 0.038 6，均在1%水平上显著为负；高收入组 Probit 的回归系数为 0.005 9，在5%水平上显著为正。综合表4-7 的回归结果可以看出：较中等收入的持卡人，低收入的持卡人无论是使用信用卡的支付功能还是信贷功能，其透支频率均不高，相反收入高的持卡人信用卡透支频率较高，在信贷功能的使用频率上较低收入持卡人更频繁，信用卡使用行为也更积极。

表 4-7 经济地位对信用卡透支频率的影响

变量	透支频率（积极＝1）		信贷透支频率（积极＝1）	
	OLS	Probit	OLS	Probit
	（1）	（2）	（3）	（4）
低收入组	-0.037 7 *** (0.002 1)	-0.035 3 *** (0.002 1)	-0.042 4 *** (0.002 0)	-0.038 6 *** (0.002 0)
高收入组	0.028 1 *** (0.003 4)	0.025 4 *** (0.003 0)	0.003 9 (0.003 2)	0.005 9 ** (0.002 9)
年龄 25~34 岁	-0.032 0 *** (0.008 8)	-0.017 4 ** (0.007 3)	-0.038 9 *** (0.008 7)	-0.022 1 *** (0.006 8)
年龄 35~44 岁	-0.061 6 *** (0.009 0)	-0.047 6 *** (0.007 6)	-0.071 5 *** (0.008 9)	-0.053 9 *** (0.007 0)
年龄 45~54 岁	-0.088 4 *** (0.009 0)	-0.073 2 *** (0.007 6)	-0.097 4 *** (0.009 0)	-0.079 1 *** (0.007 1)
年龄 55 岁及以上	-0.108 5 *** (0.010 2)	-0.095 4 *** (0.009 4)	-0.120 2 *** (0.010 0)	-0.103 5 *** (0.008 8)
中等学历	-0.100 9 *** (0.002 3)	-0.088 2 *** (0.002 1)	-0.098 1 *** (0.002 2)	-0.085 0 *** (0.002 0)
高等学历	-0.168 2 *** (0.004 7)	-0.162 9 *** (0.006 3)	-0.158 7 *** (0.004 3)	-0.158 4 *** (0.006 3)
女性	-0.036 6 *** (0.001 9)	-0.036 9 *** (0.001 9)	-0.039 4 *** (0.001 8)	-0.039 6 *** (0.001 8)
已婚	-0.010 2 *** (0.002 6)	-0.010 5 *** (0.002 5)	-0.012 7 *** (0.002 5)	-0.013 7 *** (0.002 4)
授信额度 1 万~5 万元（含）	0.044 7 *** (0.002 9)	0.049 6 *** (0.002 6)	0.013 6 *** (0.002 7)	0.022 4 *** (0.002 5)
授信额度 5 万元以上	0.157 6 *** (0.004 0)	0.142 9 *** (0.003 6)	0.098 8 *** (0.003 8)	0.091 4 *** (0.003 5)
有自有住房	-0.002 8 (0.002 7)	-0.004 4 (0.002 7)	-0.004 2 (0.002 6)	-0.005 2 ** (0.002 5)
工作单位稳定	-0.048 3 *** (0.002 1)	-0.054 4 *** (0.002 5)	-0.039 4 *** (0.002 0)	-0.048 8 *** (0.002 4)
信用卡账龄 1~3 年（含）	0.321 6 *** (0.003 5)	0.298 1 *** (0.004 0)	0.262 9 *** (0.003 3)	0.252 8 *** (0.003 9)

表4-7(续)

变量	透支频率（积极=1）		信贷透支频率（积极=1）	
	OLS	Probit	OLS	Probit
	（1）	（2）	（3）	（4）
信用卡账龄 3 ~ 5 年（含）	0.206 4 *** (0.003 5)	0.219 9 *** (0.004 2)	0.168 4 *** (0.003 2)	0.190 1 *** (0.004 1)
信用卡账龄 5 年以上	0.101 2 *** (0.003 1)	0.116 2 *** (0.004 3)	0.069 6 *** (0.002 8)	0.094 3 *** (0.004 1)
城乡差异	−0.007 6 *** (0.002 0)	−0.009 5 *** (0.002 0)	−0.002 4 (0.001 9)	−0.003 9 ** (0.001 9)
Constant	0.189 3 *** (0.009 0)		0.222 3 *** (0.009 0)	
Observations	149 366	149 366	149 366	149 366
Pseudo R^2	0.117 6	0.123 9	0.100 8	0.116 8

注：括号内是稳健性标准差。***、**、* 分别表示在 1%、5%、10% 的水平上显著。Probit 和 Tobit 回归显示的是边际效应。

4.5 进一步研究：异质性分析

上文的实证结果表明，经济地位对信用卡透支可能性、透支功能及透支频率有着显著的影响。为了进一步探究经济地位对信用卡透支行为的影响，本节将从有自有住房、已婚、高学历、城区的持卡人经济地位影响信用卡透支行为的异质性方面深入分析。

4.5.1 经济地位、住房特征与信用卡透支行为

为检验拥有自有住房的持卡人经济地位对透支行为影响的异质性特征，本书将中等收入组作为基准组，并将低收入组、高收入组以及他们与有自有住房的交叉项等关注变量纳入公式 4-1 和 4-2 的分析框架。表 4-8 显示了相应的估计结果。表 4-8 第（1）列和第（2）列分别显示的是有自有住房持卡人经济地位对信用卡透支影响的 OLS 和 Probit 估计结果。"低收入组 * 有房"的 OLS 和 Probit 交叉项的回归系数分别为 0.036 7 和 0.036 9，均在 1% 水平上显著为正，"高收入组 * 有房"的 OLS 和 Probit 交叉项的回归系数分别为 0.047 6

和 0.047 4，均在 1% 水平上显著为负。表 4-8 第（3）列和第（4）列分别显示了有自有住房持卡人经济地位对信用卡透支金额影响的 OLS 和 Tobit 估计结果。"低收入组 * 有房"的 OLS 和 Tobit 交叉项的回归系数分别为 0.249 4 和 0.197 0，均在 1% 水平上显著为正；"高收入组 * 有房"的 OLS 和 Tobit 交叉项的回归系数分别为 0.281 9 和 0.163 5，均在 1% 水平上显著为负。

回归结果表明，低收入、有自有住房的持卡人对信用卡透支行为具有显著负向影响。通过表 4-8 的异质性分析发现：较中等收入的有房持卡人，低收入有房的持卡人信用卡透支可能性高，透支金额也大；相反高收入有房的持卡人信用卡发生透支的可能性低，透支金额也不高。由此可以看出，对于有房的低收入持卡人，可能房贷压力增加了家庭负债，需要通过信用卡透支来实现平滑消费，故发生信用卡透支的可能性更高，金额也更大；而对于有房的高收入持卡人，经济与财产实力较强，不需要通过信用卡提升消费，故使用信用卡透支的可能性较低。因此，研究假设 H4-3 成立。

表 4-8　经济地位、自有住房与信用卡透支行为

变量	是否透支（透支=1）		透支金额	
	OLS	Probit	OLS	Tobit
	（1）	（2）	（3）	（4）
低收入组 * 有房	0.036 7 *** (0.006 6)	0.036 9 *** (0.006 5)	0.249 4 *** (0.035 1)	0.197 0 *** (0.028 6)
高收入组 * 有房	−0.047 6 *** (0.012 4)	−0.047 4 *** (0.013 0)	−0.281 9 *** (0.066 1)	−0.163 5 *** (0.047 6)
低收入组	−0.064 8 *** (0.005 9)	−0.063 8 *** (0.005 8)	−0.432 7 *** (0.031 3)	−0.335 8 *** (0.025 3)
高收入组	0.110 4 *** (0.011 8)	0.112 4 *** (0.012 3)	0.793 5 *** (0.062 7)	0.497 4 *** (0.044 6)
有自有住房	−0.040 4 *** (0.005 2)	−0.040 9 *** (0.005 1)	−0.136 3 *** (0.027 7)	−0.153 9 *** (0.022 2)
年龄 25~34 岁	−0.060 0 *** (0.010 2)	−0.055 6 *** (0.010 4)	−0.323 1 *** (0.054 6)	−0.217 1 *** (0.039 6)
年龄 35~44 岁	−0.121 8 *** (0.010 5)	−0.116 6 *** (0.010 6)	−0.586 4 *** (0.055 9)	−0.465 8 *** (0.040 8)
年龄 45~54 岁	−0.165 8 *** (0.010 6)	−0.160 9 *** (0.010 7)	−0.815 7 *** (0.056 3)	−0.653 9 *** (0.041 2)

表4-8（续）

变量	是否透支（透支=1）		透支金额	
	OLS	Probit	OLS	Tobit
	（1）	（2）	（3）	（4）
年龄55岁及以上	-0.219 4*** (0.012 4)	-0.217 2*** (0.012 5)	-1.067 8*** (0.065 8)	-0.905 0*** (0.051 0)
中等学历	-0.154 2*** (0.002 8)	-0.152 7*** (0.002 7)	-0.830 0*** (0.014 7)	-0.656 3*** (0.011 3)
高等学历	-0.286 5*** (0.006 8)	-0.287 9*** (0.006 9)	-1.680 1*** (0.036 3)	-1.308 4*** (0.033 1)
女性	-0.049 6*** (0.002 4)	-0.049 1*** (0.002 4)	-0.316 8*** (0.012 8)	-0.254 0*** (0.010 5)
已婚	0.000 5 (0.003 1)	-0.001 0 (0.003 1)	-0.057 8*** (0.016 7)	-0.031 6** (0.013 6)
授信额度1万~5万元（含）	0.291 3*** (0.003 3)	0.283 8*** (0.003 2)	1.596 6*** (0.017 4)	1.241 3*** (0.012 9)
授信额度5万元以上	0.356 4*** (0.004 5)	0.361 4*** (0.004 4)	2.888 4*** (0.024 2)	1.891 6*** (0.017 3)
工作单位稳定	-0.082 8*** (0.002 9)	-0.085 8*** (0.002 9)	-0.464 9*** (0.015 4)	-0.380 5*** (0.013 3)
信用卡账龄1~3年（含）	0.291 8*** (0.004 4)	0.283 2*** (0.004 4)	1.878 5*** (0.023 5)	1.269 8*** (0.018 8)
信用卡账龄3~5年（含）	0.236 9*** (0.004 5)	0.231 8*** (0.004 5)	1.668 1*** (0.023 9)	1.100 0*** (0.019 5)
信用卡账龄5年以上	0.088 3*** (0.004 2)	0.088 4*** (0.004 3)	0.801 8*** (0.022 3)	0.372 1*** (0.019 0)
城乡差异	-0.078 8*** (0.002 5)	-0.079 3*** (0.002 4)	-0.349 5*** (0.013 2)	-0.323 8*** (0.010 9)
Constant	0.570 3*** (0.011 3)		2.412 4*** (0.060 0)	
Observations	149 366	149 366	149 366	149 366
Pseudo R^2	0.159 3	0.124 2	0.200 5	0.054 7

注：括号内是稳健性标准差。***、**、* 分别表示在1%、5%、10%的水平上显著。Probit 和 Tobit 回归显示的是边际效应。

4.5.2 经济地位、婚姻状态与信用卡透支行为

接下来，考察不同婚姻状态的持卡人经济地位对透支行为影响的异质性特征。我们将中等收入组作为基准组，并将低收入组、高收入组以及他们与已婚的交叉项等关注变量纳入模型的分析框架（公式 4-1 和公式 4-2）。表 4-9 显示了相应的估计结果。表 4-9 第（1）列和第（2）列分别显示的是已婚持卡人经济地位对信用卡透支行为影响的 OLS 和 Probit 估计结果。"低收入组 * 已婚"的 OLS 和 Probit 交叉项的回归系数分别为 0.011 8 和 0.010 6，均显著为负；"高收入组 * 已婚"的 OLS 和 Probit 交叉项的回归系数分别为 0.066 1 和 0.064 0，均在 1% 水平上显著为负。这说明较中等收入组而言，已婚低收入和高收入的持卡人不愿意进行信用卡透支。

表 4-9 第（3）列和第（4）列分别报告的是已婚持卡人经济地位对信用卡透支金额影响的 OLS 和 Tobit 估计结果。"低收入组 * 已婚"的 OLS 和 Tobit 交叉项的回归系数分别是 0.056 8 和 0.042 9，"高收入组 * 已婚"的 OLS 和 Tobit 交叉项的回归系数分别是 0.472 1 和 0.305 8，均在 1% 水平上显著为负。

表 4-9 异质性分析回归结果显示，已婚的低收入和高收入持卡人透支可能性低，透支金额也不高。其原因可能是已婚低收入持卡人家庭开支较大，但因收入低，一般不会随意提前消费，所以透支可能性小且金额低；相反已婚高收入的持卡人，虽然家庭开支比较大，但因其收入较高，根本不需要通过信用卡来缓解流动性约束、提高自己的消费水平，故信用卡透支可能性低。

表 4-9 经济地位、婚姻状态与信用卡透支行为

变量	是否透支（透支=1）		透支金额	
	OLS	Probit	OLS	Tobit
	（1）	（2）	（3）	（4）
低收入组 * 已婚	−0.011 8^{**} （0.006 0）	−0.010 6[*] （0.005 9）	−0.056 8[*] （0.031 8）	−0.042 9 （0.026 5）
高收入组 * 已婚	−0.066 1^{***} （0.009 5）	−0.064 0^{***} （0.009 7）	−0.472 1^{***} （0.050 7）	−0.305 8^{***} （0.038 1）
低收入组	−0.026 9^{***} （0.005 1）	−0.026 8^{***} （0.005 1）	−0.192 4^{***} （0.027 2）	−0.147 5^{***} （0.022 8）
高收入组	0.117 5^{***} （0.008 6）	0.118 0^{***} （0.008 8）	0.899 8^{***} （0.045 8）	0.579 9^{***} （0.034 3）

表4-9(续)

变量	是否透支（透支=1）		透支金额	
	OLS	Probit	OLS	Tobit
	（1）	（2）	（3）	（4）
已婚	0.015 5 *** (0.005 0)	0.012 7 *** (0.004 9)	0.034 2 (0.026 3)	0.035 9 * (0.021 8)
年龄 25~34 岁	−0.060 3 *** (0.010 3)	−0.055 8 *** (0.010 4)	−0.326 9 *** (0.054 6)	−0.220 5 *** (0.039 7)
年龄 35~44 岁	−0.123 0 *** (0.010 5)	−0.117 6 *** (0.010 6)	−0.597 3 *** (0.055 9)	−0.473 4 *** (0.041 0)
年龄 45~54 岁	−0.167 1 *** (0.010 6)	−0.162 0 *** (0.010 7)	−0.827 6 *** (0.056 4)	−0.662 2 *** (0.041 4)
年龄 55 岁及以上	−0.221 0 *** (0.012 4)	−0.218 5 *** (0.012 5)	−1.081 3 *** (0.065 9)	−0.914 3 *** (0.051 1)
中等学历	−0.154 3 *** (0.002 8)	−0.152 7 *** (0.002 7)	−0.829 9 *** (0.014 7)	−0.656 1 *** (0.011 3)
高等学历	−0.286 6 *** (0.006 8)	−0.288 0 *** (0.006 9)	−1.681 0 *** (0.036 3)	−1.309 2 *** (0.033 1)
女性	−0.050 4 *** (0.002 4)	−0.049 9 *** (0.002 4)	−0.322 2 *** (0.012 8)	−0.258 0 *** (0.010 5)
授信额度 1 万~5 万元（含）	0.291 6 *** (0.003 3)	0.284 0 *** (0.003 2)	1.598 5 *** (0.017 4)	1.242 9 *** (0.012 9)
授信额度 5 万元以上	0.357 1 *** (0.004 5)	0.362 1 *** (0.004 4)	2.893 9 *** (0.024 2)	1.896 4 *** (0.017 3)
有自有住房	−0.025 2 *** (0.003 4)	−0.025 3 *** (0.003 4)	−0.030 6 * (0.018 2)	−0.069 3 *** (0.014 6)
工作单位稳定	−0.083 6 *** (0.002 9)	−0.086 6 *** (0.002 9)	−0.470 2 *** (0.015 4)	−0.384 7 *** (0.013 3)
信用卡账龄 1~3 年（含）	0.291 2 *** (0.004 4)	0.282 6 *** (0.004 4)	1.874 8 *** (0.023 5)	1.267 7 *** (0.018 8)
信用卡账龄 3~5 年（含）	0.236 2 *** (0.004 5)	0.231 2 *** (0.004 5)	1.664 1 *** (0.023 9)	1.097 4 *** (0.019 5)
信用卡账龄 5 年以上	0.088 0 *** (0.004 2)	0.088 2 *** (0.004 3)	0.800 9 *** (0.022 3)	0.372 2 *** (0.019 0)

表4-9（续）

变量	是否透支（透支=1）		透支金额	
	OLS	Probit	OLS	Tobit
	（1）	（2）	（3）	（4）
城乡差异	−0.078 7*** (0.002 5)	−0.079 2*** (0.002 4)	−0.348 8*** (0.013 2)	−0.322 9*** (0.010 9)
Constant	0.549 6*** (0.011 2)		2.277 7*** (0.059 7)	
Observations	149 366	149 366	149 366	149 366
Pseudo R^2	0.159 2	0.124 1	0.200 4	0.054 7

注：括号内是稳健性标准差。***、**、* 分别表示在 1%、5%、10% 的水平上显著。Probit 和 Tobit 回归显示的是边际效应。

4.5.3 经济地位、教育背景与信用卡透支行为

接下来，考察不同受教育程度的持卡人经济地位对透支行为影响的异质性特征。我们将中等收入组作为基准组，并将低收入组、高收入组以及他们与高学历组的交叉项等关注变量纳入模型的分析框架（公式 4-1 和公式 4-2）。表 4-10 显示了相应的估计结果。表 4-10 第（1）列和第（2）列分别显示的是高学历持卡人经济地位对信用卡透支行为影响的 OLS 和 Probit 估计结果。"低收入组 * 高等学历"的 OLS 和 Probit 交叉项的回归系数分别为 0.039 7 和 0.037 0，均显著为负；"高收入组 * 高等学历"的 OLS 和 Probit 交叉项的回归结果不显著。

表 4-10 第（3）列和第（4）列分别显示的是高学历持卡人经济地位对信用卡透支金额影响的 OLS 和 Tobit 估计结果。"低收入组 * 高等学历"的 OLS 和 Tobit 交叉项的回归系数分别为 0.278 7 和 0.109 7，均在 1% 水平上显著为负；"高收入组 * 高等学历"的回归结果不显著。

表 4-10 教育背景与经济地位的异质性回归结果表明，高学历、高收入的交叉项在透支行为方面表现不够显著，可能是因为学历与收入关系比较复杂。那么对于高学历低收入的持卡人，其信用卡透支可能性不高，透支金额也较低。

表 4-10　经济地位、教育背景与信用卡透支行为

变量	是否透支（透支＝1）		透支金额	
	OLS	Probit	OLS	Tobit
	（1）	（2）	（3）	（4）
低收入组＊高等学历	−0.039 7 *** (0.015 2)	−0.037 0 ** (0.015 6)	−0.278 7 *** (0.080 7)	−0.109 7 *** (0.075 1)
高收入组＊高等学历	−0.005 2 (0.018 5)	−0.001 3 (0.018 7)	−0.133 6 (0.098 6)	0.108 1 (0.086 8)
低收入组	−0.030 6 *** (0.002 8)	−0.029 9 *** (0.002 7)	−0.205 8 *** (0.014 7)	−0.166 6 *** (0.012 2)
高收入组	0.069 8 *** (0.004 1)	0.071 3 *** (0.004 1)	0.551 1 *** (0.021 6)	0.343 5 *** (0.016 7)
高等学历	−0.133 7 *** (0.012 5)	−0.138 6 *** (0.013 0)	−0.800 9 *** (0.066 8)	−0.724 9 *** (0.060 5)
年龄 25~34 岁	−0.083 3 *** (0.010 3)	−0.078 3 *** (0.010 2)	−0.447 6 *** (0.055 1)	−0.317 8 *** (0.039 9)
年龄 35~44 岁	−0.124 2 *** (0.010 6)	−0.118 5 *** (0.010 5)	−0.598 5 *** (0.056 5)	−0.475 1 *** (0.041 2)
年龄 45~54 岁	−0.150 7 *** (0.010 7)	−0.145 5 *** (0.010 6)	−0.734 2 *** (0.056 9)	−0.590 3 *** (0.041 6)
年龄 55 岁及以上	−0.196 8 *** (0.012 5)	−0.194 7 *** (0.012 5)	−0.945 1 *** (0.066 5)	−0.811 3 *** (0.051 2)
女性	−0.055 8 *** (0.002 4)	−0.055 4 *** (0.002 4)	−0.350 9 *** (0.013 0)	−0.280 0 *** (0.010 5)
已婚	0.012 9 *** (0.003 2)	0.011 6 *** (0.003 2)	0.009 4 (0.016 8)	0.023 3 * (0.013 7)
授信额度 1 万~5 万元（含）	0.272 8 *** (0.003 3)	0.266 4 *** (0.003 1)	1.496 7 *** (0.017 5)	1.158 6 *** (0.012 9)
授信额度 5 万元以上	0.334 2 *** (0.004 6)	0.339 8 *** (0.004 6)	2.770 9 *** (0.024 4)	1.798 9 *** (0.017 2)
有自有住房	−0.030 2 *** (0.003 4)	−0.030 0 *** (0.003 4)	−0.055 8 *** (0.018 4)	−0.087 3 *** (0.014 8)
工作单位稳定	−0.124 3 *** (0.002 8)	−0.127 1 *** (0.002 8)	−0.689 5 *** (0.015 1)	−0.563 4 *** (0.012 9)

表4-10(续)

变量	是否透支（透支=1）		透支金额	
	OLS	Probit	OLS	Tobit
	（1）	（2）	（3）	（4）
信用卡账龄 1～3 年（含）	0.296 5 *** (0.004 5)	0.289 7 *** (0.004 3)	1.903 2 *** (0.023 8)	1.301 8 *** (0.018 9)
信用卡账龄 3～5 年（含）	0.230 3 *** (0.004 5)	0.226 8 *** (0.004 4)	1.631 7 *** (0.024 1)	1.085 7 *** (0.019 6)
信用卡账龄 5 年以上	0.084 0 *** (0.004 2)	0.086 3 *** (0.004 2)	0.777 5 *** (0.022 5)	0.370 0 *** (0.019 1)
城乡差异	−0.093 6 *** (0.002 5)	−0.094 0 *** (0.002 5)	−0.429 0 *** (0.013 3)	−0.386 9 *** (0.010 9)
Constant	0.484 9 *** (0.010 9)		1.931 4 *** (0.058 0)	
Observations	149 366	149 366	149 366	149 366
Pseudo R^2	0.141 3	0.109 1	0.182 8	0.048 9

注：括号内是稳健性标准差。***、**、* 分别表示在 1%、5%、10% 的水平上显著。Probit 和 Tobit 回归显示的是边际效应。

4.5.4 经济地位、城乡差异与信用卡透支行为

紧接着，考察不同地区的持卡人经济地位对信用卡透支行为影响的异质性特征。我们将中等收入组作为基准组，并将低收入组、高收入组以及他们与持卡人居住在城区者的交叉项等关注变量纳入模型的分析框架（公式 4-1 和公式 4-2）。表 4-11 显示了相应的估计结果。表 4-11 第（1）列和第（2）列分别显示的是城区持卡人经济地位对信用卡透支行为影响的 OLS 和 Probit 估计结果。"低收入组 * 城区"的 OLS 和 Probit 交叉项的回归系数分别为 0.048 1 和 0.047 6，均在 1% 水平上显著为正；"高收入组 * 城区"的 OLS 和 Probit 交叉项的回归系数分别为 0.083 6 和 0.079 2，也均在 1% 水平上显著为正。

表 4-11 第（3）列和第（4）列分别显示的是城区持卡人经济地位对信用卡透支金额影响的 OLS 和 Tobit 估计结果。"低收入组 * 城区"的 OLS 和 Tobit 交叉项的回归系数分别为 0.274 8 和 0.238 4，均在 1% 水平上显著为正；"高收入组 * 城区"的 OLS 和 Tobit 交叉项的回归系数分别为 0.368 1 和 0.398 7，也均在 1% 水平上显著为正。

通过异质性分析发现，较中等收入的持卡人，城区的低收入和高收入持卡人信用卡发生透支的可能性大，其透支金额也更大。其原因可能是城区的持卡人消费水平更高，同时商业银行各种各样的信用卡打折促销活动也增强了城区持卡人信用卡使用行为动机，持卡人也更愿意使用信用卡进行消费。由此可知，研究假设 H4-4 成立。

表 4-11　经济地位、城乡差异与信用卡透支行为

变量	是否透支（透支＝1）		透支金额	
	OLS	Probit	OLS	Tobit
	（1）	（2）	（3）	（4）
低收入组 * 城区	0.048 1 *** (0.005 4)	0.047 6 *** (0.005 4)	0.274 8 *** (0.028 8)	0.238 4 *** (0.024 3)
高收入组 * 城区	0.083 6 *** (0.007 6)	0.079 2 *** (0.007 7)	0.368 1 *** (0.040 5)	0.398 7 *** (0.031 8)
低收入组	−0.055 1 *** (0.003 5)	−0.053 3 *** (0.003 4)	−0.345 7 *** (0.018 5)	−0.270 0 *** (0.014 6)
高收入组	0.029 1 *** (0.005 1)	0.033 0 *** (0.005 1)	0.362 7 *** (0.027 0)	0.173 1 *** (0.020 4)
城区	−0.116 4 *** (0.004 3)	−0.115 9 *** (0.004 3)	−0.548 4 *** (0.022 9)	−0.513 2 *** (0.019 4)
年龄 25~34 岁	−0.059 2 *** (0.010 2)	−0.054 7 *** (0.010 1)	−0.319 7 *** (0.054 6)	−0.212 7 *** (0.039 7)
年龄 35~44 岁	−0.120 9 *** (0.010 5)	−0.115 7 *** (0.010 4)	−0.582 3 *** (0.055 9)	−0.461 2 *** (0.040 9)
年龄 45~54 岁	−0.164 7 *** (0.010 6)	−0.159 8 *** (0.010 5)	−0.811 2 *** (0.056 3)	−0.648 6 *** (0.041 3)
年龄 55 岁及以上	−0.218 0 *** (0.012 4)	−0.215 9 *** (0.012 3)	−1.061 2 *** (0.065 8)	−0.898 5 *** (0.051 1)
中等学历	−0.154 5 *** (0.002 8)	−0.153 0 *** (0.002 7)	−0.831 2 *** (0.014 7)	−0.658 2 *** (0.011 3)
高等学历	−0.287 9 *** (0.006 8)	−0.289 6 *** (0.006 8)	−1.687 0 *** (0.036 3)	−1.318 0 *** (0.033 1)
女性	−0.049 9 *** (0.002 4)	−0.049 5 *** (0.002 4)	−0.319 5 *** (0.012 8)	−0.255 9 *** (0.010 5)

表4-11(续)

变量	是否透支（透支=1）		透支金额	
	OLS	Probit	OLS	Tobit
	（1）	（2）	（3）	（4）
已婚	0.001 1 （0.003 1）	−0.000 5 （0.003 1）	−0.053 6 *** （0.016 7）	−0.029 3 ** （0.013 6）
授信额度 1 万~5 万元 （含）	0.291 7 *** （0.003 3）	0.284 0 *** （0.003 1）	1.598 6 *** （0.017 4）	1.243 6 *** （0.012 9）
授信额度 5 万元以上	0.356 3 *** （0.004 5）	0.360 8 *** （0.004 5）	2.888 3 *** （0.024 2）	1.893 7 *** （0.017 3）
有自有住房	−0.025 1 *** （0.003 4）	−0.025 2 *** （0.003 4）	−0.028 1 （0.018 2）	−0.068 9 *** （0.014 6）
工作单位稳定	−0.084 1 *** （0.002 9）	−0.086 8 *** （0.002 9）	−0.471 7 *** （0.015 4）	−0.387 4 *** （0.013 3）
信用卡账龄 1~3 年 （含）	0.291 8 *** （0.004 4）	0.283 0 *** （0.004 3）	1.878 9 *** （0.023 5）	1.270 4 *** （0.018 8）
信用卡账龄 3~5 年 （含）	0.235 8 *** （0.004 5）	0.230 4 *** （0.004 4）	1.662 5 *** （0.023 9）	1.095 4 *** （0.019 5）
信用卡账龄 5 年以上	0.088 1 *** （0.004 2）	0.087 8 *** （0.004 2）	0.799 7 *** （0.022 3）	0.372 1 *** （0.019 0）
Constant	0.573 9 *** （0.011 0）		2.410 9 *** （0.058 3）	
Observations	149 366	149 366	149 366	149 366
Pseudo R^2	0.159 7	0.124 5	0.200 6	0.054 9

注：括号内是稳健性标准差。***、**、* 分别表示在 1%、5%、10%的水平上显著。Probit 和 Tobit 回归显示的是边际效应。

4.6 稳健性检验

前文分析了经济地位与信用卡透支可能性、透支功能及透支频率的影响，在此基础上就有房、已婚、高学历、城区持卡人经济地位对信用卡透支可能性、透支程度的影响做了进一步的异质性分析。为了验证基准回归所得结论的稳健性，本书通过对婚姻分样本、近五年开卡子样本、年份固定效应、信用卡透支频率分组及边际效率、更换计量方法（使用 Logit 回归）进行了稳健性检验。

4.6.1 稳健性检验 1：婚姻分样本回归

我们对持卡人是否已婚进行分样本回归。代入公式 4-1 和公式 4-2，回归结果如表 4-12 所示。第（1）列和第（2）列显示，已婚和未婚的低收入组持卡人对信用卡是否透支的 Probit 影响分别为 0.035 3 和 0.027 5，均在 1%的水平上显著为负；已婚和未婚的高收入组持卡人对信用卡是否透支的回归系数分别为 0.058 3 和 0.095 7，均在 1%的水平上显著为正。

表 4-12 第（3）列和第（4）列显示，已婚和未婚的低收入组持卡人对信用卡透支金额的 Tobit 回归系数分别为 0.182 0 和 0.145 1，均在 1%的水平上显著为负；已婚和未婚的高收入组对信用卡透支金额的 Tobit 回归系数分别为 0.298 5 和 0.457 0，均在 1%的水平上显著为正。为了进一步检验结果的稳健性，对婚姻状况进行 T 检验，低收入 Chi（1）－（2）为 2.08，高收入 Chi（1）－（2）为 15.39，其 P 值均小 0.01，说明低收入和高收入已婚的持卡人发生信用卡透支的可能性更小，金额也更低。

表 4-12　稳健性检验 1：婚姻分样本回归

变量	是否透支（透支＝1）		透支金额	
	Probit		Tobit	
	已婚	未婚	已婚	未婚
	（1）	（2）	（3）	（4）
低收入组	−0.035 3 *** (0.003 1)	−0.027 5 *** (0.005 1)	−0.182 0 *** (0.014 0)	−0.145 1 *** (0.022 1)
高收入组	0.058 3 *** (0.004 4)	0.095 7 *** (0.008 9)	0.298 5 *** (0.018 8)	0.457 0 *** (0.034 4)
年龄 25~34 岁	−0.074 6 *** (0.025 3)	−0.054 8 *** (0.011 6)	−0.329 5 *** (0.094 5)	−0.201 1 *** (0.043 2)
年龄 35~44 岁	−0.161 6 *** (0.025 3)	−0.048 3 *** (0.012 7)	−0.713 9 *** (0.094 6)	−0.106 7 ** (0.048 0)
年龄 45~54 岁	−0.203 4 *** (0.025 3)	−0.081 8 *** (0.013 6)	−0.893 6 *** (0.094 8)	−0.239 8 *** (0.051 7)
年龄 55 岁及以上	−0.258 7 *** (0.026 2)	−0.149 0 *** (0.023 9)	−1.151 7 *** (0.100 1)	−0.472 5 *** (0.102 2)
中等学历	−0.146 7 *** (0.003 0)	−0.162 6 *** (0.005 8)	−0.634 5 *** (0.013 0)	−0.683 8 *** (0.023 1)

表4-12(续)

变量	是否透支（透支=1）		透支金额	
	Probit		Tobit	
	已婚	未婚	已婚	未婚
	（1）	（2）	（3）	（4）
高等学历	-0.273 0***	-0.314 5***	-1.230 5***	-1.432 1***
	(0.008 4)	(0.012 4)	(0.040 9)	(0.056 4)
女性	-0.037 2***	-0.089 5***	-0.199 8***	-0.443 2***
	(0.002 8)	(0.004 7)	(0.012 3)	(0.020 2)
授信额度1万~5万元（含）	0.291 7***	0.249 3***	1.289 8***	1.068 8***
	(0.003 5)	(0.007 0)	(0.014 7)	(0.027 2)
授信额度5万元以上	0.369 9***	0.321 4***	1.960 3***	1.635 9***
	(0.004 8)	(0.011 2)	(0.019 2)	(0.041 0)
有自有住房	-0.032 2***	-0.029 3***	-0.094 8***	-0.100 6***
	(0.004 5)	(0.005 2)	(0.019 2)	(0.022 3)
工作单位稳定	-0.094 4***	-0.064 3***	-0.421 2***	-0.284 8***
	(0.003 4)	(0.005 7)	(0.015 5)	(0.025 6)
信用卡账龄1~3年（含）	0.288 2***	0.250 5***	1.314 0***	1.070 7***
	(0.004 9)	(0.010 5)	(0.021 0)	(0.042 2)
信用卡账龄3~5年（含）	0.235 3***	0.204 7***	1.141 1***	0.917 6***
	(0.005 0)	(0.010 4)	(0.022 0)	(0.042 7)
信用卡账龄5年以上	0.107 0***	0.025 3**	0.474 2***	0.057 7
	(0.004 8)	(0.010 1)	(0.021 3)	(0.042 1)
城乡差异	-0.085 5***	-0.060 4***	-0.352 4***	-0.239 0***
	(0.002 8)	(0.004 8)	(0.012 8)	(0.020 4)
Observations	111 533	37 833	111 533	37 833
Pseudo R^2	0.127 3	0.121 6	0.055 1	0.056 6
T检验				
低收入 Chi（1）-（2）	2.08***		1.97	
P-value	0.072 9		0.160 7	
高收入 Chi（1）-（2）	15.39***		30.12***	
P-value	0.000 1		0.000 0	

注：括号内是稳健性标准差。***、**、*分别表示在1%、5%、10%的水平上显著。Probit和Tobit回归显示的是边际效应，并给出 Pseudo R^2 结果。

4.6.2　稳健性检验2：近五年开卡子样本回归

由于持卡人个人基础信息（如婚姻状况、是否有房、经济地位等）可能会随着时间的推移而发生变化，而这些变化在目前的数据中并不能观测到，所以这些持卡人基础信息变化对信用卡透支行为也有一定的影响，特别是收入变化影响更明显。本书使用的样本数据跨度长近10年，一般情况下，个人经济或社会地位在五年左右有一个转折期，为了降低收入和住房等变量的波动性带来的影响，本书借鉴路晓蒙等人（2 019）做法，尝试用最近五年的持卡人微观数据进行分析，即新增稳健性检验，选取子样本重新对透支行为和透支功能进行回归（公式4-1，公式4-2和公式4-6），发现近五年开卡样本为89 182，约占全样本的59.7%，子样本数据达到60%。表4-13回归结果显示，低收入的持卡人发生信用卡透支行为的可能性要小，透支金额更低，而高收入的持卡人发生信用卡透支的可能性更大，其透支金额也更高；就信用卡透支功能而言，低收入持卡人重在使用信用卡的支付功能，而高收入持卡人重在使用信贷功能，信贷透支金额也更高。这说明稳健性检验的结果和正文一致。

表4-13　稳健性检验3：子样本回归

变量	是否透支（透支=1）		透支金额	
	是否透支（透支=1）	透支金额	透支功能（信贷=1）	信贷透支金额
	Probit	Tobit	Probit	Tobit
	（1）	（2）	（3）	（4）
低收入组	-0.063 1*** (0.003 8)	-0.319 4*** (0.016 7)	-0.082 9*** (0.003 7)	-0.386 1*** (0.017 1)
高收入组	0.039 6*** (0.005 2)	0.217 5*** (0.022 0)	0.013 1** (0.005 1)	0.096 4*** (0.022 7)
年龄25~34岁	-0.021 6* (0.011 5)	-0.070 9 (0.046 4)	-0.043 8*** (0.011 2)	-0.134 7*** (0.045 9)
年龄35~44岁	-0.066 0*** (0.011 9)	-0.238 9*** (0.048 0)	-0.096 2*** (0.011 6)	-0.350 7*** (0.047 8)
年龄45~54岁	-0.117 1*** (0.012 0)	-0.456 0*** (0.048 7)	-0.145 8*** (0.011 7)	-0.583 7*** (0.048 5)
年龄55岁及以上	-0.161 6*** (0.015 3)	-0.634 4*** (0.066 7)	-0.185 0*** (0.015 2)	-0.736 3*** (0.067 4)

表4-13(续)

变量	是否透支（透支=1）		透支金额	
	是否透支（透支=1）	透支金额	透支功能（信贷=1）	信贷透支金额
	Probit	Tobit	Probit	Tobit
	（1）	（2）	（3）	（4）
中等学历	-0.174 3***	-0.740 8***	-0.167 9***	-0.734 5***
	（0.003 6）	（0.015 4）	（0.003 6）	（0.016 1）
高等学历	-0.310 1***	-1.464 9***	-0.337 9***	-1.553 6***
	（0.008 3）	（0.042 6）	（0.008 8）	（0.045 5）
女性	-0.044 0***	-0.230 9***	-0.068 9***	-0.335 7***
	（0.003 2）	（0.014 2）	（0.003 2）	（0.014 8）
已婚	-0.026 4***	-0.154 5***	-0.046 2***	-0.225 0***
	（0.004 3）	（0.018 6）	（0.004 3）	（0.019 1）
授信额度 1 万～5 万元（含）	0.160 6***	0.688 1***	0.033 8***	0.153 4***
	（0.004 2）	（0.017 9）	（0.004 3）	（0.020 3）
授信额度 5 万元以上	0.300 2***	1.726 6***	0.348 1***	1.680 4***
	（0.005 3）	（0.021 8）	（0.005 4）	（0.022 6）
有自有住房	-0.013 0***	0.013 3	-0.003 1	0.033 9
	（0.004 8）	（0.020 6）	（0.004 8）	（0.021 4）
工作单位稳定	-0.116 5***	-0.534 2***	-0.090 5***	-0.402 3***
	（0.004 3）	（0.020 2）	（0.004 4）	（0.021 2）
信用卡账龄 1～3 年（含）	0.250 7***	1.229 6***	0.251 9***	1.150 5***
	（0.004 5）	（0.020 9）	（0.004 7）	（0.022 3）
信用卡账龄 3～5 年（含）	0.171 9***	0.932 9***	0.213 6***	0.974 0***
	（0.004 7）	（0.022 0）	（0.004 9）	（0.023 5）
城乡差异	-0.063 8***	-0.246 9***	-0.039 5***	-0.174 7***
	（0.003 3）	（0.014 9）	（0.003 3）	（0.015 4）
Observations	89 182	89 182	89 182	89 182
Pseudo R^2	0.080 7	0.033 1	0.085 0	0.034 6

注：括号内是稳健性标准差。***、**、* 分别表示在 1%、5%、10% 的水平上显著。Probit 和 Tobit 回归显示的是边际效应。

4.6.3 稳健性检验 3：加入年份固定效应

年份的差异也有可能影响估计结果。为了使结果更加稳健，本书加入年份固定效应，并对信用卡透支行为和透支功能进行重新回归（公式 4-1、公式 4-2 和公式 4-6）。表 4-14 第（1）列显示了经济地位对信用卡是否透支的 Probit 估计结果，低收入组回归系数为 0.052 4，在 1% 水平上显著为负，高收入组回归系数为 0.061 7，在 1% 水平上显著为正；第（2）列显示了经济地位对信用卡透支程度的 Tobit 回归结果，第（3）列和第（4）列显示了经济地位对信用卡透支功能的估计结果。稳健性检验结果与正文回归结果一致。

表 4-14 稳健性检验 3：加入年份固定效应

变量	透支行为		信贷透支功能	
	Probit	Tobit	Probit	Tobit
	（1）	（2）	（3）	（4）
低收入组	−0.052 4 *** (0.002 7)	−0.259 1 *** (0.011 9)	−0.062 1 *** (0.002 7)	−0.294 8 *** (0.012 4)
高收入组	0.061 7 *** (0.003 8)	0.327 9 *** (0.016 0)	0.048 2 *** (0.003 8)	0.257 5 *** (0.016 9)
年龄 25~34 岁	−0.046 8 *** (0.010 3)	−0.170 9 *** (0.039 3)	−0.066 8 *** (0.009 7)	−0.225 6 *** (0.038 8)
年龄 35~44 岁	−0.106 6 *** (0.010 5)	−0.415 1 *** (0.040 4)	−0.132 8 *** (0.010 0)	−0.512 7 *** (0.040 1)
年龄 45~54 岁	−0.154 3 *** (0.010 6)	−0.621 5 *** (0.040 8)	−0.183 4 *** (0.010 0)	−0.749 9 *** (0.040 6)
年龄 55 岁及以上	−0.212 1 *** (0.012 3)	−0.879 6 *** (0.050 5)	−0.234 7 *** (0.011 9)	−0.978 7 *** (0.051 5)
中等学历	−0.146 6 *** (0.002 6)	−0.636 5 *** (0.011 2)	−0.143 5 *** (0.002 6)	−0.651 0 *** (0.011 8)
高等学历	−0.276 6 *** (0.006 9)	−1.262 1 *** (0.032 9)	−0.296 7 *** (0.007 1)	−1.369 2 *** (0.035 7)
女性	−0.050 7 *** (0.002 4)	−0.265 4 *** (0.010 3)	−0.075 3 *** (0.002 3)	−0.373 8 *** (0.010 9)
已婚	−0.005 5 * (0.003 1)	−0.053 6 *** (0.013 4)	−0.026 3 *** (0.003 1)	−0.134 7 *** (0.013 9)
授信额度 1 万~5 万元（含）	0.286 9 *** (0.003 1)	1.263 8 *** (0.012 9)	0.160 2 *** (0.003 2)	0.797 4 *** (0.014 8)

表4-14(续)

变量	透支行为		信贷透支功能	
	Probit	Tobit	Probit	Tobit
	(1)	(2)	(3)	(4)
授信额度5万元以上	0.349 6*** (0.004 4)	1.835 5*** (0.017 1)	0.364 3*** (0.004 4)	1.747 5*** (0.018 1)
有自有住房	−0.025 4*** (0.003 3)	−0.071 8*** (0.014 5)	−0.019 4*** (0.003 3)	−0.063 8*** (0.015 0)
工作单位稳定	−0.089 7*** (0.003 0)	−0.397 6*** (0.013 6)	−0.067 8*** (0.003 0)	−0.315 0*** (0.014 4)
信用卡账龄1~3年(含)	0.078 4*** (0.007 4)	0.252 1*** (0.030 0)	0.042 8*** (0.007 1)	0.089 2*** (0.032 9)
信用卡账龄3~5年(含)	0.128 3*** (0.010 6)	0.400 8*** (0.038 7)	0.066 4*** (0.010 1)	0.161 1*** (0.042 5)
信用卡账龄5年以上	0.151 7*** (0.012 3)	0.474 7*** (0.047 4)	0.070 1*** (0.011 9)	0.157 9*** (0.051 0)
城乡差异	−0.079 4*** (0.002 4)	−0.327 8*** (0.010 7)	−0.057 5*** (0.002 4)	−0.261 8*** (0.011 2)
年份固定效应	是	是	是	是
Observations	0.146 7	0.064 9	0.123 9	0.056 6
Pseudo R^2	149 366	149 366	149 366	149 366

注：括号内是稳健性标准差。***、**、* 分别表示在1%、5%、10%的水平上显著。

4.6.4 稳健性检验4：被解释变量透支频率分组及边际效应

为了进一步验证结论的稳健性，本书使用 Oprobit 计量方法对信用卡透支频率进行分组回归（公式4-5），将每个持卡人一年内的用卡次数进行分组：第一组年透支次数为0次，第二组年透支次数为1~6次，第三组年透支次数为7~12次，第四组年透支次数在13次以上。全样本为149 366，其中有透支行为的样本为71 648，约占全样本的48.0%；在透支样本里，使用信贷透支功能的占透支样本的70%。根据表4-15第（1）列、第（2）列和第（3）列回归结果，低收入组的回归系数分别为0.128 5、0.150 9和0.127 4，均在1%水平上显著为负；高收入组的回归系数分别为0.161 8、0.072 4和0.071 1，均在1%水平上显著为正。Constant cut1、Constant cut2和Constant cut3显著，说明分组是合理的。

表 4-15　稳健性检验 4：被解释变量透支频率分组回归

变量	全样本	仅透支样本	仅信贷透支样本
	Oprobit		
	（1）	（2）	（3）
低收入组	−0.128 5*** （0.007 0）	−0.150 9*** （0.010 2）	−0.127 4*** （0.011 6）
高收入组	0.161 8*** （0.009 8）	0.072 4*** （0.013 2）	0.071 1*** （0.014 8）
年龄 25~34 岁	−0.106 4*** （0.024 7）	0.095 1*** （0.034 0）	0.152 0*** （0.037 7）
年龄 35~44 岁	−0.267 3*** （0.025 4）	0.040 2 （0.034 9）	0.139 7*** （0.038 7）
年龄 45~54 岁	−0.389 4*** （0.025 7）	−0.025 3 （0.035 3）	0.101 1*** （0.039 1）
年龄 55 岁及以上	−0.525 9*** （0.031 0）	−0.028 2 （0.043 9）	0.134 6*** （0.049 2）
中等学历	−0.398 7*** （0.007 0）	−0.142 6*** （0.009 6）	−0.108 6*** （0.010 9）
高等学历	−0.747 9*** （0.018 4）	−0.305 1*** （0.029 1）	−0.204 7*** （0.034 6）
女性	−0.141 8*** （0.006 2）	−0.074 1*** （0.008 8）	−0.034 9*** （0.010 1）
已婚	−0.011 6 （0.008 1）	−0.026 0** （0.011 1）	0.000 9 （0.012 4）
授信额度 1 万~5 万元（含）	0.572 0*** （0.007 9）	−0.106 8*** （0.011 0）	−0.054 9*** （0.013 1）
授信额度 5 万元以上	0.844 4*** （0.010 7）	0.221 2*** （0.014 3）	0.066 2*** （0.016 3）
有自有住房	−0.052 1*** （0.008 8）	0.020 1 （0.012 5）	0.016 3 （0.014 1）
工作单位稳定	−0.216 5*** （0.007 7）	−0.088 7*** （0.011 8）	−0.103 7*** （0.013 9）
信用卡账龄 1~3 年（含）	0.967 0*** （0.011 2）	1.128 9*** （0.016 8）	1.291 9*** （0.020 3）
信用卡账龄 3~5 年（含）	0.675 1*** （0.011 0）	0.776 1*** （0.016 5）	0.796 8*** （0.019 9）

表4-15(续)

变量	全样本	仅透支样本	仅信贷透支样本
	Oprobit		
	（1）	（2）	（3）
信用卡账龄5年以上	0.252 4 ***	0.491 5 ***	0.500 2 ***
	（0.010 6）	（0.016 2）	（0.019 5）
城乡差异	-0.162 9 ***	0.050 2 ***	0.058 8 ***
	（0.006 4）	（0.009 1）	（0.010 4）
Constant cut1	-0.094 3 ***	-0.047 8	-0.108 4 ***
	（0.026 1）	（0.036 5）	（0.041 1）
Constant cut2	0.326 4 ***	1.735 8 ***	1.867 8 ***
	（0.026 1）	（0.037 1）	（0.042 0）
Constant cut3	1.582 4 ***		
	（0.026 5）		
Observations	149 366	71 648	50 154
Pseudo R^2	0.083 8	0.063 6	0.079 4

注：括号内是稳健性标准差。***、**、*分别表示在1%、5%、10%的水平上显著。

在表4-15基础上，表4-16给出了信用卡透支频率在均值处全样本的Oprobit模型的边际效应。第（1）列显示的是未透支的边际效应。第（2）列显示的是年透支次数为1~6次的边际效应，其中低收入组对透支频率回归系数为0.004 0，在1%水平上显著为负，高收入组对透支频率回归系数为0.005 0，在1%水平上显著为正。第（3）、（4）列的结果也显示低收入组与信用卡透支频率回归系数均在1%水平上显著为负，高收入组与信用卡透支频率回归系数均在1%水平上显著为正。稳健性检验结果与正文结果一致。

表4-16　稳健性检验4：被解释变量透支频率的边际效应

变量	年透支次数为0次	年透支次数为1~6次	年透支次数为7~12次	年透支次数为13次以上
	Oprobit			
	（1）	（2）	（3）	（4）
低收入组	0.045 2 ***	-0.004 0 ***	-0.027 1 ***	-0.014 1 ***
	（0.002 5）	（0.000 2）	（0.001 5）	（0.000 8）
高收入组	-0.056 9 ***	0.005 0 ***	0.034 1 ***	0.017 7 ***
	（0.003 4）	（0.000 3）	（0.002 1）	（0.001 1）

表4-16(续)

变量	年透支次数为0次	年透支次数为1~6次	年透支次数为7~12次	年透支次数为13次以上
	Oprobit			
	（1）	（2）	（3）	（4）
年龄25~34岁	0.037 4*** (0.008 7)	−0.003 3*** (0.000 8)	−0.022 4*** (0.005 2)	−0.011 6*** (0.002 7)
年龄35~44岁	0.093 9*** (0.008 9)	−0.008 3*** (0.000 8)	−0.056 4*** (0.005 4)	−0.029 2*** (0.002 8)
年龄45~54岁	0.136 9*** (0.009 0)	−0.012 1*** (0.000 8)	−0.082 2*** (0.005 4)	−0.042 6*** (0.002 8)
年龄55岁及以上	0.184 9*** (0.010 9)	−0.016 4*** (0.001 0)	−0.111 0*** (0.006 5)	−0.057 5*** (0.003 4)
中等学历	0.140 2*** (0.002 4)	−0.012 4*** (0.000 3)	−0.084 1*** (0.001 5)	−0.043 6*** (0.000 8)
高等学历	0.262 9*** (0.006 4)	−0.023 3*** (0.000 6)	−0.157 8*** (0.003 9)	−0.081 8*** (0.002 1)
女性	0.049 9*** (0.002 2)	−0.004 4*** (0.000 2)	−0.029 9*** (0.001 3)	−0.015 5*** (0.000 7)
已婚	0.004 1 (0.002 9)	−0.000 4 (0.000 3)	−0.002 4 (0.001 7)	−0.001 3 (0.000 9)
授信额度1万~5万元（含）	−0.201 1*** (0.002 7)	0.017 8*** (0.000 3)	0.120 7*** (0.001 7)	0.062 5*** (0.000 9)
授信额度5万元以上	−0.296 8*** (0.003 6)	0.026 3*** (0.000 5)	0.178 2*** (0.002 3)	0.092 3*** (0.001 3)
有自有住房	0.018 3*** (0.003 1)	−0.001 6*** (0.000 3)	−0.011 0*** (0.001 9)	−0.005 7*** (0.001 0)
工作单位稳定	0.076 1*** (0.002 7)	−0.006 8*** (0.000 3)	−0.045 7*** (0.001 6)	−0.023 7*** (0.000 9)
信用卡账龄1~3年（含）	−0.339 9*** (0.003 7)	0.030 2*** (0.000 5)	0.204 0*** (0.002 3)	0.105 7*** (0.001 5)
信用卡账龄3~5年（含）	−0.237 3*** (0.003 8)	0.021 1*** (0.000 4)	0.142 4*** (0.002 4)	0.073 8*** (0.001 3)
信用卡账龄5年以上	−0.088 7*** (0.003 7)	0.007 9*** (0.000 3)	0.053 3*** (0.002 2)	0.027 6*** (0.001 2)

表4-16(续)

变量	年透支次数为0次	年透支次数为1~6次	年透支次数为7~12次	年透支次数为13次以上
	Oprobit			
	（1）	（2）	（3）	（4）
城乡差异	0.057 3 *** (0.002 2)	−0.005 1 *** (0.000 2)	−0.034 4 *** (0.001 4)	−0.017 8 *** (0.000 7)
Observations	0.083 8	0.083 8	0.083 8	0.083 8
Pseudo R^2	149 366	149 366	149 366	149 366

注：括号内是稳健性标准差。*** 、** 、* 分别表示在1%、5%、10%的水平上显著。

4.6.5 稳健性检验5：更换计量方法

关于信用消费行为研究，也有学者使用Logit计量方法，因此本书选用另一种计量方法即Logit去检验结果稳健性。表4-17第（1）列和第（2）列显示的是经济地位与透支行为的回归结果。低收入组对信用卡是否透支和透支行为积极的回归系数分别为0.034 1和0.038 1，均在1%水平上显著为负；高收入组对信用卡是否透支和透支行为积极的回归系数分别为0.066 5和0.021 0，在1%水平上显著为正。第（3）列和（4）列显示的是经济地位与信用卡透支功能的回归结果。低收入组在1%水平上显著为负，高收入组在1%水平上显著为正。研究结果表明：收入较低的持卡人不容易发生透支行为，收入较高的持卡人容易发生透支行为；从持卡人使用信用卡的透支功能而言，低收入组持卡人重在使用支付功能，而高收入组重在使用信贷功能。因此，本书通过更换计量方法，发现其结果依然稳健。

表4-17 稳健性检验5：更换计量方法

变量	透支行为		透支功能	
	是否透支（透支=1）	透支频率（积极=1）	透支功能（信贷=1）	信贷透支频率（积极=1）
	Logit			
	（1）	（2）	（3）	（4）
低收入组	−0.034 1 *** (0.002 7)	−0.038 1 *** (0.002 1)	−0.047 9 *** (0.002 6)	−0.041 8 *** (0.002 0)

表4-17(续)

变量	透支行为		透支功能	
	是否透支（透支＝1）	透支频率（积极＝1）	透支功能（信贷＝1）	信贷透支频率（积极＝1）
	Logit			
	（1）	（2）	（3）	（4）
高收入组	0.066 5 *** (0.004 0)	0.021 0 *** (0.003 0)	0.049 2 *** (0.003 8)	0.001 2 (0.002 8)
年龄 25～34 岁	−0.054 9 *** (0.010 5)	−0.018 2 *** (0.007 0)	−0.071 0 *** (0.009 6)	−0.021 5 *** (0.006 4)
年龄 35～44 岁	−0.115 8 *** (0.010 7)	−0.048 6 *** (0.007 3)	−0.137 8 *** (0.009 9)	−0.054 2 *** (0.006 7)
年龄 45～54 岁	−0.160 0 *** (0.010 8)	−0.074 4 *** (0.007 4)	−0.186 5 *** (0.009 9)	−0.079 2 *** (0.006 8)
年龄 55 岁及以上	−0.215 6 *** (0.012 6)	−0.097 3 *** (0.009 3)	−0.239 2 *** (0.012 0)	−0.105 1 *** (0.008 7)
中等学历	−0.151 9 *** (0.002 6)	−0.087 9 *** (0.002 1)	−0.148 8 *** (0.002 6)	−0.084 8 *** (0.002 0)
高等学历	−0.287 8 *** (0.007 0)	−0.169 2 *** (0.006 8)	−0.309 2 *** (0.007 4)	−0.166 0 *** (0.006 9)
女性	−0.049 4 *** (0.002 4)	−0.036 7 *** (0.001 9)	−0.074 1 *** (0.002 4)	−0.039 2 *** (0.001 8)
已婚	−0.000 5 (0.003 1)	−0.010 8 *** (0.002 5)	−0.023 0 *** (0.003 1)	−0.013 7 *** (0.002 4)
授信额度 1 万～5 万元（含）	0.287 6 *** (0.003 2)	0.042 0 *** (0.002 7)	0.150 6 *** (0.003 2)	0.015 4 *** (0.002 6)
授信额度 5 万元以上	0.361 8 *** (0.004 5)	0.146 2 *** (0.003 6)	0.377 5 *** (0.004 5)	0.092 0 *** (0.003 5)
有自有住房	−0.024 7 *** (0.003 4)	−0.003 0 (0.002 7)	−0.019 1 *** (0.003 3)	−0.003 8 (0.002 5)
工作单位稳定	−0.086 9 *** (0.002 9)	−0.056 8 *** (0.002 6)	−0.074 9 *** (0.002 9)	−0.052 1 *** (0.002 6)
信用卡账龄 1～3 年（含）	0.286 1 *** (0.004 5)	0.308 1 *** (0.004 5)	0.260 3 *** (0.004 5)	0.262 8 *** (0.004 4)

表4-17(续)

变量	透支行为		透支功能	
	是否透支 （透支=1）	透支频率 （积极=1）	透支功能 （信贷=1）	信贷透支频率 （积极=1）
	Logit			
	（1）	（2）	（3）	（4）
信用卡账龄3~5年（含）	0.232 5 *** （0.004 6）	0.232 8 *** （0.004 8）	0.245 4 *** （0.004 6）	0.201 5 *** （0.004 6）
信用卡账龄5年以上	0.092 0 *** （0.004 4）	0.127 3 *** （0.004 9）	0.105 6 *** （0.004 6）	0.103 5 *** （0.004 7）
城乡差异	−0.078 6 *** （0.002 4）	−0.007 5 *** （0.002 0）	−0.055 2 *** （0.002 4）	−0.001 8 （0.001 9）
Observations	149 366	149 366	149 366	149 366
Pseudo R^2	0.124 1	0.124 8	0.104 9	0.117 8

注：括号内是稳健性标准差。***、**、*分别表示在1%、5%、10%的水平上显著。Logit 回归显示的是边际效应。

4.7 本章小结

本章节对持卡人透支行为特征的研究结果表明，经济地位对信用卡透支的可能性、透支金额、透支频率、透支功能有着重要影响。首先，通过对收入变量进行分组，研究发现低收入的持卡人与信用卡透支可能性、透支金额及用卡行为积极性呈负相关关系，而高收入的持卡人与信用卡透支可能性、透支金额及用卡积极性呈正相关关系。其次，通过对持卡人使用信用卡透支的作用的研究发现经济地位较低的持卡人重在使用信用卡支付功能，而经济地位较高的持卡人重在使用消费信贷功能。再次，通过经济地位与持卡人有自有住房、已婚、学历高、城区各情况交叉进行异质性分析，发现有房的低收入群体更容易发生信用卡透支行为，而有房的高收入群体不容易发生透支行为；已婚、学历高的持卡人不容易发生透支行为；城区的低收入和高收入群体更容易发生信用卡透支行为。另外，年龄越大、性别为女、工作单位稳定的持卡人与信用卡是否透支、透支程度、用卡积极性呈反向变化，而授信额度、信用卡账龄与信用卡是否透支、透支程度、用卡积极性呈正向显著变化。

研究结果与我国实际情况也是相符的。低收入的持卡人虽然有资金需求，消费信贷约束强，但因收入有限，信用卡的透支资金成本、还款等因素影响了低收入持卡人透支可能性、透支程度和用卡的积极性，那是由于大多数人还是持"量入为出"的消费观念，所以低收入的持卡人信用卡发生透支的可能性小，透支金额也不高，用卡次数也不多，即使发生了透支行为，也重在使用支付功能，充分享受信用卡免息期，免息期结束就按时偿还信用卡透支金额。而收入高的持卡人，信用卡授信额度高，消费能力强，还款也有保障，因此收入高的持卡人透支可能性更大，信用卡负债金额也高，用卡行为也更积极。

　　信用卡作为一种重要的金融工具，既给人们提供一种更加方便、快捷、安全的支付方式，又为人们提供信贷消费的机会，增强了现期消费能力。各金融机构要进一步细分信用卡客户市场，设计更多的消费信贷产品和服务，提高持卡人使用信用卡透支的积极性。同时政府部门要加快建立起完善统一的社会信用体系，使得更多家庭可以享受到信用卡的透支功能，最大化消费福利，进一步发挥信用卡对消费的作用。

5 经济地位对信用卡分期行为的影响

第 4 章研究了经济地位与信用卡透支行为的影响。信用卡不仅是便捷的支付结算工具，也是人们使用最为普遍的消费信贷工具。持卡人使用信用卡消费信贷功能通常有两种路径：一种方式是只偿还透支金额的部分金额如银行规定的最低还款额，针对未偿还部分按日支付一定的利息；另外一种就是使用信用卡分期功能并支付利息。近几年，随着人们消费观念的变化，信用卡使用逐渐普及，信用卡消费信贷场景多样化，越来越多的人使用信用卡消费信贷功能来提升个人消费水平。由于信用卡分期具有消费场景应用广泛、还款方式多样化、分期时间灵活和分期手续简便等特点，人们更愿意使用信用卡分期来缓解当前的流动性约束。因此，本章将在前一章的基础上，进一步深度研究信用卡消费信贷功能即信用卡分期行为。本章的安排如下：第一部分为引言；第二部分为研究假设；第三部分为研究设计，包括数据处理与介绍、变量选择与定义、描述性统计模型设定；第四部分为实证结果；第五部分是持卡人收入以及个人背景特征交互作用对信用卡分期行为的分析；第六部分为稳健性检验；第七部分为本章小结。

5.1 引言

弗里德曼（M. Friedman，1957）的持久收入理论认为，当某些商品或服务所需的一次性消费支出超过消费者现期收入水平时，一类消费者选择滞后消费即先储蓄后消费，另一类消费者选择负债消费，即通过借贷来实现提前消费。近年来，随着经济的快速发展、人们消费水平的提升和消费观念的转变，越来越多的人愿意在现有的经济水平，通过负债方式提前享受消费带来的愉悦。信用卡"先消费后还款"的信用消费形式正好满足了人们的需求，是人们使用最为普遍的消费信贷工具，在增加消费信贷供给方面发挥着重要的作用，也是推动消费经济增长的重要举措。张玉琴（2004）研究认为应通过发展信用卡消费信贷逐步把居民的自我积累型滞后消费（积蓄—购物—积蓄）逐步引导和转变为信用支持的负债型超前消费（贷款—购物—积蓄—还债）。当持卡人当期收入不足以偿还信用卡本期账单应付款项时，持卡人可以使用信用卡消费信贷功能，通过支付最低还款额或者使用信用卡的分期功能，并支付一定利息，持卡人的信用记录不但不会受影响，还能在可用额度内持续使用信用卡的支付或消费信贷功能。白蓉和刘欣（2013）从准入条件、办理流程、还款方式、授信额度、积分等方面，比较了我国信用卡分期与普通个人信贷业务的便捷度与优劣，认为信用卡分期付款正逐渐成为信用消费金融的主流。

分期付款是缓解消费信贷约束、促进消费的最主要工具。分期的概念始于1856 年美国商人克拉克销售缝纫机时使用的促销手段，消费者只要首付 5 美元，用 16 个月，每月支付 3 美元，就可以提前购买到"令胜家"缝纫机机器，这便是早期的分期付款形式。"分期付款"的销售方式，使"令胜家"缝纫机销售量迅猛上涨，随后电器、汽车等行业纷纷效仿。分期付款业务的诞生带来了"三赢"：对商户来说，分期付款业务的产生促进了消费市场的飞速发展；对银行来说，通过分期收取的手续费用成为其收入的重要组成部分；对消费者来说，花较少的钱便能提前享受到消费的乐趣。

信用卡分期付款是信用卡消费信贷最重要的功能，多样化的分期产品满足了人们不同消费场景的信贷需求。目前我国各商业银行推出的分期产品大致分为两类：一类是消费分期，如账单分期、大额分期、POS（市场）分期、汽车分期、家装分期等；另一类是现金分期。同时各商业银行也会根据不同的消费场景，实时创新推出不同的分期产品，信用卡分期产品种类涵盖日常生活的方方面面。比如，在新加坡有商户分期和现金分期，在我国香港地区有账单分期、商户分期、现金分期和余额代偿。无论持卡人使用消费分期还是现金分期，使用的都是信用卡信贷功能。另外，宏观政策、行业风险等因素也会影响信用卡分期业务的发展，如汽车分期就会受国家购车补贴、税收、限号和限牌照等政策的影响。

目前人们的消费信贷约束较强，但使用信用卡分期功能的却不多。中国家庭金融调查（CHFS）2017 年数据显示，家庭层面仅有 22.3% 的持卡家庭使用过信用卡分期，中国家庭总的信贷约束比例为 25.1%，其中消费性信贷约束家庭比例为 20.0%。按中国人民银行公布的《支付体系运行报告》，从个人层面看，2018 年末，信用卡的卡均授信额度为 2.2 万元，信用卡总的授信使用率为 44.5%，授信使用率不到授信额度的一半，那么使用信用卡分期的比例还会更低。根据四川省某商业银行的信用卡数据，仅有 18.6% 的持卡人使用了信用卡分期功能。流动性约束对消费有着重要的影响（Hubbard et al., 1986；Lindqvist, 1981）。马德森（J. B. Madsen）和麦卡利尔（M. McAleer）（2000）认为信贷约束不是导致消费对即期收入过度敏感的主要原因，消费的过度敏感主要源于不确定性和当前消费的诱惑。信贷约束内生于生命周期，消费者在整个生命周期中受到信贷约束的强度是不同的（Mariger, 1987）。巴凯塔（P. Bacchetta）和格拉克（S. Gerlach）（1997）研究认为消费者因流动性约束受到限制，总消费就会受信贷消费及收入的影响，通过对比美国、日本和加拿大，发现信贷消费总量对所有国家的消费都有着重大的影响。人们消费信贷约束的存在使得消费能力低于预期，会在当期和远期影响人们的消费行为。

目前国内使用大型微观数据研究信用卡分期的较少。其主要原因，一是信用卡发展初期主要体现的是支付功能，近几年随着消费信贷市场的发展和人们消费观念的变化（超前消费、举债消费等），银行不断创新推出各类信用卡分期产品，人们才逐渐了解和使用信用卡分期功能，因此学者对信用卡分期行为的研究不多。另外一个重要原因是信用卡大型微观数据难以取得，据以深入分析信用卡分期行为的样本数据更不容易获得，然而信用卡分期又是信用卡消费信贷最重要的表现形式，是消费者最常使用的消费信贷工具。所以，研究信用卡分期行为无论是对消费经济的发展，还是对商业银行信用卡创收，抑或是缓解人们的消费信贷约束都具有重要的意义。

因此，本章从收入的视角，探讨了经济地位对持卡人分期行为的影响。那么持卡人经济地位是如何影响信用卡分期可能性、分期程度及分期期限的呢？教育背景、工作单位稳定性、住房特征、城乡差异等持卡人特征信息又是如何影响信用卡分期行为的？不同的经济地位与不同的持卡人背景特征信息之间相互作用又是如何影响信用卡分期的？消费者通过信用卡分期能缓解流动性约束吗？这些将是本章研究的重点。

5.2 研究假设

傅联英、骆品亮（2018）研究认为，信用卡消费信贷功能通过平稳效应、扩张效应和浮幻效应三条路径来影响居民消费，信用卡消费信贷功能作为填补收入与消费之间的缺口的短期融资工具，有助于提振居民消费。然而不同收入水平的人们，信用卡消费信贷功能对其作用力也不一样。傅联英和容玲

（2014）认为信用卡是低收入群维持日常生活的必需工具，一般来说，收入越低的人，消费信贷约束越强，更需要使用信用卡分期功能来提升生活品质。但在实际生活中，收入较低的持卡人往往更可能被拒绝授信（Zhu et al.，1994），即使银行给予授信，其授信额度也较低，同时收入较低的持卡人，虽然有超前消费的意图，但考虑到还款压力和资金成本，大多数人也不会随意提前举债消费，所以也就不容易发生信用卡分期行为。

然而，随着持卡人收入的增加，其还款能力有所提升，收入与信用卡透支之间呈显著的正相关关系（Chan，1997；韩德昌 等，2007），消费水平上升，持卡人也就容易发生分期行为。叶初升（2019）研究认为，我国要对低收入群体提供支持保障，同时要培育壮大中等收入群体，通过多路径增强中等收入群体的消费倾向。进而，当收入达到一定水平后，收入越高，持卡人经济实力越强，消费者更可能根据自身的收入平滑消费，不会因为信贷约束而影响消费，收入较高的消费者不需要通过消费贷款来调整消费行为（李广子 等，2017），所以发生信用卡分期的可能性也就降低。基于此，提出本章第一个假设：

H5-1：经济地位对信用卡分期可能性影响呈倒"U"形。

近几年，信用卡业务发展迅速，银行金融服务能力进一步提升，信用卡分期产品琳琅满目。一方面，信用卡分期方式比较灵活。只要持卡人使用信用卡分期功能，无论是消费分期还是现金分期，持卡人都可以针对单笔透支金额进行分期，也可以对整个消费账单多笔的透支金额进行分期。另一方面，信用卡分期周期比较灵活，不仅有按季、半年、年等的固定分期周期，还有按日的分期周期。再者，信用卡分期还款方式也灵活：有按月还本付息的，有按月付息、到期还本的，还有到期一次性还本付息等多种还款方式。但值得注意的是，从四川省某商业银行官网公布的中间业务收费标准（表5-1）可以看出：从分期产品来说，现金分期资金成本略高于自由分期和账单分期；从分期周期来讲，分期时间为6个月、9个月和12个月为同一档次的分期手续费率，而3个月、18个月和24个月为同一档次的分期手续费率，持卡人发生分期行为后若提前还款，需要承担违约金。

表 5-1　四川省某商业银行信用卡分期手续率　　　　单位:%

分期产品	月手续率					
	3 个月	6 个月	9 个月	12 个月	18 个月	24 个月
自由分期	0.70	0.65	0.65	0.65	0.70	0.70
现金分期	0.75	0.75	0.75	0.75	0.75	0.75

表5-1(续)

分期产品	月手续率					
	3个月	6个月	9个月	12个月	18个月	24个月
账单分期	0.70	0.65	0.65	0.65	0.70	0.70

数据来源：四川省某商业银行官网。

沈红波、黄卉和廖理（2013）研究认为，低收入的持卡人虽然有资金需求，但是对资金成本也更加敏感。那么对于收入较低的持卡人来说，因收入有限，即使发生信用卡分期行为，也会量力而行；选择分期的金额小，到期能按时偿还分期款项，不至于发生逾期行为。同时，因为信用卡分期要支付额外的利息，分期利息会提高低收入持卡人的债务，如果有资金想要提前还款，还要支付提前还款违约金。因此，对于低收入的持卡人，在经济上更需要精打细算，持卡人如果发生信用卡分期行为，一般都会选择分期金额小、分期时间短的信用卡分期产品。

然而随着收入的增加，还款来源较稳定、中等收入群体的持卡人也愿意通过消费信贷功能来增强消费倾向。较收入较低的持卡人而言，中等收入群体的持卡人分期金额较大，分期时间也会较长，因为较长的分期周期会为他们提供更长的信用卡还款期限。而当持卡人收入达到一定高度后，他们因有较强的流动资金和偿还能力，即使偶尔发生信用卡分期行为，信用卡分期的金额也会较小且分期的时间较短。戴维斯（E. Davies）和利（S. E. G. Lea）（1995）研究认为，那些高收入的持卡人知道他们自己是否能负担更多的暂时性债务，所以此类持卡人的债务往往是短期的。基于此，提出本章第二个假设：

H5-2：低收入和高收的持卡人信用卡分期金额小，分期周期短。

工作单位稳定性对消费信贷也有一定的影响。总体来说，工作单位稳定的持卡人收入稳定，一般不需要借助消费信贷工具来提升消费水平。江明华和任晓炜（2004）研究认为，在"政府机关、国有企业"工作的人透支习惯更低。但在现实生活中也存在这样一种可能，工作单位稳定的低收入持卡人虽然收入低，但因能预见未来有稳定的收入来源，在心理上也易产生提前消费的倾向，信用卡分期正好满足了他们提前消费的需求，所以工作单位稳定的低收入持卡人就容易发生信用卡分期行为，分期的金额也较大。对于工作单位稳定的高收入持卡人，因收入稳定，又具有按时还款的先决条件，不容易发生逾期行为（路晓蒙 等，2019），银行也特别愿意为此部分客群提供专项信用卡分期服务，持卡人主观意愿上也愿意使用信用卡分期功能来提前消费，其分期金额也较大。基于此，提出本章第三个假设：

H5-3：工作单位稳定的持卡人提高了信用卡分期的可能性。

持卡人教育背景对信用卡分期行为也会产生不同的影响。一般情况下，教育背景与收入、社会地位具有很强的关联性。肖经建（2011）研究认为，消费者教育背景和消费行为对消费福利有着很大的影响。叶德珠等（2012）研究认为，消费文化、认知偏差对消费行为有着重要的影响。李广子和王健（2017）研究认为，教育背景更好的消费者在信用卡消费用途方面表现得更加敏感，但较少关注还款方式。斯泰德尔（R. P. Steidle）（1994）研究认为，高学历的消费者更有可能持信用卡负债，持卡人进行透支的可能性更大（江明华 等，2004），信用卡循环使用者可能学历更高（吴卫星 等，2018）。

在现实生活中也有可能存在这样一种现象，那就是高学历不一定有高收入。比如航空保安、空中乘务等专业的专科毕业生，其平均薪酬甚至比研究生平均薪酬高。还有就是近年来我国就业压力一直存在，刚踏入社会工作的高学历年轻人，收入水平可能有限。那么对于低收入的高学历消费者来说，当面临流动性约束时，因为金融知识丰富，消费者更懂得使用信用卡分期功能来缓解流动性约束，就更容易发生信用卡分期行为。

而对于高学历高收入的"双高"消费者，就银行方面来说，因还款能力有保障，消费水平又高，此类群体一直是各大银行重点营销和维护的对象（有银行专门针对"985"等一流学校毕业的本科生或研究生发行专属信用卡）。就消费者自身而言，收入和学历双高，金融知识丰富，认知能力较强，生活品质也高，使用信用卡频率更高（Mandell，1972），消费者持有的信用卡负债更高（Kim et al.，2001），也就更有可能选择信用卡分期来最优化配置家庭资产，所以更容易发生信用卡分期行为。基于此，提出本章第四个假设：

H5-4：高学历的持卡人提高了信用卡分期的可能性。

5.3 研究设计

5.3.1 数据处理与介绍

1. 数据处理

首先，根据持卡人的客户信息数据和信用卡分期数据，按卡号将客户数据与分期数据进行合并，计算得出该卡号是否分期。其次，由于数据库中存在同一身份证、同一卡号、同一分期月份、同一分期用途和金额的情况（如某一卡号分期金额为 1 万元，分期期数为 6 个月，那么这笔分期记录就会出现 6 次），为避免同一个人特征信息重复记录，我们根据同一身份证号、同一卡号，找出同一个人对应的最大分期金额作为分析对象，包括分期时间、分期周期、分期金额等。最后，将同一身份证号下的重复数据剔除，即可使用的数据中每一条信息都来自唯一可识别的持卡人身份信息，每一条持卡人信息对应持卡人在限定的时间内是否分期信息。此外，本书对一些极端值进行了处理，最终得到有效样本 148 239 个。

2. 数据介绍

（1）信用卡各类产品

一般情况下，各商业银行会根据信用卡用途、权益分类发行多款信用卡产品。根据四川省某商业银行信用卡品种（图 5-1），截至 2017 年，发卡量排在前五的依次为普卡、商场（市场）卡、金卡、现金分期卡及汽车卡，分别为 39.2%、15.4%、11.8%、6.5% 及 5.1%，这五类产品的发卡量占总发卡量的比例高达 78%。发卡量居首的是普卡，即授信额度在 1 万元以下较多，有可能是因为该行在信用卡业务发展初期，为了快速扩大信用卡规模，给经济地位或身份地位不高的人群发行了信用卡，同时为了有效控制风险，初期授信额度均不高。专业市场的商户也是银行的优质客户，是商业银行批量获客的重要渠道，该商业银行所在地区是集家具生产销售、建材、灯具销售、鞋子生产与销售等第二、三产业比较密集的区域。一方面，商业银行在发卡准入方面会引入市场管理方作担保，通过市场管理方了解商户经营情况，有效防止风险；另一方面，信用卡具有支付和信贷的双重功能，市场商户的持卡人无论是使用信用卡支付功能还是信贷功能，信用卡使用都非常频繁，持卡人更偏爱使用信用卡分期功能。

金卡的授信额度是 1 万~5 万元（含）。授信额度与持卡人的经济地位、身份地位息息相关，说明该商业银行的客群中收入水平为中等的持卡人较多，这部分客群办理信用卡的欲望较高，他们希望通过信用卡来缓解流动性约束，以满足当期需求。现金分期卡是近 3 年推出的新产品，虽然随着支付方式的改变，人们在日常生活中现金使用率逐渐降低，但人们对现金的需求从未降低。汽车卡是针对有车一族专项发行的信用卡，除了具有信用卡传统的支付和信贷功能，更多体现在汽车方面的权益上，如加油可以享受打折优惠、按年免费使用道路救援、免洗车费等优惠，有车的群体除了在购车时有消费行为，养车费用也是日常消费行为的重要组成部分，开展汽车卡多种权益活动，可以提高信用卡的激活率及使用率。

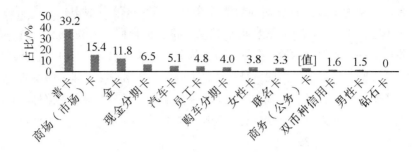

图5-1　四川省某商业银行信用卡产品总体情况

（数据来源：四川省某商业银行信用卡中心数据）

注：

普卡：指信用卡授信额度为1万元（含）以下。

金卡：指信用卡授信额度为1万~5万元（含）。

白金卡：指信用卡授信额度为5万元以上。

钻石卡：指信用卡授信额度为200万元（含）以上。

现金分期卡：指直接使用信用卡进行现金分期，授信额度起点就是5万元。

汽车卡：对有车一族发行的信用卡。

员工卡：该银行针对员工发行的信用卡。

购车分期卡：指针对按揭购车发行的信用卡。

男性卡、女性卡：针对不同性别发行的信用卡，一般授信额度不低于5万元。

联名卡：与第三方合作发行的信用卡，持卡人同时享受两方的权益，如酒店联名卡、商场联名卡、航空联名卡等。

商务（公务）卡：因公而办理的信用卡。

商场（市场）卡：专门针对商贸建材市场等商户进行授信，由商场的管理方作为担保人的一种授信模式。

双币种信用卡：指同时具有人民币账户和外币账户的银行卡，如卡正面右上方贴有"银联"标识、右下方贴有VISA标识。

（2）信用卡分期情况

从该商业银行2017年信用卡分期情况（图5-2）来看，车贷分期（购车分期）的持卡人较多，占比为27.0%；其次是现金分期，占比为26.4%。该行的现金分期产品很有优势，在当地信用卡市场上享有一定的知名度。另外，该商业银行还会对逾期持卡人提供分期产品，但该商业银行对风控类分期产品控制非常严格；若不严格控制，多重分期产生的经济压力会加重持卡人还款压力，进一步加大信用卡风险。

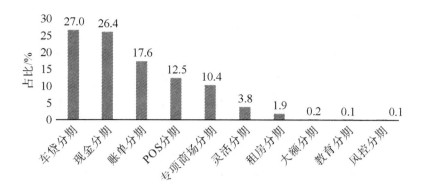

图 5-2　四川省某商业银行信用卡分期情况

（数据来源：四川省某商业银行信用卡中心数据）

注：

车贷分期：指持卡人购车分期。

现金分期：将持卡人信用卡中额度转换为现金，转账入指定借记卡（本行或他行），并分成指定月份期数进行归还的一种分期方式。

账单分期：信用卡发生透支行为后，持卡人可在账单日至到期还款日前1天申请分期偿付的分期业务。

POS分期：指信用卡商户分期，又称商场分期，即持卡人在与发卡行有合作关系的商场购物后，由营业员在专门的POS机上刷卡的一种提前消费方式。持卡人不需要单独联系银行对此消费进行分期。持卡人在分期后根据对账单上金额按期支付，直至全部分期金额还清为止，如苏宁、国美的家电分期等。

专项商场分期：指商贸建材市场等商户的持卡人进行分期。

灵活分期：指信用卡持卡人针对信用卡消费的某一笔或几笔消费，向银行申请分期。

租房分期：与租房机构合作，持卡人的房租分期支付。

大额分期：指银行针对特定的客群提供的分期服务，对分期金额有最低要求。

教育分期：与教育或培训机构合作，针对教育费用进行分期付款。

风控分期：持卡人若发生逾期，针对逾期的本金和利息向银行申请分期还款。

（3）信用卡收入结构

从图5-3来看，信用卡利息收入和分期收入占比较高。其中信用卡分期收入一直位居榜首，在2014年分期收入占比高达78.7%；接下来是利息收入，占比达20%左右。滞纳金和超限费于2016年取消，滞纳金收入在监管政策取消前，滞纳金收入排在第三位，滞纳金收入取消对信用卡收入结构也有一定影响。

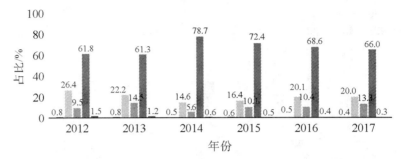

图 5-3　四川省某商业银行信用卡各类收入占比

（数据来源：四川省某商业银行信用卡中心数据）

注：

年费：银行为持卡人提供信用卡服务收取的服务费用。每家银行的信用卡年费收取标准不同，但是都是公开透明的，可以在官网进行查询。

利息：持卡人在逾期、预借现金、未全额还款情况下按日收取的费用。

滞纳金：指持卡人对还款不足最低还款额的差额部分须按规定向发卡机构支付的费用。滞纳金。2016 年新规取消滞纳金。

分期收入：指信用卡分期手续费收入。

信用卡其他收入：除以上几类收入之外的其他收入，如换卡、挂失、快速发卡、邮寄费等收入。

5.3.2　变量选择与定义

1. 因变量选择

（1）分期的可能性（Card_instalment$_i$）。采用 0-1 变量。若持卡人使用信用卡分期，则 Card_instalment$_i$ 取值为 1；否则为 0。

（2）分期金额（LnCard_instalment_am$_i$）。本书将同一身份证号、同一卡号及同一个人对应的最大分期金额作为分析对象，该分期金额即为持卡人单笔最大分期金额。分期金额取自然对数，以此衡量持卡人分期的程度。

（3）分期周期（Card_instalment_freq$_i$）。本书最大单笔分期金额对应的分期期数为分期周期，分期 1 期即为 1 个月。根据贷款期限划分，1 年以内（含）为短期，1~5 年为中期，5 年以上为长期。信用卡因具有支付和消费信贷的双重功能，使用信用卡分期功能就是享有无抵押的信用贷款。信用卡分期时间最短有按日分期计息的，最长的分期时间为 5 年，因此本书将分期周期为

1~5 年（含）定义为长期（Card_ins_freq_L$_i$）其取值为 1，否则为 0。从样本数据来看，持卡人单笔分期行为分期时间最长的有 60 期，即 5 年，但占比仅为 0.1%。持卡人单笔分期时间选择 1 年（12 个月）的较多，占全样本的为 7.3%，占分期样本的 39.3%，其次是选择 3 年（36 个月）的持卡人，占全样本的 7.1%，占分期样本的 38.3%。

2. 自变量选择

经济地位（Economic_status$_i$）。Economic_status$_i$是衡量持卡人经济地位的变量，用持卡人收入来衡量（Duncan，1961；路晓蒙 等，2019）。在把收入作为分组变量时，借鉴黄卉和沈红波（2010）、路晓蒙等（2019）的做法，本书将收入分为三个组：低收入组小于 3 万元（含），中等收入组 3 万~10 万元（含），高收入组 10 万元以上。当收入作为连续变量时，本书对收入取了自然对数。

流动性约束（Constraint$_i$）。Constraint$_i$用以衡量持卡人是否存在流动性约束，采用 0-1 变量，若持卡人存在流动性约束，则 Constraint$_i$的取值为 1，否则为 0。持卡人存在流动性约束说明持卡人的实际收入小于相同年龄、性别和教育水平下的其他持卡人的平均收入，此时本书认为持卡人面临流动性约束。

3. 其他控制变量

年龄（Age）、性别（Sex）、婚姻情况（Marr）、授信额度（Lnlmt）、有房（House）、学历（Edu）、工作单位稳定（Indus）、信用卡账龄（Mob）、地区（Region）变量定义与第 4 章控制变量定义一致，此处不再赘述。

5.3.3 描述性统计

描述性统计结果如表 5-2 所示：

表 5-2　描述性统计

变量	均值	标准差	中位数	最小值	最大值
Card_instalment$_i$	0.185 6	0.388 8	0	0	1
Card_instalment_am$_i$	17.469 1①	27.315 1	8.000 0	0.050 0	200
Card_instalment_freq$_i$	3.907 4	9.865 1	0	0	60
Pe$_i$	8.518 0	22.923 8	3	1	300

---

① 此处分期金额均值高是由于在做数据样本清理时，对同一卡号多笔分期行为是取分期最大单笔金额作为研究样本而产生的。

表5-2(续)

变量	均值	标准差	中位数	最小值	最大值
Age	39. 394 5	8. 821 6	39	18	59
Edu_l	0. 345 9	0. 475 6	0	0	1
Edu_m	0. 615 7	0. 486 4	1	0	1
Edu_h	0. 038 4	0. 192 3	0	0	1
Sex	0. 439 6	0. 496 3	0	0	1
Marr	0. 745 4	0. 435 7	1	0	1
Lmt	3. 539 6	11. 286 9	0	0. 5	300
House	0. 820 5	0. 383 8	1	0	1
Indus	0. 319 1	0. 466 1	0	0	1
Mob	4. 092 3	2. 356 3	4. 583 3	0	8. 5
Region	0. 401 6	0. 490 2	0	0	1

注：样本量=148 239 个。

表5-2 中，持卡人使用信用卡分期的比例是 18.56%。分期金额均值为 17.469 1万元，中值为 8 万元，分期最小金额是 500 元，最大是 200 万元。分期时间均值为 3.907 4 个月，最长分期期限有 5 年。申请办卡人的持卡人收入均值为 8.518 0 万元，中值为 3 万元，收入额度最高为 300 万元。年龄均值是 39.394 5 岁，中位数是 39 岁，最小年龄是 18 岁，最大是 59 岁，说明信用卡分期的持卡人年龄结构偏中年阶段，从年龄结构上来看，中年人是信用卡分期的主要群体。从学历结构来看，学历为中专或高中以下的占 34.59%，专科或本科学历的占 61.57%，本科以上的高等学历的客群占 3.84%。信用卡分期人群中女性持卡人占比为 43.96%，低于男性持卡人比例。已婚的持卡人使用分期较多，达到 74.54%。授信额度均值为 3.539 6 万元，最低授信额度是 5 000 元，最高授信额度是 300 万元。分期的持卡人群体中，大部分为有自有住房的人，占比高达 82.05%。从持卡人的工作单位性质来看，工作单位稳定的人占比达 31.91%。信用卡账龄是信用卡账户从开户到样本期的年数，账龄均值为 4.092 3 年，最长的是 8.5 年。从城乡差异来看，城区的持卡人使用分期的人占 40.16%。

5.3.4 模型设定

1. 信用卡分期可能性

下面分析持卡人是否使用信用卡分期的影响因素。由于因变量 $Card\_instalment_i$ 为二元变量，本书采用了 Probit 模型。其 Probit 具体形式如下：

$$Card\_instalment_i = \beta_0 + \beta_1 Economic\_status_i + \beta_2 Age_i + \beta_3 Edu_i + \beta_4 Sex_i + \beta_5 Marr_i + \beta_6 Lmt_i + \beta_7 House_i + \beta_8 Indus_i + \beta_9 Mob_i + \beta_{10} Region_i + \varepsilon_i \tag{5-1}$$

公式 5-1 中，$Card\_instalment_i$ 是衡量信用卡持卡人是否分期的虚拟变量，若持卡人使用信用卡分期，则 $Card\_instalment_i$ 取值为 1，否则为 0。

$Economic\_status_i$ 是衡量信用卡持卡人经济地位的变量，用持卡人收入来衡量。Age_i 是持卡人办卡时的年龄，Edu_i 是持卡人办卡时的学历，Sex_i 是持卡人为女性，$Marr_i$ 为持卡人是已婚，Lmt_i 为信用卡授信额度，$House_i$ 是持卡人有自有住房，$Indus_i$ 为持卡人工作单位稳定，Mob_i 是信用卡账龄，$Region_i$ 指持卡人发卡地区为城区，ε_i 是残差项，服从 $\varepsilon_i \sim N(0, \sigma^2)$。

2. 信用卡分期程度

信用卡持卡人分期程度的影响因素采用了 Tobit 模型来分析。其 Tobit 模型如下：

$$LnCard\_instalment\_am_i = \beta_0 + \beta_1 Economic\_status_i + \beta_2 Age_i + \beta_3 Edu_i + \beta_4 Sex_i + \beta_5 Marr_i + \beta_6 Lmt_i + \beta_7 House_i + \beta_8 Indus_i + \beta_9 Mob_i + \beta_{10} Region_i + \varepsilon_i$$

$$\tag{5-2}$$

公式 5-2 中 $LnCard\_instalment\_am_i$ 用以衡量信用卡持卡人分期金额及分期程度，分期金额取了自然对数。$Economic\_status_i$ 和其他控制变量的定义与公式 5-1 一致。

3. 信用卡分期周期

我们首先考察持卡人分期周期的长短。因变量的取值形式为：

$$Card\_ins\_freq\_L_i = \begin{cases} 1 & 当\ 12 < Card\_fq\_mon \leqslant 60\ 期 \\ 0 & 当\ Card\_fq\_mon \leqslant 12\ 期 \end{cases} \tag{5-3}$$

公式 5-3 中 $Card\_ins\_freq\_L_i$ 考察的是信用卡持卡人发生分期行为时选择分期时间的长短。因此将分期期数为 1~5 年（含）定义为长期，取值为 1，分期期数在 12 期（含）以下取值为 0。

持卡人分期周期长期（$Card\_ins\_freq\_L_i$）为二元变量，采用了 Probit 模型，具体如下：

$$Card\_ins\_freq\_L_i = \beta_0 + \beta_1 Economic\_status_i + \beta_2 Age_i + \beta_3 Edu_i +$$

$$\beta_4\text{Sex}_i + \beta_5\text{Marr}_i + \beta_6\text{Lmt}_i + \beta_7\text{House}_i + \beta_8\text{Indus}_i + \beta_9\text{Mob}_i + \beta_{10}\text{Region}_i + \varepsilon_i$$

$$(5-4)$$

4. 流动性约束衡量

消费者会因当期的收入受限，产生流动性约束，从而影响消费行为。信贷消费行为为缓解流动性约束提供了路径，而信用卡分期又是消费信贷的重要工具。信用卡消费信贷功能缓解了人们的流动性约束，而流动性约束受经济状况、生命周期和身份地位等诸多因素的影响。从国内外研究来看，学者们多从研究收入与消费之间的关系入手间接衡量信贷约束。海雅希（F. Hayashi）（1985）通过对比整体家庭和受信贷约束型家庭消费对收入的回归系数是否存在显著差异来衡量信贷约束。泽尔德斯（S. P. Zeldes）（1989）将拥有低流动性资产和低储蓄的家庭视为信贷约束者。唐绍祥（2010）通过家庭收入变动的方差来衡量流动性约束。王柏杰（2014）采用边际储蓄倾向来衡量流动性约束程度。罗西（M. Rossi）和特鲁基（S. Trucchi）（2016）通过收入、年龄、性别、教育衡量了家庭流动性约束。

信用卡使用除了受收入影响外，与个人的年龄、性别和教育特征信息也有关。因此，本书借鉴"Liquidity Constraints and Labor Supply"（Rossi et al., 2016）的研究结果，用持卡人的收入、年龄、性别、教育对流动性约束进行度量。借助对每一位持卡人的收入、年龄、性别、教育四个变量，运用 OLS 模型，计量哪些持卡人存在流动性约束，哪些持卡人不存在流动性约束。计量结果小于 0 即说明持卡人存在流动性约束；相反计量结果大于 0，说明持卡人不存在流动性约束。也就是说，存在流动性约束取值为 1，否则为 0。流动性约束 OLS 模型如下：

$$\text{LnSalary}_i = \beta_0 + \beta_1\text{Age}_i + \beta_2\text{Sex}_i + \beta_3\text{Edu}_i + \varepsilon_i \qquad (5-5)$$

公式 5-5 中，被解释变量是持卡人的收入的自然对数，用 LnSalary_i 表示。Age_i 为持卡人办卡时的年龄，Sex_i 是持卡人性别，Edu_i 为持卡人办卡时的学历水平。通过公式 5-5 进行回归，我们可以得到残差项 ε_i 的估计值。若该估计值小于 0，说明持卡人的实际收入小于相同年龄、性别和教育水平下的其他持卡人的平均收入，此时本书认为持卡人面临流动性约束，Constraint_i 的取值为 1，否则为 0。

5. 流动性约束与信用卡分期行为

在公式 5-5 的基础上，流动性约束对信用卡分期的 Probit 模型如下：

$$\text{Card\_instalment}_i = \beta_0 + \beta_1\text{Constraint}_i + \beta_2\text{Age}_i + \beta_3\text{Edu}_i + \beta_4\text{Sex}_i +$$
$$\beta_5\text{Marr}_i + \beta_6\text{Lmt}_i + \beta_7\text{House}_i + \beta_8\text{Indus}_i + \beta_9\text{Mob}_i + \beta_{10}\text{Region}_i + \varepsilon_i \quad (5-6)$$

流动性约束对信用卡分期金额的 Tobit 模型如下：

$$LnCard\_ instalment\_ am_i = \beta_0 + \beta_1 Constraint_i + \beta_2 Age_i + \beta_3 Edu_i + \beta_4 Sex_i$$
$$+ \beta_5 Marr_i + \beta_6 Lmt_i + \beta_7 House_i + \beta_8 Indus_i + \beta_9 Mob_i + \beta_{10} Region_i + \varepsilon_i$$

$$(5-7)$$

公式 5-6 和 5-7 中，$Constraint_i$ 是衡量持卡人是否面临流动性约束的变量，若持卡人面临流动性约束，则取值为 1，否则为 0。其他变量同公式 5-1。

5.4 实证结果

5.4.1 经济地位与信用卡分期行为

1. 经济地位与信用卡分期行为的影响

基于前面的研究设计和变量定义，以低等收入组为基准组、以控制变量为分组变量，代入公式 5-1，对经济地位与持卡人分期行为进行实证研究，结果如表 5-3 所示。表 5-3 第（1）列和第（2）列是 OLS 的回归结果。第（1）列是收入加入控制变量，结果显示收入对信用卡分期的回归系数为 0.023 5，在 1% 的水平上显著为正，收入的平方对信用卡分期的回归系数为 0.003 5，在 1% 水平上显著为负，表明收入与信用卡分期呈倒 "U" 形分布，其收入拐点值为 3.4 万元。随着收入的增加、经济地位的提升，信用卡分期可能性加大，也更具有还款保障；但收入达到一定阶段后，持卡人流动性约束降低，信用卡分期的可能性开始变小。

第（2）列显示了收入作为分组变量对信用卡分期的影响结果。其中中等收入组为基准组，结果显示低收入组和高收入组的回归结果显著为负，回归系数分别为 0.043 6 和 0.017 2，说明较中等收入而言，低收入组和高收入组的持卡人均降低了信用卡分期的可能性。第（3）-（4）列是 Probit 的回归结果。其回归结果与第（1）、（2）列的回归结果一致，即收入与持卡人分期行为呈倒 "U" 形分布，收入低的持卡人还款没有保障，也不会随意超前消费并进行分期，而收入高的人不需要分期，所以收入较低和较高的信用卡分期的可能性较低，而收入处于中间的持卡人分期的可能性较大。这验证了本章的假设 H5-1，说明经济地位对信用卡分期的影响是非线性的，呈倒 "U" 形分布。

2. 控制变量

表 5-3 第（1）列和第（2）列是 OLS 的回归结果，第（3）和第（4）列

是 Probit 的回归结果。

（1）年龄对信用卡分期行为的影响

本书将年龄分为 24 岁以下、25～34 岁、35～44 岁、45～54 岁、55 岁及以上 5 个组，其中 24 岁以下为基准组。表 5-3 第（1）列和第（2）列是年龄分组变量对信用卡分期的 OLS 回归结果，第（3）列和第（4）列是年龄对信用卡分期的 Probit 回归结果。从 OLS 和 Probit 的回归结果来看，年龄对分期行为的回归系数均在 1% 水平上显著为负，即随着年龄的变化、社会经济地位的提升，流动性约束降低，由此持卡人不容易发生分期行为，年龄与信用卡分期行为呈反向变化。

（2）教育背景对信用卡分期行为的影响

学历分为低、中、高三个组，以低学历组为基准组，中等学历对信用卡分期的 OLS 和 Probit 的回归系数分别为 0.092 0 和 0.087 2，且在 1% 水平上显著为负，高等学历对信用卡分期行为的回归系数分别为 0.132 5 和 0.123 3，也在 1% 水平上显著为负，说明较低学历组而言，中等及以上学历的持卡人不容易分期。学历越高的人收入越高，越能更好地管理和使用信用卡，一般不会盲目消费，借贷需求小，所以存在流动性约束的可能性低，也就不容易发生分期行为。

（3）性别对信用卡分期行为的影响

女性不容易分期。OLS 和 Probit 的回归系数均为 0.024 0，在 1% 水平上显著为负。本书的研究样本中，女性使用信用卡分期的比例为 44%，女性虽然爱消费，但承担债务的压力一般都低于男生，也可能不是债务的直接承担者，所以分期可能性低。

（4）婚姻状况对信用卡分期行为的影响

已婚持卡人不容易分期。OLS 和 Probit 的回归系数分别为 0.026 9 和 0.029 3，在 1% 水平上显著为负。已婚持卡人开支大，负担重，不随意超前消费以增加家庭负担，所以不容易分期。

（5）授信额度对信用卡分期行为的影响

授信额度分为 1 万元（含）以下、1 万～5 万元（含）、5 万元以上，其中 1 万元（含）以下为基准组。1 万～5 万元（含）的授信额度对信用卡分期的影响在 1% 水平上显著为负，OLS 和 Probit 的回归系数分别为 0.068 5 和 0.047 1；5 万元以上的授信额度对信用卡分期的影响在 1% 水平上显著为正，OLS 和 Probit 的回归系数分别为 0.424 4 和 0.294 1。一般情况下，收入低、授信额度也不高的持卡人的消费理念比较保守，不希望由于超前消费或奢华消费，最后沦为信用卡"卡奴"，所以不容易发生分期行为；相反，收入高、授信额度也高的人，经济实力较强，分期还款有保障，更容易使用信用卡分期功能。

（6）有房对信用卡分期行为的影响

从 OLS 和 Probit 的回归结果来看，住房对信用卡分期行为的影响在 1% 水平上显著为正，回归系数分别为 0.019 7 和 0.018 0，房贷导致家庭负债增加，住房对家庭消费的挤出会使家庭面临较高的短期消费约束，因此，此类人更愿意使用信用卡分期功能来平滑消费。

（7）工作单位稳定性对信用卡分期行为的影响

工作单位稳定的持卡人不容易分期。OLS 和 Probit 的回归系数分别为 0.027 3 和 0.044 6，在 1% 水平上显著为负。工作单位稳定的持卡人收入较稳定，且不是社会群体中最高收入群体，也不敢肆意大额消费，所以不容易分期。

（8）账龄对信用卡分期行为的影响

信用卡账龄分 1 年（含）以下，1~3 年（含）、3~5 年（含）、5 年以上，其中 1 年（含）以下为基准组。信用卡账龄在 1~3 年（含）的持卡人对分期的影响是在 1% 水平上显著为正，容易发生分期行为，OLS 和 Probit 的回归系数分别为 0.129 8 和 0.091 7，信用卡账龄在 3~5 年的持卡人分期行为不显著，而信用卡账龄在 5 年以上的持卡人对分期的影响是在 1% 水平上显著为负，不容易发生分期行为，OLS 和 Probit 的回归系数分别为 0.128 4 和 0.143 9。各商业银行一般都会在持卡人办卡后通过各种营销或用卡优惠活动去吸引持卡人激活并使用信用卡透支功能，避免信用卡成"死卡"或"睡眠卡"。

表 5-3　经济地位对信用卡分期行为的影响

变量	是否分期（分期＝1）			
	OLS		Probit	
	（1）	（2）	（3）	（4）
Ln（收入）	0.023 5*** (0.002 0)		0.018 7*** (0.001 8)	
Ln（收入的平方）	−0.003 5*** (0.000 6)		−0.002 7*** (0.000 5)	
低收入组		−0.043 6*** (0.001 9)		−0.038 2*** (0.002 0)

表5-3(续)

变量	是否分期（分期=1）			
	OLS		Probit	
	（1）	（2）	（3）	（4）
高收入组		−0.017 2 *** (0.003 1)		−0.013 6 *** (0.002 8)
年龄25~34岁	−0.142 9 *** (0.010 7)	−0.142 2 *** (0.010 7)	−0.092 9 *** (0.006 7)	−0.093 1 *** (0.006 7)
年龄35~44岁	−0.168 4 *** (0.010 9)	−0.167 2 *** (0.010 9)	−0.120 6 *** (0.006 9)	−0.120 0 *** (0.006 9)
年龄45~54岁	−0.184 0 *** (0.011 0)	−0.182 8 *** (0.011 0)	−0.136 5 *** (0.007 0)	−0.135 7 *** (0.007 0)
年龄55岁及以上	−0.191 0 *** (0.011 8)	−0.190 1 *** (0.011 8)	−0.147 3 *** (0.008 7)	−0.146 6 *** (0.008 7)
中等学历	−0.092 0 *** (0.002 1)	−0.092 7 *** (0.002 1)	−0.087 2 *** (0.002 0)	−0.087 4 *** (0.002 0)
高等学历	−0.132 5 *** (0.005 4)	−0.133 1 *** (0.005 4)	−0.123 3 *** (0.005 0)	−0.122 8 *** (0.005 0)
女性	−0.024 0 *** (0.001 8)	−0.024 2 *** (0.001 8)	−0.024 0 *** (0.001 8)	−0.024 3 *** (0.001 8)
已婚	−0.026 9 *** (0.002 4)	−0.027 1 *** (0.002 4)	−0.029 3 *** (0.002 3)	−0.029 5 *** (0.002 3)
授信额度1万~5万元	−0.068 5 *** (0.002 6)	−0.067 3 *** (0.002 6)	−0.047 1 *** (0.002 8)	−0.045 6 *** (0.002 8)
授信额度5万元以上	0.424 4 *** (0.004 6)	0.428 7 *** (0.004 5)	0.294 1 *** (0.003 1)	0.297 9 *** (0.003 0)
有自有住房	0.019 7 *** (0.002 4)	0.019 9 *** (0.002 4)	0.018 0 *** (0.002 6)	0.018 7 *** (0.002 6)
工作单位稳定	−0.027 3 *** (0.001 9)	−0.027 7 *** (0.001 8)	−0.044 6 *** (0.002 4)	−0.045 5 *** (0.002 4)
信用卡账龄1~3年（含）	0.129 8 *** (0.003 8)	0.130 2 *** (0.003 7)	0.091 7 *** (0.003 0)	0.092 1 *** (0.003 0)
信用卡账龄3~5年（含）	−0.005 7 (0.003 8)	−0.005 3 (0.003 8)	0.001 0 (0.003 2)	0.001 5 (0.003 2)
信用卡账龄5年以上	−0.128 4 *** (0.003 5)	−0.128 1 *** (0.003 5)	−0.143 9 *** (0.003 3)	−0.143 8 *** (0.003 3)

表5-3(续)

变量	是否分期（分期=1）			
	OLS		Probit	
	（1）	（2）	（3）	（4）
城乡差异	−0.001 2 (0.001 8)	−0.001 3 (0.001 8)	−0.002 7 (0.001 9)	−0.002 7 (0.001 9)
Constant	0.412 0 *** (0.011 0)	0.453 2 *** (0.011 0)		
Observations	148 239	148 239	148 239	148 239
Pseudo R^2	0.221 3	0.222 1	0.220 9	0.221 8

注：括号内是稳健性标准差。***、**、*分别表示在1%、5%、10%的水平上显著。Probit回归显示的是边际效应。

5.4.2 经济地位与信用卡分期程度

我们以中等收入组为基准组，代入公式5-2，对经济地位对信用卡分期金额的影响进行实证研究，结果如表5-4所示。表5-4第（1）列和第（2）列是OLS的回归结果，第（1）列收入与控制变量回归，结果显示收入对持卡人分期金额的回归系数为0.169 4，在1%的水平上显著为正，收入的平方为负，呈倒"U"形。随着收入的提高、经济地位的提升，持卡人分期的金额提高；但收入到达一定阶段后，持卡人分期的金额开始降低。第（2）列是收入分组变量加入控制变量，其中以中等收入组为基准组，结果显示低收入组和高收入组的回归结果均在1%水平上显著为负，OLS的回归系数分别为0.456 0和0.079 2，说明较中等收入而言，低收入组和高收入组均降低了信用卡持卡人的分期金额。

第（3）列和第（4）列是Tobit的回归结果。第（3）列收入对信用卡分期金额的回归系数为0.192 1，在1%水平上显著为正，收入的平方对信用卡分期金额的回归系数为0.020 1，在1%水平上显著为负。第（4）列低收入组和高收入组对分期金额的回归系数分别为0.442 2和0.090 4，均在1%水平上显著为负，说明收入与持卡人分期金额呈倒"U"形分布，即收入较低和较高的持卡人分期可能性较低，且分期金额也较小。年龄、学历、女性、已婚、工作单位稳定等控制分组变量回归结果与表5-3结果一致，这和本章的假设H5-2相符。

表 5-4　经济地位对信用卡分期程度的影响

变量	分期金额			
	OLS		Tobit	
	（1）	（2）	（3）	（4）
Ln（收入）	0.169 4*** (0.023 1)		0.192 1*** (0.022 5)	
Ln（收入的平方）	−0.003 4 (0.007 4)		−0.020 1*** (0.006 2)	
低收入组		−0.456 0*** (0.020 5)		−0.442 2*** (0.025 5)
高收入组		−0.079 2** (0.035 6)		−0.090 4*** (0.034 9)
年龄 25~34 岁	−1.319 3*** (0.110 4)	−1.313 6*** (0.110 2)	−1.126 3*** (0.077 2)	−1.127 5*** (0.077 3)
年龄 35~44 岁	−1.500 7*** (0.112 7)	−1.485 2*** (0.112 5)	−1.443 1*** (0.080 0)	−1.434 5*** (0.080 1)
年龄 45~54 岁	−1.631 8*** (0.113 4)	−1.613 7*** (0.113 2)	−1.625 5*** (0.081 0)	−1.613 3*** (0.081 1)
年龄 55 岁及以上	−1.679 5*** (0.124 4)	−1.663 1*** (0.124 3)	−1.762 5*** (0.104 1)	−1.748 5*** (0.104 2)
中等学历	−0.992 5*** (0.023 7)	−1.004 5*** (0.023 7)	−1.109 6*** (0.025 6)	−1.109 2*** (0.025 6)
高等学历	−1.384 2*** (0.062 1)	−1.396 3*** (0.062 1)	−1.497 7*** (0.059 4)	−1.491 1*** (0.059 4)
女性	−0.248 2*** (0.020 0)	−0.252 9*** (0.020 0)	−0.301 2*** (0.022 7)	−0.303 1*** (0.022 7)
已婚	−0.296 4*** (0.026 4)	−0.300 8*** (0.026 4)	−0.353 2*** (0.029 0)	−0.357 5*** (0.029 0)
授信额度 1 万~5 万元	−0.968 3*** (0.028 0)	−0.939 2*** (0.027 7)	−0.716 3*** (0.038 1)	−0.695 1*** (0.037 8)
授信额度 5 万元以上	5.039 1*** (0.054 2)	5.127 4*** (0.053 4)	3.591 8*** (0.034 5)	3.645 3*** (0.033 3)
有自有住房	0.262 6*** (0.025 2)	0.271 0*** (0.025 1)	0.269 7*** (0.033 6)	0.278 8*** (0.033 6)

表5-4(续)

变量	分期金额			
	OLS		Tobit	
	(1)	(2)	(3)	(4)
工作单位稳定	−0.301 7 *** (0.020 1)	−0.320 3 *** (0.020 1)	−0.591 2 *** (0.030 6)	−0.607 5 *** (0.030 3)
信用卡账龄 1~3 年 (含)	1.509 3 *** (0.043 6)	1.535 9 *** (0.043 3)	1.077 9 *** (0.036 6)	1.087 0 *** (0.036 3)
信用卡账龄 3~5 年 (含)	−0.156 8 *** (0.043 3)	−0.130 7 *** (0.043 3)	−0.056 2 (0.040 4)	−0.040 1 (0.040 2)
信用卡账龄 5 年以上	−1.590 8 *** (0.039 7)	−1.574 3 *** (0.039 6)	−2.099 8 *** (0.040 8)	−2.091 5 *** (0.040 7)
城乡差异	0.002 2 (0.020 3)	0.000 1 (0.020 3)	−0.037 9 (0.023 3)	−0.039 1 * (0.023 3)
Constant	4.256 8 *** (0.114 2)	4.661 2 *** (0.114 2)		
Observations	148 239	148 239	148 239	148 239
Pseudo R^2	0.251 2	0.251 6	0.102 9	0.103 3

注：括号内是稳健性标准差。***、**、*分别表示在1%、5%、10%的水平上显著。Tobit 回归显示的是边际效应。

5.4.3 经济地位与信用卡分期周期

我们以中等收入组为基准组，代入公式 5-3 和公式 5-4，对经济地位对信用卡分期周期的影响进行实证研究，结果如表 5-5 所示。根据贷款期限划分，1 年（含）以内为短期，1~5 年（含）为中期，5 年以上为长期。信用卡因具有支付和消费信贷的双重功能，使用信用卡分期功能就是享有无抵押的信用贷款，信用卡分期时间最短的按日分期计息，最长的分期时间为 5 年，因此将分期周期为 1~5 年（含）定义为长期，1 年（含）以内为短期。表 5-5 第（1）列和第（2）列是收入对分期周期（长期）的 OLS 回归，收入对分期时间为 1年以上的回归系数为 0.032 8，在 1% 水平上显著为正，收入的平方对分期时间为 1 年以上的回归系数为 0.005 9，在 1% 水平上显著为负，第（2）列低收入组和高收入组对分期时间为 1 年以上的回归系数分别为 0.052 6 和 0.025 4，均在 1% 水平上显著为负，说明收入与分期周期呈倒"U"形变化，持卡人倾向于选择金额小、周期短的分期产品。第（3）列和第（4）列是 Probit 回归，结果与第（1）列和第（2）列结果一致，证明了本章的研究假设 H5-2。

在控制变量方面，年龄、学历、女性、已婚、工作单位稳定、授信额度为 1 万~5 万（含）元、信用卡账龄为 3 年（不含）以上特征的持卡人对信用卡分期周期的影响仍是在 1%水平上显著为负；授信额度为 5 万元以上、有自有住房、信用卡账龄为 1~3 年（含）对信用卡分期周期的影响也是在 1%水平上显著为正，与表 5-3 控制变量回归结果一致。由此可知，本章的研究假设 H5-2成立。

表 5-5　经济地位对信用卡分期周期的影响

变量	分期周期（长期=1）			
	OLS		Probit	
	（1）	（2）	（3）	（4）
Ln（收入）	0.032 8 *** (0.001 9)		0.026 1 *** (0.001 7)	
Ln（收入的平方）	-0.005 9 *** (0.000 6)		-0.004 6 *** (0.000 5)	
低收入组		-0.052 6 *** (0.001 8)		-0.046 8 *** (0.001 9)
高收入组		-0.025 4 *** (0.003 0)		-0.022 7 *** (0.002 6)
年龄 25~34 岁	-0.130 6 *** (0.010 5)	-0.129 5 *** (0.010 5)	-0.086 4 *** (0.006 3)	-0.086 5 *** (0.006 3)
年龄 35~44 岁	-0.146 5 *** (0.010 7)	-0.145 0 *** (0.010 7)	-0.104 8 *** (0.006 5)	-0.104 0 *** (0.006 5)
年龄 45~54 岁	-0.159 1 *** (0.010 7)	-0.157 7 *** (0.010 7)	-0.117 1 *** (0.006 5)	-0.116 2 *** (0.006 5)
年龄 55 岁及以上	-0.162 8 *** (0.011 5)	-0.161 9 *** (0.011 5)	-0.124 0 *** (0.008 1)	-0.123 2 *** (0.008 1)
中等学历	-0.091 7 *** (0.002 0)	-0.092 4 *** (0.002 0)	-0.085 9 *** (0.001 9)	-0.085 9 *** (0.001 9)
高等学历	-0.155 9 *** (0.005 2)	-0.156 4 *** (0.005 2)	-0.140 5 *** (0.005 0)	-0.139 3 *** (0.005 0)
女性	-0.018 8 *** (0.001 7)	-0.019 0 *** (0.001 7)	-0.019 2 *** (0.001 7)	-0.019 5 *** (0.001 7)

表5-5（续）

变量	分期周期（长期＝1）			
	OLS		Probit	
	（1）	（2）	（3）	（4）
已婚	−0.020 4 *** （0.002 3）	−0.020 6 *** （0.002 3）	−0.022 8 *** （0.002 2）	−0.023 0 *** （0.002 2）
授信额度1万~5万元	−0.092 8 *** （0.002 3）	−0.092 1 *** （0.002 3）	−0.078 0 *** （0.002 8）	−0.076 6 *** （0.002 8）
授信额度5万元以上	0.344 3 *** （0.004 5）	0.347 5 *** （0.004 4）	0.228 3 *** （0.002 9）	0.231 5 *** （0.002 8）
有自有住房	0.025 8 *** （0.002 2）	0.025 8 *** （0.002 2）	0.025 8 *** （0.002 6）	0.026 7 *** （0.002 6）
工作单位稳定	−0.018 8 *** （0.001 7）	−0.018 6 *** （0.001 7）	−0.038 2 *** （0.002 3）	−0.038 6 *** （0.002 3）
信用卡账龄1~3年（含）	0.114 8 *** （0.003 7）	0.114 2 *** （0.003 7）	0.071 6 *** （0.002 8）	0.071 0 *** （0.002 8）
信用卡账龄3~5年（含）	−0.031 2 *** （0.003 6）	−0.031 9 *** （0.003 6）	−0.021 4 *** （0.003 0）	−0.021 8 *** （0.003 0）
信用卡账龄5年以上	−0.145 9 *** （0.003 3）	−0.145 9 *** （0.003 3）	−0.167 2 *** （0.003 1）	−0.167 9 *** （0.003 1）
城乡差异	−0.000 2 （0.001 7）	−0.000 2 （0.001 7）	−0.000 7 （0.001 8）	−0.000 6 （0.001 8）
Constant	0.376 3 *** （0.010 7）	0.427 9 *** （0.010 7）		
Observations	148 239	148 239	148 239	148 239
Pseudo R^2	0.211 4	0.212 6	0.236 6	0.238 3

注：括号内是稳健性标准差。***、**、*分别表示在1%、5%、10%的水平上显著。Probit回归显示的是边际效应。

5.5　进一步研究：异质性分析

5.5.1　经济地位、工作单位稳定性与信用卡分期行为

基于假设H5-3，以中等收入组为基准组，代入公式5-1和公式5-2，对经济地位与工作单位的交叉项对信用卡分期行为的影响进行实证研究，结果如

表 5-6 所示。其中第（1）列和第（2）列是针对信用卡是否分期的回归结果，第（1）列的 OLS 回归结果显示，"低收入组 * 工作单位稳定"交叉项的回归系数为 0.075 5，且在 1% 的水平上显著为正，"高收入组 * 工作单位稳定"交叉项的回归系数为 0.044 6，且在 1% 的水平上显著为正。回归结果表明，在国企工作的人不容易分期，但在面临流动性约束时，工作单位稳定的低收入群体需要通过信用卡分期去平滑消费，工作单位稳定的高收入群体还款更有保障，也需要通过信用卡分期进一步提升自己的消费水平。

第（2）列 Probit 的回归结果与 OLS 回归结果一致，"低收入组 * 工作单位稳定"交叉项的回归系数为 0.072 1，"高收入组 * 工作单位稳定"交叉项的回归系数为 0.056 0，均在 1% 水平上显著为正。这也证明了本书的假设 H5-3。表 5-6 中第（3）列和第（4）列是针对持卡人分期金额的回归结果，第（3）列的 OLS 回归结果"低收入组 * 工作单位稳定"交叉项的回归系数为 0.758 9，"高收入组 * 工作单位稳定"交叉项的回归系数为 0.312 5，第（4）列 Tobit 回归结果"低收入组 * 工作单位稳定"交叉项的回归系数为 0.898 3，"高收入组 * 工作单位稳定"交叉项的回归系数为 0.692 4，均在 1% 水平上显著为正。这也表明，相比工作单位不稳定的持卡人，工作单位相对稳定的持卡人提高了经济地位对信用卡分期金额的影响。这也证明本章的假设 H5-3 成立。

表 5-6　经济地位、工作单位与信用卡分期行为

| 变量 | 是否分期（分期=1） | | 分期金额 | |
	OLS	Probit	OLS	Tobit
	（1）	（2）	（3）	（4）
低收入组 * 工作单位稳定	0.075 5*** (0.003 8)	0.072 1*** (0.004 7)	0.758 9*** (0.040 6)	0.898 3*** (0.058 2)
高收入组 * 工作单位稳定	0.044 6*** (0.006 5)	0.056 0*** (0.006 1)	0.312 5*** (0.073 9)	0.692 4*** (0.073 2)
低收入组	−0.069 0*** (0.002 5)	−0.056 5*** (0.002 3)	−0.710 8*** (0.027 2)	−0.671 2*** (0.029 0)
高收入组	−0.032 9*** (0.003 8)	−0.027 9*** (0.003 3)	−0.198 3*** (0.043 1)	−0.267 8*** (0.041 0)
工作单位稳定	−0.072 6*** (0.002 8)	−0.091 5*** (0.003 8)	−0.755 0*** (0.029 4)	−1.188 3*** (0.049 0)

表5-6(续)

变量	是否分期（分期=1）		分期金额	
	OLS	Probit	OLS	Tobit
	（1）	（2）	（3）	（4）
年龄 25~34 岁	−0.143 3*** （0.010 7）	−0.094 5*** （0.006 7）	−1.325 6*** （0.110 1）	−1.140 5*** （0.077 4）
年龄 35~44 岁	−0.167 8*** （0.010 9）	−0.121 0*** （0.006 9）	−1.491 9*** （0.112 4）	−1.440 9*** （0.080 2）
年龄 45~54 岁	−0.183 3*** （0.010 9）	−0.136 5*** （0.007 0）	−1.619 7*** （0.113 1）	−1.617 7*** （0.081 3）
年龄 55 岁及以上	−0.191 1*** （0.011 8）	−0.147 6*** （0.008 7）	−1.675 1*** （0.124 2）	−1.755 3*** （0.104 2）
中等学历	−0.092 2*** （0.002 1）	−0.086 9*** （0.002 0）	−0.997 9*** （0.023 7）	−1.100 9*** （0.025 6）
高等学历	−0.133 0*** （0.005 4）	−0.123 2*** （0.005 0）	−1.390 3*** （0.062 2）	−1.493 2*** （0.059 4）
女性	−0.023 7*** （0.001 8）	−0.023 7*** （0.001 8）	−0.248 3*** （0.020 0）	−0.294 7*** （0.022 7）
已婚	−0.026 9*** （0.002 4）	−0.029 5*** （0.002 3）	−0.297 9*** （0.026 4）	−0.357 2*** （0.028 9）
授信额度 1 万~5 万元	−0.065 7*** （0.002 6）	−0.042 7*** （0.002 8）	−0.926 4*** （0.027 6）	−0.654 8*** （0.038 1）
授信额度 5 万元以上	0.426 0*** （0.004 5）	0.295 1*** （0.003 0）	5.102 5*** （0.053 5）	3.622 1*** （0.033 4）
有自有住房	0.020 9*** （0.002 4）	0.019 6*** （0.002 6）	0.280 3*** （0.025 0）	0.290 2*** （0.033 5）
信用卡账龄 1~3 年（含）	0.134 6*** （0.003 8）	0.096 6*** （0.003 1）	1.574 6*** （0.043 4）	1.143 2*** （0.036 8）
信用卡账龄 3~5 年（含）	−0.003 6 （0.003 8）	0.004 5 （0.003 2）	−0.119 4*** （0.043 3）	0.001 1 （0.040 5）
信用卡账龄 5 年以上	−0.128 5*** （0.003 5）	−0.142 0*** （0.003 3）	−1.586 7*** （0.039 8）	−2.063 6*** （0.041 2）

表5-6(续)

变量	是否分期（分期=1）		分期金额	
	OLS	Probit	OLS	Tobit
	（1）	（2）	（3）	（4）
城乡差异	−0.001 0 （0.001 8）	−0.002 9 （0.001 9）	0.004 5 （0.020 3）	−0.042 1* （0.023 3）
Constant	0.467 1*** （0.011 0）		4.800 3*** （0.114 6）	
Observations	148 239	148 239	148 239	148 239
Pseudo R^2	0.223 8	0.223 5	0.252 9	0.104 0

注：括号内是稳健性标准差。***、**、*分别表示在1%、5%、10%的水平上显著。Probit 和 Tobit 回归显示的是边际效应。

5.5.2 经济地位、教育背景与信用卡分期行为

基于假设H5-4，以中等收入组为基准组，代入公式5-1和公式5-2，对经济地位与教育背景的交叉项对信用卡是否分期和分期金额的影响进行实证研究，结果如表5-7所示。教育背景采用初、中、高变量来表示，中专及高中以下为低等教育，专科及本科为中等教育，本科以上为高等教育。表5-7中第（1）列和第（2）列是针对信用卡是否分期的回归结果。第（1）列的OLS回归结果显示，"低收入组*高学历"交叉项的回归系数为0.054 9，且在1%的水平上显著为正，"高收入组*高学历"交叉项的回归系数为0.025 0，在10%的水平上显著为正。第（2）列Probit的回归结果与OLS回归结果一致。"低收入组*高学历"交叉项的回归系数为0.079 0，"高收入组*高学历"交叉项的回归系数为0.067 3，均在1%水平上显著为正。回归结果表明，在面临流动性约束时，高学历的持卡人更愿意使用信用卡进行分期。这证明本书的假设H5-4成立。

表5-7中第（3）列和第（4）列是针对持卡人分期金额的回归结果。第（3）列的OLS回归结果"低收入组*高学历"交叉项的回归系数为0.663 6，在1%水平上显著为正，"高收入组*高学历"的回归系数为0.144 7；第（4）列Tobit回归结果"低收入组*高学历"交叉项的回归系数为1.021 2，"高收入组*高学历"交叉项的回归系数为0.915 7，均在1%水平上显著为正。回归结果表明，相比中等和低等学历的持卡人，高学历的低收入和高学历的高收入

人群均提高了信用卡分期金额。这也证明本章的假设 H5-4 成立。

表 5-7　经济地位、教育背景与信用卡分期行为

| 变量 | 是否分期（分期=1） | | 分期金额 | |
| | OLS | Probit | OLS | Tobit |
	（1）	（2）	（3）	（4）
低收入组＊高学历	0.054 9*** （0.011 3）	0.079 0*** （0.013 2）	0.663 6*** （0.125 3）	1.021 2*** （0.169 2）
高收入组＊高学历	0.025 0* （0.013 8）	0.067 3*** （0.014 8）	0.144 7 （0.153 2）	0.915 7*** （0.190 9）
低收入组	−0.043 4*** （0.002 1）	−0.041 4*** （0.002 1）	−0.455 9*** （0.023 0）	−0.493 9*** （0.026 1）
高收入组	−0.013 8*** （0.003 0）	−0.014 8*** （0.002 9）	−0.034 7 （0.033 6）	−0.120 0*** （0.035 7）
高学历	−0.088 9*** （0.009 4）	−0.110 8*** （0.011 8）	−0.927 6*** （0.103 7）	−1.380 1*** （0.156 3）
年龄 25~34 岁	−0.156 9*** （0.007 8）	−0.106 7*** （0.006 3）	−1.474 7*** （0.086 6）	−1.297 5*** （0.078 0）
年龄 35~44 岁	−0.169 9*** （0.008 0）	−0.121 6*** （0.006 5）	−1.515 6*** （0.088 7）	−1.458 6*** （0.081 0）
年龄 45~54 岁	−0.175 2*** （0.008 1）	−0.128 0*** （0.006 6）	−1.533 2*** （0.089 4）	−1.519 1*** （0.082 1）
年龄 55 岁及以上	−0.178 4*** （0.009 4）	−0.137 1*** （0.008 4）	−1.538 3*** （0.104 5）	−1.633 3*** （0.105 1）
女性	−0.027 6*** （0.001 8）	−0.027 6*** （0.001 8）	−0.289 2*** （0.020 2）	−0.344 1*** （0.022 9）
已婚	−0.020 0*** （0.002 4）	−0.021 7*** （0.002 3）	−0.222 7*** （0.026 1）	−0.259 2*** （0.029 3）
授信额度 1 万~5 万元	−0.077 4*** （0.002 5）	−0.057 5*** （0.002 5）	−1.049 5*** （0.027 3）	−0.846 3*** （0.038 1）
授信额度 5 万元以上	0.416 1*** （0.003 5）	0.287 6*** （0.002 9）	4.989 5*** （0.039 3）	3.509 2*** （0.033 6）
有自有住房	0.016 4*** （0.002 6）	0.016 5*** （0.002 7）	0.232 3*** （0.028 5）	0.252 5*** （0.034 0）

表5-7(续)

变量	是否分期（分期=1）		分期金额	
	OLS	Probit	OLS	Tobit
	（1）	（2）	（3）	（4）
工作单位稳定	−0.051 1*** （0.002 1）	−0.070 0*** （0.002 4）	−0.572 7*** （0.023 7）	−0.923 3*** （0.029 7）
信用卡账龄 1～3 年（含）	0.137 3*** （0.003 5）	0.099 9*** （0.003 2）	1.611 9*** （0.038 3）	1.203 6*** （0.036 7）
信用卡账龄 3～5 年（含）	−0.004 9 （0.003 5）	0.002 5 （0.003 3）	−0.125 8*** （0.038 6）	−0.020 5 （0.040 8）
信用卡账龄 5 年以上	−0.126 5*** （0.003 2）	−0.141 8*** （0.003 2）	−1.557 6*** （0.035 8）	−2.059 4*** （0.041 6）
城乡差异	−0.011 1*** （0.001 9）	−0.011 5*** （0.001 9）	−0.105 9*** （0.020 7）	−0.149 9*** （0.023 4）
Constant	0.407 6*** （0.008 2）		4.168 9*** （0.091 4）	
Observations	148 239	148 239	148 239	148 239
Pseudo R^2	0.211 7	0.209 1	0.242 1	0.097 5

注：括号内是稳健性标准差。***、**、* 分别表示在 1%、5%、10% 的水平上显著。Probit 和 Tobit 回归显示的是边际效应。

5.5.3　经济地位、住房特征与信用卡分期行为

以中等收入组为基准组，代入公式 5-1 和公式 5-2，对经济地位与是否有自有住房的交叉项对信用卡分期行为的影响进行实证研究，结果如表 5-8 所示。其中第（1）列和第（2）列是针对信用卡是否分期的回归结果。第（1）列的 OLS 回归结果显示，"低收入组＊有房"交叉项的回归系数为 0.018 7，且在 1% 的水平上显著为正，"高收入组＊有房"交叉项的回归系数为 0.019 3，且在 1% 的水平上显著为负。第（2）列 Probit 的回归结果与 OLS 回归结果一致，"低收入组＊有房"交叉项的回归系数为 0.023 6，在 1% 水平上显著为正，"高收入组＊有房"交叉项的回归系数为 0.010 3。回归结果表明，住房扩大了持卡人债务，有房的低收入群体需要通过信用卡分期功能来降低流动性约束，而有房的高收入群体因其收入高，房产等个人财富实力强，不需要通过信用卡分期来提升消费品质。

表5-8中第（3）列和第（4）列是针对持卡人分期金额的回归结果。第（3）列的OLS回归结果"低收入组＊有房"交叉项的回归系数为0.268 7，在1%水平上显著为正，"高收入组＊有房"交叉项的回归系数为0.197 3；第（4）列Tobit回归结果"低收入组＊有房"交叉项的系数为0.366 6，在1%水平上显著为正，"高收入组＊有房"交叉项的回归系数为0.098 4。回归结果表明，相比无房的持卡人，有房的低收入群体提高了信用卡分期金额，但有房的高收入群体在信用卡分期金额方面表现不够显著。

表5-8 经济地位、自有住房与信用卡分期行为

变量	是否分期（分期＝1）		分期金额	
	OLS	Probit	OLS	Tobit
	（1）	（2）	（3）	（4）
低收入组＊有房	0.018 7 *** (0.004 9)	0.023 6 *** (0.005 1)	0.268 7 *** (0.054 8)	0.366 6 *** (0.065 0)
高收入组＊有房	−0.019 3 ** (0.009 3)	−0.010 3 (0.008 9)	−0.197 3 * (0.103 3)	−0.098 4 (0.109 0)
低收入组	−0.058 5 *** (0.004 4)	−0.057 3 *** (0.004 6)	−0.669 7 *** (0.048 8)	−0.739 6 *** (0.058 9)
高收入组	0.002 0 (0.008 8)	−0.002 2 (0.008 4)	0.123 4 (0.097 9)	0.031 0 (0.103 5)
有自有住房	0.011 4 *** (0.003 9)	0.007 5 ** (0.003 8)	0.142 6 *** (0.043 3)	0.100 9 ** (0.047 9)
年龄25~34岁	−0.142 5 *** (0.007 8)	−0.093 6 *** (0.006 7)	−1.318 0 *** (0.086 1)	−1.134 0 *** (0.077 2)
年龄35~44岁	−0.167 6 *** (0.008 0)	−0.120 7 *** (0.006 9)	−1.490 8 *** (0.088 2)	−1.442 3 *** (0.080 0)
年龄45~54岁	−0.183 2 *** (0.008 0)	−0.136 3 *** (0.007 0)	−1.618 6 *** (0.088 9)	−1.620 1 *** (0.081 1)
年龄55岁及以上	−0.190 5 *** (0.009 4)	−0.147 2 *** (0.008 7)	−1.668 7 *** (0.103 9)	−1.756 0 *** (0.104 1)
中等学历	−0.092 7 *** (0.002 1)	−0.087 3 *** (0.002 0)	−1.003 6 *** (0.023 0)	−1.108 2 *** (0.025 5)
高等学历	−0.133 1 *** (0.005 1)	−0.122 5 *** (0.005 0)	−1.396 3 *** (0.056 7)	−1.486 7 *** (0.059 3)

表5-8(续)

变量	是否分期（分期=1）		分期金额	
	OLS	Probit	OLS	Tobit
	（1）	（2）	（3）	（4）
女性	−0.024 0*** （0.001 8）	−0.024 0*** （0.001 8）	−0.249 6*** （0.020 1）	−0.299 3*** （0.022 7）
已婚	−0.027 3*** （0.002 3）	−0.029 8*** （0.002 3）	−0.303 1*** （0.026 0）	−0.360 8*** （0.028 9）
授信额度1万~5万元	−0.067 4*** （0.002 5）	−0.045 7*** （0.002 8）	−0.941 9*** （0.027 2）	−0.696 9*** （0.037 9）
授信额度5万元以上	0.428 4*** （0.003 5）	0.297 4*** （0.003 0）	5.122 9*** （0.039 2）	3.636 9*** （0.033 4）
工作单位稳定	−0.027 3*** （0.002 2）	−0.045 0*** （0.002 4）	−0.315 1*** （0.024 3）	−0.600 0*** （0.030 3）
信用卡账龄1~3年（含）	0.130 4*** （0.003 4）	0.092 3*** （0.003 0）	1.537 9*** （0.038 1）	1.089 2*** （0.036 3）
信用卡账龄3~5年（含）	−0.005 0 （0.003 5）	0.001 9 （0.003 2）	−0.126 5*** （0.038 4）	−0.035 0 （0.040 2）
信用卡账龄5年以上	−0.127 7*** （0.003 2）	−0.143 5*** （0.003 3）	−1.570 0*** （0.035 6）	−2.086 0*** （0.040 7）
城乡差异	−0.001 4 （0.001 9）	−0.002 8 （0.001 9）	−0.000 8 （0.020 7）	−0.041 0* （0.023 3）
Constant	0.459 8*** （0.008 6）		4.760 8*** （0.094 9）	
Observations	148 239	148 239	148 239	148 239
Pseudo R^2	0.222 3	0.222 0	0.251 8	0.103 4

注：括号内是稳健性标准差。***、**、*分别表示在1%、5%、10%的水平上显著。Probit 和 Tobit 回归显示的是边际效应。

5.5.4　经济地位、城乡差异与信用卡分期行为

以中等收入组为基准组，代入公式5-1和公式5-2，对经济地位与城乡差异的交叉项对信用卡是否分期和分期金额的影响进行实证研究，结果如表5-9所示。其中第（1）列和第（2）列是针对信用卡是否分期的回归结果。第（1）列的 OLS 回归结果显示，"低收入组 * 城区"交叉项的回归系数为

0.010 6，"高收入组 * 城区"交叉项的回归系数为 0.052 6，均在 1% 的水平上显著为正。第（2）列 Probit 的回归结果与 OLS 回归结果一致，"低收入组 * 城区"交叉项的回归系数为 0.006 3，"高收入组 * 城区"交叉项的回归系数为 0.047 3，在 1% 水平上显著为正。回归结果表明，城区人们消费水平高，在面临流动性约束时，城区低收入群体和高收入群体都需要通过信用卡分期功能来平滑或提升消费水平。

表 5-9 中第（3）列和第（4）列是针对持卡人分期金额的回归结果。第（3）列的 OLS 回归结果"低收入组 * 城区"交叉项的回归系数为 0.147 4，"高收入组 * 城区"交叉项的系数为 0.583 5，均在 1% 水平上显著为正；第（4）列 Tobit 回归结果"低收入组 * 城区"的回归系数为 0.070 9，"高收入组 * 城区"交叉项的回归系数为 0.584 4，在 1% 水平上显著为正。回归结果表明，相比县域和乡村地区的持卡人，城区的低收入和高收入群体均提高了信用卡分期金额。

表 5-9　经济地位、城乡差异与信用卡分期行为

变量	是否分期（分期=1）		分期金额	
	OLS	Probit	OLS	Tobit
	（1）	（2）	（3）	（4）
低收入组 * 城区	0.010 6 *** (0.004 1)	0.006 3 (0.004 2)	0.147 4 *** (0.045 0)	0.070 9 (0.051 1)
高收入组 * 城区	0.052 6 *** (0.005 7)	0.047 3 *** (0.005 5)	0.583 5 *** (0.063 3)	0.584 4 *** (0.066 4)
低收入组	−0.048 0 *** (0.002 6)	−0.040 7 *** (0.002 6)	−0.516 9 *** (0.028 9)	−0.469 9 *** (0.031 5)
高收入组	−0.039 4 *** (0.003 8)	−0.033 3 *** (0.003 6)	−0.324 5 *** (0.042 1)	−0.335 5 *** (0.045 0)
城区	−0.014 8 *** (0.003 2)	−0.014 5 *** (0.003 4)	−0.164 7 *** (0.035 8)	−0.185 2 *** (0.040 0)
年龄 25~34 岁	−0.141 5 *** (0.007 8)	−0.092 3 *** (0.006 2)	−1.306 9 *** (0.086 1)	−1.116 4 *** (0.077 1)
年龄 35~44 岁	−0.166 6 *** (0.008 0)	−0.119 3 *** (0.006 4)	−1.479 6 *** (0.088 1)	−1.424 5 *** (0.079 9)
年龄 45~54 岁	−0.182 1 *** (0.008 0)	−0.134 9 *** (0.006 5)	−1.606 5 *** (0.088 9)	−1.601 4 *** (0.081 0)

表5-9（续）

变量	是否分期（分期=1）		分期金额	
	OLS	Probit	OLS	Tobit
	（1）	（2）	（3）	（4）
年龄 55 岁及以上	−0.189 3*** （0.009 4）	−0.145 7*** （0.008 3）	−1.655 5*** （0.103 9）	−1.735 5*** （0.104 0）
中等学历	−0.092 9*** （0.002 1）	−0.087 4*** （0.002 0）	−1.006 3*** （0.023 0）	−1.109 6*** （0.025 5）
高等学历	−0.133 8*** （0.005 1）	−0.123 4*** （0.005 0）	−1.404 4*** （0.056 7）	−1.496 3*** （0.059 4）
女性	−0.024 2*** （0.001 8）	−0.024 2*** （0.001 8）	−0.252 1*** （0.020 1）	−0.301 5*** （0.022 7）
已婚	−0.027 3*** （0.002 3）	−0.029 7*** （0.002 3）	−0.302 1*** （0.026 0）	−0.359 4*** （0.029 0）
授信额度 1 万~5 万元	−0.067 0*** （0.002 5）	−0.045 2*** （0.002 5）	−0.936 1*** （0.027 2）	−0.689 6*** （0.037 8）
授信额度 5 万元以上	0.428 7*** （0.003 5）	0.298 1*** （0.002 8）	5.127 1*** （0.039 1）	3.648 7*** （0.033 3）
有自有住房	0.019 7*** （0.002 6）	0.018 5*** （0.002 6）	0.267 7*** （0.028 4）	0.275 0*** （0.033 6）
工作单位稳定	−0.028 2*** （0.002 2）	−0.046 0*** （0.002 4）	−0.325 8*** （0.024 3）	−0.615 3*** （0.030 3）
信用卡账龄 1~3 年（含）	0.130 3*** （0.003 4）	0.092 1*** （0.003 1）	1.537 2*** （0.038 1）	1.089 0*** （0.036 3）
信用卡账龄 3~5 年（含）	−0.005 5 （0.003 5）	0.001 5 （0.003 2）	−0.132 3*** （0.038 4）	−0.040 6 （0.040 2）
信用卡账龄 5 年以上	−0.127 6*** （0.003 2）	−0.143 2*** （0.003 2）	−1.568 9*** （0.035 5）	−2.083 5*** （0.040 7）
Constant	0.458 5*** （0.008 3）		4.726 4*** （0.092 3）	
Observations	148 239	148 239	148 239	148 239
Pseudo R^2	0.222 6	0.222 4	0.252 0	0.103 6

注：括号内是稳健性标准差。***、**、*分别表示在 1%、5%、10%的水平上显著。Probit 和 Tobit 回归显示的是边际效应。

5.5.5 经济地位、信用卡账龄与信用卡分期行为

以中等收入组为基准组，代入公式 5-1 和公式 5-2，对经济地位与信用卡账龄的交叉项对信用卡是否分期和分期金额的影响进行实证研究，结果如表 5-10 所示。其中第（1）列和第（2）列是针对信用卡是否分期的回归结果。第（1）列的 OLS 回归结果显示，"低收入组 * 信用卡账龄"交叉项的回归系数为 0.021 6，"高收入组 * 信用卡账龄"交叉项的回归系数为 0.021 0，均在 1% 的水平上显著为正。第（2）列 Probit 的回归结果与 OLS 回归结果一致，"低收入组 * 信用卡账龄"交叉项的回归系数为 0.019 8，"高收入组 * 信用卡账龄"交叉项的回归系数为 0.023 5，均在 1% 水平上显著为正。回归结果表明，用卡时间越长，持卡人更熟悉和了解银行的信用卡各类产品和规则，同时各商业银行为了更好维护存量客户，也通过各种措施或营销手段去加强与持卡人的合作关系，所以持卡人就容易使用信用卡分期功能。

表 5-10 中第（3）列和第（4）列是针对持卡人分期金额的回归结果。第（3）列的 OLS 回归结果"低收入组 * 信用卡账龄"交叉项的回归系数为 0.228 3，"高收入组 * 信用卡账龄"交叉项的系数为 0.215 3，均在 1% 水平上显著为正；第（4）列 Tobit 回归结果"低收入组 * 信用卡账龄"交叉项的回归系数为 0.254 3，"高收入组 * 信用卡账龄"交叉项的回归系数为 0.320 3，均在 1% 水平上显著为正。回归结果表明，信用卡用卡时长提高了低收入和高收入群体的信用卡分期金额。

表 5-10 经济地位、信用卡账龄与信用卡分期行为

变量	是否分期（透支=1）		分期金额	
	OLS	Probit	OLS	Tobit
	（1）	（2）	（3）	（4）
低收入组 * 信用卡账龄	0.021 6*** (0.000 9)	0.019 8*** (0.000 9)	0.228 3*** (0.009 9)	0.254 3*** (0.011 2)
高收入组 * 信用卡账龄	0.021 0*** (0.001 2)	0.023 5*** (0.001 2)	0.215 3*** (0.013 7)	0.320 3*** (0.014 3)
低收入组	−0.129 9*** (0.004 4)	−0.105 7*** (0.004 0)	−1.357 1*** (0.049 3)	−1.301 6*** (0.046 0)
高收入组	−0.101 7*** (0.005 6)	−0.090 9*** (0.005 0)	−0.939 1*** (0.062 8)	−1.114 7*** (0.056 2)

表5-10（续）

变量	是否分期（透支＝1）		分期金额	
	OLS	Probit	OLS	Tobit
	（1）	（2）	（3）	（4）
信用卡账龄	−0.048 0***	−0.048 5***	−0.556 9***	−0.658 5***
	（0.000 7）	（0.000 8）	（0.008 2）	（0.009 6）
年龄25~34岁	−0.138 8***	−0.081 0***	−1.286 3***	−0.968 8***
	（0.007 9）	（0.006 4）	（0.087 4）	（0.077 4）
年龄35~44岁	−0.159 2***	−0.103 2***	−1.408 2***	−1.222 1***
	（0.008 1）	（0.006 6）	（0.089 6）	（0.080 4）
年龄45~54岁	−0.175 4***	−0.119 5***	−1.542 5***	−1.408 2***
	（0.008 1）	（0.006 6）	（0.090 4）	（0.081 4）
年龄55岁及以上	−0.179 1***	−0.127 3***	−1.551 0***	−1.506 1***
	（0.009 5）	（0.008 5）	（0.105 7）	（0.105 1）
中等学历	−0.094 5***	−0.087 9***	−1.031 6***	−1.132 6***
	（0.002 1）	（0.002 0）	（0.023 3）	（0.025 8）
高等学历	−0.134 2***	−0.123 7***	−1.418 9***	−1.512 5***
	（0.005 2）	（0.005 1）	（0.057 6）	（0.062 0）
女性	−0.025 5***	−0.024 7***	−0.266 1***	−0.304 7***
	（0.001 8）	（0.001 8）	（0.020 4）	（0.023 2）
已婚	−0.024 3***	−0.027 2***	−0.265 4***	−0.331 3***
	（0.002 4）	（0.002 3）	（0.026 4）	（0.029 7）
授信额度1万~5万元	−0.079 7***	−0.067 0***	−1.075 6***	−0.973 3***
	（0.002 5）	（0.002 6）	（0.027 6）	（0.040 2）
授信额度5万元以上	0.388 7***	0.259 1***	4.651 5***	3.181 1***
	（0.003 4）	（0.002 8）	（0.038 2）	（0.033 6）
有自有住房	0.021 7***	0.017 8***	0.293 1***	0.261 6***
	（0.002 6）	（0.002 7）	（0.028 8）	（0.033 8）
工作单位稳定	−0.060 2***	−0.087 0***	−0.696 1***	−1.183 6***
	（0.002 1）	（0.002 4）	（0.023 7）	（0.029 9）
城乡差异	−0.004 8**	−0.004 8**	−0.040 9*	−0.065 9***
	（0.001 9）	（0.001 9）	（0.021 0）	（0.023 8）

表5-10(续)

变量	是否分期（透支=1）		分期金额	
	OLS	Probit	OLS	Tobit
	（1）	（2）	（3）	（4）
Constant	0.633 0*** （0.008 5）		6.702 5*** （0.094 1）	
Observations	148 239	148 239	148 239	148 239
Pseudo R^2	0.202 3	0.201 0	0.228 4	0.093 3

注：括号内是稳健性标准差。***、**、*分别表示在1%、5%、10%的水平上显著。Probit 和 Tobit 回归显示的是边际效应。

5.6 稳健性检验

本节采用多种类型的稳健性方法对前面的实证结果进行验证。

5.6.1 稳健性检验1：工作单位分样本回归、学历分样本回归和地区分样本回归

1. 工作单位分样本回归

以中等收入组为基准组，代入公式5-1和公式5-2，对信用卡持卡人工作单位是否稳定进行分样本回归。结果如表5-11所示。其中第（1）列 Probit 的回归结果显示，工作单位稳定的低收入组持卡人对是否分期的回归系数为正的0.002 0，第（2）列 Probit 的回归结果显示，工作单位不稳定的低收入持卡人对是否分期的影响为0.060 3，在1%的水平上显著为负。第（1）列 Probit 的回归结果显示，工作单位稳定的高收入组持卡人对是否分期的回归系数为正的0.006 2；第（2）列 Probit 的回归结果显示，工作单位不稳定的高收入持卡人对是否分期的影响为0.023 2，在1%的水平上显著为负。

第（3）列是工作单位稳定的低收入组和高收入组对分期金额的 Tobit 回归结果，第（4）列是工作单位不稳定的低收入组和高收入组对分期金额的 Tobit 回归结果，其结果和前两列结果一致。这说明相比工作单位不稳定工作人群，工作单位稳定的低收入群体和高收入群体提高了信用卡分期的可能性，分期金额也在增长。这也证明本章的假设 H5-3 成立。

表 5-11 稳健性检验 1：工作单位稳定分样本回归

变量	是否分期（分期＝1）		分期金额	
	Probit		Tobit	
	（1）	（2）	（3）	（4）
	工作单位稳定	工作单位不稳定	工作单位稳定	工作单位不稳定
低收入组	0.002 0 (0.003 2)	−0.060 3*** (0.002 6)	0.037 9 (0.045 3)	−0.669 1*** (0.031 1)
高收入组	0.006 2 (0.004 3)	−0.023 2*** (0.003 6)	0.117 0** (0.056 8)	−0.172 2*** (0.043 8)
年龄 25~34 岁	−0.009 1 (0.013 6)	−0.118 1*** (0.008 2)	−0.152 4 (0.196 4)	−1.345 4*** (0.088 5)
年龄 35~44 岁	−0.009 3 (0.013 9)	−0.159 6*** (0.008 5)	−0.133 4 (0.200 2)	−1.814 4*** (0.092 1)
年龄 45~54 岁	−0.014 1 (0.014 0)	−0.180 5*** (0.008 6)	−0.187 8 (0.200 8)	−2.045 9*** (0.093 6)
年龄 55 岁及以上	−0.011 1 (0.015 7)	−0.199 6*** (0.011 0)	−0.157 8 (0.222 0)	−2.267 3*** (0.126 2)
中等学历	−0.056 7*** (0.004 2)	−0.100 8*** (0.002 4)	−0.813 8*** (0.059 3)	−1.228 7*** (0.029 4)
高等学历	−0.086 1*** (0.006 5)	−0.129 9*** (0.007 6)	−1.152 2*** (0.087 1)	−1.544 1*** (0.088 6)
女性	−0.025 2*** (0.002 8)	−0.021 9*** (0.002 3)	−0.336 3*** (0.037 5)	−0.267 8*** (0.028 2)
已婚	−0.030 6*** (0.003 8)	−0.029 3*** (0.002 9)	−0.395 4*** (0.050 7)	−0.348 9*** (0.035 2)
授信额度 1 万~5 万元	−0.008 7* (0.005 1)	−0.045 9*** (0.003 6)	−0.194 9** (0.077 1)	−0.661 9*** (0.046 5)
授信额度 5 万元以上	0.281 4*** (0.005 4)	0.288 7*** (0.004 0)	4.064 6*** (0.077 0)	3.385 1*** (0.041 1)
有自有住房	−0.008 3* (0.004 4)	0.031 6*** (0.003 3)	−0.119 9* (0.062 9)	0.438 0*** (0.040 0)
信用卡账龄 1~3 年（含）	0.080 5*** (0.004 8)	0.117 2*** (0.004 2)	1.235 6*** (0.067 9)	1.339 7*** (0.050 0)
信用卡账龄 3~5 年（含）	0.001 6 (0.006 4)	0.017 0*** (0.004 4)	−0.001 1 (0.094 5)	0.157 4*** (0.053 3)

表5-11(续)

变量	是否分期（分期＝1）		分期金额	
	Probit		Tobit	
	（1）	（2）	（3）	（4）
	工作单位稳定	工作单位不稳定	工作单位稳定	工作单位不稳定
信用卡账龄5年以上	-0.069 6*** (0.005 2)	-0.154 3*** (0.004 7)	-1.109 7*** (0.076 5)	-2.153 2*** (0.057 1)
城乡差异	-0.008 0*** (0.002 8)	0.002 4 (0.002 4)	-0.120 0*** (0.037 8)	0.025 8 (0.029 1)
Observations	47 306	100 933	47 306	100 933
Pseudo R^2	0.346 4	0.175 7	0.169 5	0.080 2

注：括号内是稳健性标准差。***、**、*分别表示在1%、5%、10%的水平上显著。Probit和Tobit回归显示的是边际效应。

2. 学历分样本回归

以中等收入组为基准组，代入公式5-1和公式5-2，对信用卡持卡人学历高低进行分样本回归。结果如表5-12所示。其中第（1）列Probit的回归结果显示，学历为本科以上高学历的低收入组持卡人对是否分期的回归系数为0.041 8，学历为本科以上的高学历的高收入组持卡人对是否分期的回归系数为0.043 4，高学历的低收入持卡人和高学历的高收入持卡人对是否分期回归系数均在1%水平上显著为正；第（2）列Probit的回归结果显示，本科及以下的低收入组的持卡人对是否分期的回归系数为0.041 4，本科及以下的高收入组持卡人对是否分期的回归系数为0.014 3，低学历的低收入持卡人和低学历的高收入组持卡人对是否分期的影响均在1%的水平上显著为负。

第（3）列是本科以上的高学历组的低收入组和高收入组对分期金额的Tobit回归，回归系数分别为0.586 0和0.652 0，均在1%水平上显著为正；第（4）列为非高学历的低收入组和高收入组对分期金额的Tobit回归，回归系数分别为0.493 2和0.114 2，均在1%水平上显著为负，其结果和第（1）列、第（2）列的结果一致。这说明较中等和低等学历的人群，高学历的低收入持卡人和高学历的高收入持卡人提高了信用卡分期的可能性，分期金额也在增长。这也证明本章的假设H5-4成立。

表 5-12　稳健性检验 1：学历分样本回归

变量	是否分期（分期＝1）		分期金额	
	Probit		Tobit	
	（1）	（2）	（3）	（4）
	学历本科以上	学历本科及以下	学历本科以上	学历本科及以下
低收入组	0.041 8*** (0.014 4)	−0.041 4*** (0.002 1)	0.586 0*** (0.182 8)	−0.493 2*** (0.026 1)
高收入组	0.043 4*** (0.016 8)	−0.014 3*** (0.002 9)	0.652 0*** (0.208 4)	−0.114 2*** (0.035 7)
年龄 25～34 岁	−0.050 4 (0.065 8)	−0.104 9*** (0.006 8)	−0.479 5 (0.692 1)	−1.274 7*** (0.078 2)
年龄 35～44 岁	−0.030 0 (0.066 7)	−0.121 9*** (0.007 0)	−0.189 1 (0.703 1)	−1.464 8*** (0.081 4)
年龄 45～54 岁	−0.031 2 (0.068 2)	−0.128 0*** (0.007 1)	−0.118 1 (0.722 6)	−1.522 3*** (0.082 4)
年龄 55 岁及以上	0.096 1 (0.078 4)	−0.140 2*** (0.008 8)	1.253 8 (0.824 9)	−1.674 8*** (0.106 1)
女性	−0.038 7*** (0.009 9)	−0.026 8*** (0.001 9)	−0.439 5*** (0.118 2)	−0.336 2*** (0.023 4)
已婚	−0.033 1*** (0.011 4)	−0.021 5*** (0.002 4)	−0.356 1*** (0.130 7)	−0.259 9*** (0.030 2)
授信额度 1 万～5 万元	−0.004 8 (0.018 9)	−0.057 5*** (0.002 9)	−0.241 8 (0.255 0)	−0.841 0*** (0.038 8)
授信额度 5 万元以上	0.376 7*** (0.016 3)	0.285 1*** (0.003 1)	4.693 6*** (0.212 1)	3.483 3*** (0.034 4)
有自有住房	−0.013 2 (0.014 0)	0.017 6*** (0.002 7)	−0.163 4 (0.161 8)	0.268 9*** (0.034 8)
工作单位稳定	−0.014 9 (0.010 9)	−0.072 7*** (0.002 4)	−0.186 0 (0.128 9)	−0.962 7*** (0.030 7)
信用卡账龄 1～3 年（含）	0.132 4*** (0.014 3)	0.097 3*** (0.003 1)	1.471 8*** (0.151 2)	1.180 5*** (0.037 9)
信用卡账龄 3～5 年（含）	0.091 8*** (0.019 3)	−0.000 9 (0.003 3)	1.052 6*** (0.226 0)	−0.058 3 (0.041 7)

表5-12(续)

变量	是否分期（分期=1）		分期金额	
	Probit		Tobit	
	（1）	（2）	（3）	（4）
	学历本科以上	学历本科及以下	学历本科以上	学历本科及以下
信用卡账龄5年以上	−0.068 3*** (0.019 5)	−0.144 3*** (0.003 4)	−1.116 7*** (0.250 3)	−2.087 8*** (0.042 5)
城乡差异	0.035 1*** (0.010 6)	−0.013 0*** (0.001 9)	0.400 2*** (0.129 2)	−0.167 0*** (0.023 8)
Observations	5 701	142 538	5 701	142 538
Pseudo R^2	0.295 4	0.205 0	0.131 3	0.095 9

注：括号内是稳健性标准差。***、**、*分别表示在1%、5%、10%的水平上显著。Probit 和 Tobit 回归显示的是边际效应。

3. 地区分样本回归

以中等收入组为基准组，代入公式5-1和公式5-2，对信用卡城乡差异进行分样本回归。结果如表5-13所示。其中第（1）列 Probit 的回归结果显示，城区的低收入组持卡人对是否分期的回归系数为0.035 7，在1%水平上显著为负，城区的高收入组持卡人对是否分期的回归系数为正的0.004 5；第（2）列 Probit 的回归结果显示，非城区的低收入组的持卡人对是否分期的回归系数为0.039 6，在1%水平上显著为负，非城区的高收入组持卡人对是否分期的回归系数为0.027 0，在1%水平上显著为负。

第（3）列是城区低收入组和高收入组对分期金额的 Tobit 回归，回归系数为0.438 8，在1%水平上显著为负，城区的高收入组对是否分期的回归系数为0.124 4，在5%水平上显著为正；第（4）列非城区的低收入组和高收入组对分期金额的 Tobit 回归，回归系数分别为0.440 1和0.239 1，均在1%水平上显著为负。为了进一步检验低收入在城区和非城区对信用卡分期和分期金额的影响情况，此处进行了低收入的 T 检验，分期和分期金额的 Chi 值分别为22.53和24.17，均在1%水平上显著为正，这说明城区的低收入持卡人和高收入持卡人均提高了信用卡分期可能性，分期金额也在增长。

表 5-13　稳健性检验 1：地区分样本回归

变量	是否分期（分期=1）		分期金额	
	Probit		Tobit	
	（1）	（2）	（3）	（4）
	城区	非城区	城区	非城区
低收入组	−0.035 7 *** （0.003 1）	−0.039 6 *** （0.002 7）	−0.438 8 *** （0.040 3）	−0.440 1 *** （0.032 7）
高收入组	0.004 5 （0.004 1）	−0.027 0 *** （0.003 9）	0.122 4 ** （0.051 7）	−0.239 1 *** （0.047 1）
年龄 25~34 岁	−0.064 9 *** （0.010 1）	−0.102 2 *** （0.008 7）	−0.796 8 *** （0.119 2）	−1.214 9 *** （0.099 0）
年龄 35~44 岁	−0.079 3 *** （0.010 4）	−0.138 6 *** （0.009 0）	−0.947 4 *** （0.123 5）	−1.632 3 *** （0.102 6）
年龄 45~54 岁	−0.085 4 *** （0.010 6）	−0.159 5 *** （0.009 1）	−1.001 2 *** （0.125 6）	−1.874 9 *** （0.103 7）
年龄 55 岁及以上	−0.089 8 *** （0.013 0）	−0.174 9 *** （0.011 5）	−1.062 7 *** （0.159 2）	−2.063 2 *** （0.135 1）
中等学历	−0.084 3 *** （0.003 1）	−0.088 8 *** （0.002 7）	−1.114 8 *** （0.040 1）	−1.098 5 *** （0.033 0）
高等学历	−0.106 2 *** （0.006 0）	−0.148 4 *** （0.009 2）	−1.355 3 *** （0.071 8）	−1.748 5 *** （0.110 7）
女性	−0.018 1 *** （0.002 7）	−0.028 4 *** （0.002 4）	−0.221 3 *** （0.034 8）	−0.353 3 *** （0.029 8）
已婚	−0.020 1 *** （0.003 4）	−0.038 3 *** （0.003 2）	−0.233 8 *** （0.043 0）	−0.471 2 *** （0.038 9）
授信额度 1 万~5 万元	−0.022 2 *** （0.004 2）	−0.061 8 *** （0.003 8）	−0.371 7 *** （0.057 9）	−0.905 7 *** （0.050 2）
授信额度 5 万元以上	0.315 9 *** （0.004 3）	0.282 0 *** （0.004 2）	4.010 6 *** （0.047 4）	3.363 6 *** （0.045 4）
有自有住房	−0.009 8 *** （0.003 7）	0.039 1 *** （0.003 7）	−0.088 9 * （0.048 0）	0.526 8 *** （0.046 3）
工作单位稳定	−0.046 6 *** （0.003 5）	−0.042 8 *** （0.003 3）	−0.626 9 *** （0.044 6）	−0.565 8 *** （0.041 1）
信用卡账龄 1 ~ 3 年（含）	0.122 2 *** （0.004 6）	0.073 6 *** （0.004 0）	1.479 9 *** （0.053 8）	0.847 2 *** （0.047 9）

表5-13（续）

变量	是否分期（分期＝1）		分期金额	
	Probit		Tobit	
	（1）	（2）	（3）	（4）
	城区	非城区	城区	非城区
信用卡账龄 3～5 年（含）	0.034 3*** (0.005 1)	−0.017 8*** (0.004 2)	0.374 2*** (0.062 2)	−0.283 2*** (0.051 7)
信用卡账龄 5 年以上	−0.104 5*** (0.004 9)	−0.169 1*** (0.004 3)	−1.638 2*** (0.060 4)	−2.386 6*** (0.053 9)
Observations	59 539	88 700	59 539	88 700
Pseudo R^2	0.264 4	0.199 1	0.124 3	0.092 3
T 检验				
Chi（（1）−（2））低收入	22.53***		24.17***	
P-value	0.000 0		0.000 0	

注：括号内是稳健性标准差。***、**、* 分别表示在 1%、5%、10% 的水平上显著。Probit 和 Tobit 回归显示的是边际效应。

5.6.2 稳健性检验 2：子样本回归

由于持卡人基础信息变化对信用卡分期行为也有一定的影响，特别是收入变化影响更明显，为了减小收入、婚姻状态、住房变量的波动性带来的影响，本书借鉴路晓蒙等人（2019）的做法，以中等收入组为基准组，代入公式 5-1 和公式 5-2，并使用最近几年的持卡人微观数据进行分析，降低个人特征信息变动带来的影响，即新增稳健性检验，分别选取 2015—2017 年办卡人样本和 2013—2017 年办卡人的样本重新对表 5-3 和表 5-4 进行回归。结果如表 5-14 所示。从该表可以发现，近 3 年（2015—2017 年）的开卡样本为 52 318，占全样本的 35.29%，近 5 年（2013—2017 年）的开卡样本为 86 238，占全样本的 58.17%。结果还显示，收入与信用卡分期可能性仍呈倒"U"形分布，经济地位对信用卡分期的影响是非线性的。这说明稳健性检验的结果和正文一致，也再次证明本章的假设成立。

表 5-14 稳健性检验2：选择较近办卡时间的子样本回归

变量	近3年内开卡样本 是否分期 (分期=1, Probit) (1)	是否分期 (分期=1, Probit) (2)	分期金额 (Tobit) (3)	分期金额 (Tobit) (4)	近5年内开卡样本 是否分期 (分期=1, Probit) (5)	是否分期 (分期=1, Probit) (6)	分期金额 (Tobit) (7)	分期金额 (Tobit) (8)
Ln (收入)	0.089 6*** (0.003 8)		0.893 2*** (0.039 0)		0.043 4*** (0.002 8)		0.432 3*** (0.030 2)	
Ln (收入的平方)	-0.017 7*** (0.001 1)		-0.168 1*** (0.011 0)		-0.006 7*** (0.000 8)		-0.058 2*** (0.008 3)	
低收入组		-0.166 8*** (0.004 2)		-1.709 1*** (0.043 8)		-0.087 4*** (0.003 2)		-0.926 2*** (0.035 2)
高收入组		-0.113 4*** (0.005 5)		-1.092 4*** (0.056 2)		-0.041 6*** (0.004 4)		-0.367 2*** (0.047 4)
年龄25~34岁	-0.012 5 (0.010 8)	-0.009 8 (0.010 9)	-0.118 4 (0.112 5)	-0.092 0 (0.112 8)	-0.069 3*** (0.009 3)	-0.069 2*** (0.009 3)	-0.760 4*** (0.098 2)	-0.755 5*** (0.098 0)
年龄35~44岁	-0.019 5* (0.011 3)	-0.010 8 (0.011 3)	-0.153 5 (0.117 0)	-0.064 0 (0.117 2)	-0.091 7*** (0.009 7)	-0.088 6*** (0.009 6)	-0.969 2*** (0.101 8)	-0.929 7*** (0.101 6)
年龄45~54岁	-0.035 7*** (0.011 4)	-0.025 9** (0.011 5)	-0.306 7*** (0.119 0)	-0.201 7* (0.119 2)	-0.114 8*** (0.009 8)	-0.111 3*** (0.009 8)	-1.201 8*** (0.103 1)	-1.155 0*** (0.102 8)
年龄55岁及以上	-0.040 7** (0.016 1)	-0.029 6* (0.016 0)	-0.349 0* (0.167 0)	-0.226 0 (0.166 9)	-0.117 2*** (0.013 0)	-0.113 5*** (0.013 0)	-1.229 2*** (0.138 6)	-1.177 4*** (0.138 6)
中等学历	-0.127 0*** (0.004 2)	-0.120 3*** (0.004 2)	-1.349 3*** (0.046 1)	-1.269 0*** (0.046 3)	-0.130 0*** (0.003 1)	-0.129 1*** (0.003 1)	-1.442 4*** (0.035 1)	-1.428 2*** (0.035 1)

表5-14(续)

变量	近3年内开卡样本				近5年内开卡样本			
	是否分期(分期=1, Probit)		分期金额(Tobit)		是否分期(分期=1, Probit)		分期金额(Tobit)	
	(1)	(2)	(3)	(4)	(5)	(6)	(7)	(8)
高等学历	-0.188 6*** (0.008 9)	-0.176 4*** (0.008 9)	-1.891 6*** (0.091 3)	-1.758 0*** (0.091 3)	-0.173 0*** (0.007 5)	-0.169 8*** (0.007 5)	-1.804 4*** (0.077 6)	-1.769 6*** (0.077 6)
女性	-0.046 3*** (0.003 6)	-0.049 6*** (0.003 6)	-0.495 2*** (0.038 4)	-0.528 1*** (0.038 2)	-0.033 9*** (0.002 8)	-0.035 1*** (0.002 8)	-0.372 5*** (0.030 9)	-0.384 1*** (0.030 9)
已婚	-0.062 6*** (0.004 9)	-0.063 3*** (0.004 9)	-0.634 6*** (0.050 2)	-0.644 6*** (0.050 1)	-0.039 1*** (0.003 8)	-0.039 4*** (0.003 8)	-0.409 2*** (0.040 6)	-0.414 9*** (0.040 6)
授信额度 1 万 ~ 5 万元	-0.308 6*** (0.005 3)	-0.304 7*** (0.005 4)	-3.988 9*** (0.067 0)	-3.944 1*** (0.067 1)	-0.180 7*** (0.004 1)	-0.177 0*** (0.004 1)	-2.350 8*** (0.050 2)	-2.307 4*** (0.050 2)
授信额度 5 万元以上	0.307 7*** (0.005 1)	0.321 6*** (0.005 0)	3.287 0*** (0.053 2)	3.448 0*** (0.051 9)	0.345 1*** (0.004 1)	0.353 9*** (0.004 0)	3.707 8*** (0.041 5)	3.813 8*** (0.040 6)
有自有住房	0.001 4 (0.005 8)	0.008 2 (0.005 7)	0.069 8 (0.061 0)	0.140 9** (0.060 7)	0.042 6*** (0.004 2)	0.045 2*** (0.004 2)	0.540 4*** (0.047 7)	0.568 2*** (0.047 7)
工作单位稳定	-0.082 6*** (0.005 1)	-0.087 9*** (0.005 0)	-0.888 3*** (0.052 8)	-0.938 1*** (0.050 9)	-0.068 1*** (0.004 0)	-0.071 3*** (0.003 9)	-0.756 3*** (0.042 0)	-0.802 0*** (0.041 0)
城乡差异	0.016 6*** (0.003 8)	0.017 9*** (0.003 8)	0.155 9*** (0.039 5)	0.173 8*** (0.039 3)	0.007 7*** (0.003 0)	0.008 5*** (0.002 9)	0.072 5** (0.032 0)	0.080 9** (0.032 0)
Observations	52 318	52 318	52 318	52 318	86 238	86 238	86 238	86 238
Pseudo R^2	0.231 8	0.240 5	0.095 3	0.098 3	0.156 3	0.158 6	0.065 7	0.066 5

注：括号内是稳健性标准差。***、**、*分别表示在1%、5%、10%的水平上显著。Probit 和 Tobit 回归显示的是边际效应。

5.6.3　稳健性检验3：更换解释变量

信用卡分期是体现消费信贷功能最主要的表现方式，越来越多的人使用信用卡分期功能来缓解流动性约束。因此本书通过更换解释变量，对每一位持卡人的收入、年龄、性别、教育四个变量，运用OLS模型，定量分析哪些持卡人存在流动性约束，哪些持卡人不存在流动性约束。存在流动性约束持卡人说明他的实际收入小于相同年龄、性别和教育水平的其他持卡人的平均收入，检验了流动性约束对信用卡分期的影响。

基于公式5-6和公式5-7，表5-15给出了流动性约束与信用卡分期行为的稳健性检验。其中第（1）列是OLS的分期回归结果，第（2）列是Probit的分期回归结果，流动性约束对信用卡分期的回归系数分别为0.032 6和0.028 2，在1%的水平上显著为正，说明流动性约束对信用卡分期有着显著的正向影响，在面临流动性约束时，持卡人会倾向使用信用卡进行分期。第（3）列和第（4）列是分期金额的OLS和Tobit回归结果，回归系数分别为0.571 1和0.439 8，均在1%水平上显著为正。研究结果表明，信用卡分期功能缓解了人们流动性约束。由此可知，本章的研究结论依然成立。

表5-15　稳健性检验3：更换解释变量

变量	是否分期（分期=1）		分期金额	
	OLS	Probit	OLS	Tobit
	（1）	（2）	（3）	（4）
流动性约束	0.032 6*** (0.003 6)	0.028 2*** (0.003 8)	0.571 1*** (0.040 8)	0.439 8*** (0.048 6)
年龄	−0.007 8*** (0.001 2)	−0.008 2*** (0.001 1)	−0.037 4*** (0.013 1)	−0.094 6*** (0.013 5)
年龄的平方	0.000 1*** (0.000 0)	0.000 1*** (0.000 0)	0.000 4** (0.000 2)	0.000 9*** (0.000 2)
中等学历	−0.086 6*** (0.002 3)	−0.087 6*** (0.002 1)	−0.926 4*** (0.025 5)	−1.132 2*** (0.027 0)
高等学历	−0.070 3*** (0.005 9)	−0.077 2*** (0.005 0)	−0.614 4*** (0.069 3)	−0.960 7*** (0.062 7)
女性	−0.031 7*** (0.001 9)	−0.031 0*** (0.001 9)	−0.345 4*** (0.021 8)	−0.394 0*** (0.024 8)

表5-15(续)

变量	是否分期（分期=1）		分期金额	
	OLS	Probit	OLS	Tobit
	（1）	（2）	（3）	（4）
已婚	−0.023 1***	−0.023 0***	−0.272 5***	−0.289 8***
	（0.002 6）	（0.002 5）	（0.029 2）	（0.032 4）
Ln（授信额度）	0.008 6***	0.010 3***	0.087 0***	0.132 5***
	（0.000 2）	（0.000 3）	（0.002 6）	（0.003 4）
有自有住房	0.033 3***	0.032 5***	0.420 1***	0.455 9***
	（0.002 5）	（0.002 8）	（0.026 8）	（0.036 4）
工作单位稳定	−0.024 2***	−0.049 9***	−0.266 4***	−0.706 2***
	（0.002 0）	（0.002 2）	（0.022 3）	（0.028 7）
信用卡账龄（年）	−0.039 1***	−0.038 2***	−0.488 1***	−0.536 8***
	（0.000 5）	（0.000 5）	（0.005 6）	（0.006 5）
城乡差异	0.006 3***	0.004 7**	0.094 3***	0.068 7***
	（0.002 0）	（0.002 0）	（0.022 1）	（0.025 4）
Constant	0.572 7***		5.131 7***	
	（0.023 2）		（0.257 0）	
Observations	148 239	148 239	148 239	148 239
Pseudo R^2	0.111 2	0.129 6	0.120 5	0.061 1

注：括号内是稳健性标准差。***、**、*分别表示在1%、5%、10%的水平上显著。Probit和Tobit回归显示的是边际效应。

5.6.4 稳健性检验4：加入年份固定效应

年份的差异也有可能影响估计结果。为了使结果更加稳健，本书加入年份固定效应，基于公式5-1和公式5-2，对表5-3和表5-4进行重新回归。结果如表5-16所示。其中第（1）列和第（2）列是分期可能性的Probit回归，结果显示收入对信用卡分期的可能性为0.031 9，在1%水平上显著为正，收入的平方回归系数为0.005 2，在1%水平上显著为负；低收入组和高收入组对信用卡分期可能性的回归系数分别为0.052 7和0.015 9，均在1%水平上显著为负。从第（3）列和第（4）列的分期程度回归结果可知，经济地位与信用卡分期行为呈倒"U"形变化，低收入组和高收组的持卡人分期的可能性低，分期金额也不高。

表 5-16 稳健性检验 4：加入年份固定效应

变量	是否分期（分期=1）		分期金额	
	Probit		Tobit	
	（1）	（2）	（3）	（4）
Ln（收入）	0.031 9 *** (0.001 9)		0.342 8 *** (0.022 5)	
Ln（收入的平方）	−0.005 2 *** (0.000 5)		−0.048 4 *** (0.006 1)	
低收入组		−0.052 7 *** (0.002 0)		−0.608 9 *** (0.025 4)
高收入组		−0.015 9 *** (0.002 8)		−0.119 3 *** (0.033 8)
年龄 25~34 岁	−0.084 0 *** (0.006 4)	−0.083 8 *** (0.006 4)	−0.999 5 *** (0.073 3)	−0.997 1 *** (0.073 3)
年龄 35~44 岁	−0.110 1 *** (0.006 6)	−0.109 3 *** (0.006 6)	−1.293 1 *** (0.076 0)	−1.281 5 *** (0.076 1)
年龄 45~54 岁	−0.125 1 *** (0.006 7)	−0.124 2 *** (0.006 7)	−1.464 9 *** (0.077 1)	−1.450 7 *** (0.077 1)
年龄 55 岁及以上	−0.134 5 *** (0.008 4)	−0.133 8 *** (0.008 4)	−1.589 9 *** (0.099 7)	−1.576 0 *** (0.099 7)
中等学历	−0.082 8 *** (0.002 0)	−0.082 9 *** (0.002 0)	−1.054 1 *** (0.024 9)	−1.053 5 *** (0.024 9)
高等学历	−0.115 4 *** (0.005 0)	−0.114 9 *** (0.005 0)	−1.406 6 *** (0.058 7)	−1.398 5 *** (0.058 6)
女性	−0.024 4 *** (0.001 8)	−0.024 7 *** (0.001 8)	−0.307 5 *** (0.022 1)	−0.309 3 *** (0.022 1)
已婚	−0.030 1 *** (0.002 3)	−0.030 3 *** (0.002 3)	−0.362 2 *** (0.028 2)	−0.366 0 *** (0.028 2)
授信额度 1 万~5 万元	−0.032 9 *** (0.002 8)	−0.031 9 *** (0.002 8)	−0.548 9 *** (0.037 5)	−0.532 6 *** (0.037 3)
授信额度 5 万元以上	0.280 8 *** (0.003 0)	0.283 4 *** (0.003 0)	3.435 9 *** (0.034 3)	3.476 0 *** (0.033 2)
有自有住房	0.016 7 *** (0.002 6)	0.017 1 *** (0.002 6)	0.244 7 *** (0.032 8)	0.250 9 *** (0.032 8)

表5-16(续)

变量	是否分期（分期=1）		分期金额	
	Probit		Tobit	
	（1）	（2）	（3）	（4）
工作单位稳定	−0.037 7*** (0.002 4)	−0.038 0*** (0.002 4)	−0.519 9*** (0.030 5)	−0.529 1*** (0.030 2)
信用卡账龄 1～3 年（含）	−0.057 1*** (0.005 0)	−0.057 2*** (0.005 0)	−0.631 5*** (0.062 4)	−0.627 0*** (0.061 9)
信用卡账龄 3～5 年（含）	−0.108 5*** (0.006 7)	−0.107 5*** (0.006 7)	−1.140 7*** (0.081 7)	−1.116 5*** (0.081 2)
信用卡账龄 5 年以上	−0.095 3*** (0.008 3)	−0.094 0*** (0.008 3)	−1.038 2*** (0.104 5)	−1.010 0*** (0.104 0)
城乡差异	−0.005 2*** (0.001 8)	−0.005 0*** (0.001 8)	−0.080 6*** (0.022 5)	−0.079 0*** (0.022 5)
年份固定效应	是	是	是	是
Observations	148 239	148 239	148 239	148 239
Pseudo R^2	0.253 0	0.254 0	0.117 2	0.117 7

注：括号内是稳健性标准差。***、**、*分别表示在1%、5%、10%的水平上显著。Probit 和 Tobit 回归显示的是边际效应。

5.6.5　稳健性检验 5：更换计量方法

下面选用另一种计量方法即 Logit 检验法检验结果稳健性。结果如表 5-17 所示，其中第（1）列和第（2）列是收入与信用卡分期可能性的回归结果。结果显示收入对信用卡分期的可能性为 0.023 9，在 1%水平上显著为正，收入的平方回归系数为 0.003 9，在 1%水平上显著为负；低收入组和高收入组对信用卡分期可能性的回归系数分别为 0.045 3 和 0.019 9，均在 1%水平上显著为负。第（3）列和第（4）列是收入与分期周期为长期的回归结果，收入对信用卡分期的周期为长期的回归系数为 0.032 7，在 1%水平上显著为正，收入的平方回归系数为 0.006 2，在 1%水平上显著为负，低收入组和高收入组回归系数分别为 0.055 5 和 0.029 2，均在 1%水平上显著为负。回归结果表明，收入与信用卡分期呈倒"U"形变化，低收入组和高收组的持卡人分期的可能性低。通过更换计量方法，可知其结果依然稳健。

表 5-17　稳健性检验 5：更换计量方法

变量	是否分期（分期＝1）		分期周期（长期＝1）	
	Logit			
	（1）	（2）	（3）	（4）
Ln（收入）	0.023 9*** (0.001 9)		0.032 7*** (0.001 7)	
Ln（收入的平方）	−0.003 9*** (0.000 5)		−0.006 2*** (0.000 5)	
低收入组		−0.045 3*** (0.002 0)		−0.055 5*** (0.001 9)
高收入组		−0.019 9*** (0.002 8)		−0.029 2*** (0.002 6)
年龄 25~34 岁	−0.080 7*** (0.006 5)	−0.080 7*** (0.006 5)	−0.072 8*** (0.006 1)	−0.072 7*** (0.006 1)
年龄 35~44 岁	−0.106 5*** (0.006 8)	−0.105 5*** (0.006 8)	−0.089 4*** (0.006 3)	−0.088 1*** (0.006 4)
年龄 45~54 岁	−0.122 3*** (0.006 9)	−0.121 1*** (0.006 9)	−0.101 8*** (0.006 4)	−0.100 4*** (0.006 4)
年龄 55 岁及以上	−0.132 4*** (0.008 7)	−0.131 2*** (0.008 7)	−0.107 5*** (0.008 1)	−0.106 1*** (0.008 1)
中等学历	−0.088 5*** (0.002 1)	−0.088 4*** (0.002 0)	−0.086 8*** (0.001 9)	−0.086 4*** (0.001 9)
高等学历	−0.125 4*** (0.004 9)	−0.124 3*** (0.004 9)	−0.143 9*** (0.004 9)	−0.141 8*** (0.004 8)
女性	−0.024 1*** (0.001 8)	−0.024 4*** (0.001 8)	−0.018 9*** (0.001 7)	−0.019 3*** (0.001 7)
已婚	−0.030 3*** (0.002 3)	−0.030 4*** (0.002 3)	−0.022 6*** (0.002 2)	−0.022 6*** (0.002 2)
授信额度 1 万~5 万元	−0.066 5*** (0.003 0)	−0.065 1*** (0.003 0)	−0.101 4*** (0.003 1)	−0.100 2*** (0.003 1)
白金卡授信额度 5 万元以上	0.275 7*** (0.003 1)	0.279 3*** (0.003 0)	0.214 1*** (0.002 9)	0.216 6*** (0.002 8)
有自有住房	0.019 5*** (0.002 7)	0.020 3*** (0.002 6)	0.028 1*** (0.002 6)	0.029 1*** (0.002 6)

表5-17(续)

变量	是否分期（分期=1）		分期周期（长期=1）	
	Logit			
	（1）	（2）	（3）	（4）
工作单位稳定	−0.046 4*** (0.002 5)	−0.047 2*** (0.002 5)	−0.038 6*** (0.002 4)	−0.038 7*** (0.002 3)
信用卡账龄 1～3 年（含）	0.085 1*** (0.003 0)	0.084 9*** (0.003 0)	0.067 1*** (0.002 8)	0.065 6*** (0.002 7)
信用卡账龄 3～5 年（含）	−0.006 7** (0.003 3)	−0.007 1** (0.003 3)	−0.027 8*** (0.003 0)	−0.029 5*** (0.003 0)
信用卡账龄 5 年以上	−0.166 1*** (0.003 4)	−0.166 7*** (0.003 4)	−0.191 4*** (0.003 3)	−0.193 1*** (0.003 3)
城乡差异	−0.000 7 (0.001 9)	−0.000 6 (0.001 9)	0.001 1 (0.001 7)	0.001 5 (0.001 7)
Observations	148 239	148 239	148 239	148 239
Pseudo R^2	0.223 8	0.225 1	0.240 9	0.243 0

注：括号内是稳健性标准差。***、**、* 分别表示在 1%、5%、10% 的水平上显著。Logit 回归显示的是边际效应。

5.7 本章小结

本章深入考察了经济地位对信用卡消费信贷行为的影响，研究结果表明经济地位与信用卡分期行为呈倒"U"形分布，其收入拐点值为 3.4 万元。从本书第 4 章的实证结果来看，经济地位与信用卡透支行为呈线性变化，随着收入的提升，持卡人使用信用卡透支的可能性更大，透支金额更高，用卡行为也更积极。在此基础上，本章对信用卡的消费信贷行为（信用卡分期）做了进一步实证分析，并得出如下结论：首先，经济地位与信用卡分期行为呈现倒"U"形变化，随着收入的增加、经济地位的提升，信用卡分期可能性增大；收入处于中间水平的持卡人信用卡分期可能性最高；但随着收入的进一步增加，持卡人流动性约束开始逐渐降低，高收入的持卡人信用卡分期可能性变小。其次，通过经济地位与工作单位稳定性、高学历、有自有住房、城区和信用卡账龄交叉异质性分析，发现工作单位稳定者经济收入也稳定，也愿意使用信用卡分期来实现当期效用最大化；有房的低收入持卡人需要通过信用卡分期功能来降低流动性约束，而有房的高收入持卡人不仅收入高，房产等个人财产也丰富，不需要通过信用卡分期来提升消费；高学历的持卡人更愿意使用信用卡进行分期；城乡差异对使用信用卡分期也有一定的影响，城区人更容易使用信用卡分期功能且分期金额也较大；信用卡账龄越长，持卡人越容易分期。另外年龄、性别（女）与信用卡分期行为呈反向变化；授信额度在 1 万~5 万元（含）的持卡人不容易发生分期行为，而授信额度在 5 万元以上的信用卡持有者更容易发生分期行为。

本章的研究结论为持卡人、发卡银行及监管部门提供了决策依据。从持卡人角度来说，持卡人要科学、理性使用信用卡分期功能，特别是当收入较低、流动性约束较强时，持卡人更要管理好信用卡分期行为，避免使用信用卡分期功能导致过度消费，从而成为"卡奴"。从商业银行角度来说，在拓展分期业务、扩大信用卡应用场景的同时，要进一步细分信用卡分期的客群：中等收入组的持卡人是使用信用卡分期功能的重点对象，要加大此类群体的营销力度，并为之设计适合的信用卡分期产品；授信额度越高的持卡人，越容易发生信用卡分期行为，那么商业银行就要做好信用卡分期用途监测，避免大额分期资金用于股市投资等方面。从监管部门来说，一方面，要严格要求发卡银行提高信用卡业务的透明度，规范信用卡准入、授信额度及信用卡分期用途的使用，核清查实持卡人的收入；另一方面，要加速推动建立银行（包括第三方信贷市场）联网的信用中心，避免持卡人线上线下多头消费分期，造成信用卡高额分期负债，否则，轻则导致消费停滞和个人破产，重则诱发区域性金融危机。

6 经济地位对信用卡逾期行为的影响

关于信用卡使用行为，本书第 4 章和第 5 章分别从收入的视角实证分析了信用卡使用过程即信用卡透支行为和信用卡分期行为的影响因素。持卡人无论是使用信用卡透支功能进行消费，还是使用信用卡分期来缓解消费信贷约束，信用卡对消费经济发展的促进作用都毋庸置疑。然而，不管是主观原因还是客观原因，持卡人发生透支行为或分期行为后，都有可能出现不按时还款的情况。因此，本章在第 4 章和第 5 章的基础上，从微观层面实证研究了信用卡使用后持卡人不按时还款而出现的信用卡逾期行为。本章的安排如下：第一部分为引言；第二部分为研究假设；第三部分为研究设计，包括数据处理与介绍、变量选择与定义、描述性统计及模型设定；第四部分为实证结果；第五部分为异质性分析；第六部分为稳健性检验；第七部分为本章小结。

6.1 引言

1950 年世界上第一张信用卡在美国诞生，1985 年中国银行发行了第一张信用卡。虽然我国信用卡业务起步晚，但随着经济的快速发展、人们消费观念的转变，如今信用卡已渗透到人们衣、食、住、行的各个消费领域。信用卡的出现不仅给广大居民带来了安全、便利的消费体验，缓解了人们的流动性约束，还为商业银行中间业务收入做出了较大的贡献。2018 年末，广发银行的信用卡零售信贷比高达 65.5%，表明信用卡已成为银行零售业务的重要组成部分。

信用卡业务高速发展的同时，信用卡的违约风险也在不断增加。从总体情况来看，中国人民银行发布的《支付体系运行报告》显示，2018 年信用卡发卡量是 2009 年的 3.6 倍，而信用卡逾期半年未偿信贷余额为 789.0 亿元，是 2009 年的 10 倍，信用卡逾期增速远超发卡量的增速。从商业银行逾期情况来看，据中国银联数据统计，全国股份制商业银行逾期半年以上的比例增长较快，2014年逾期半年的比例为1.6%，而到2017年逾期半年以上的比例就增长为6.0%。从国外来看，纽约联邦储备银行数据显示，在2019年第四季度，美国信用卡债务总额增加了460亿美元，升至9 300亿美元，远高于2008年金融危机前的峰值水平，其中严重拖欠还款（还款拖欠90天及以上）的比例升至5.3%，为近8年以来的最高水平，其中年轻借贷者的拖欠率增幅最大，18~29岁借款人的拖欠率升至9.4%。涂荣庭、李斐、林倩蓉（2008）对韩国、美国与我国信用卡行业发展情况进行了研究，指出各商业银行在大力推进信用卡业务快速发展的同时，应警惕信用卡未偿金额持续上升所带来的潜在风险，避免持卡人成为"卡奴"。

信用卡逾期是指持卡人未在到期还款日（含）足额偿还应付款项。持卡人无论发生透支行为还是分期行为，都可能出现逾期的情况。逾期产生的原因可能是信用关系的脆弱性（Minsky，1982；Kregel，1997）、经济周期的波动（Richard et al.，1989），家庭的脆弱性对风险也有很大的影响（何平 等，2010；张冀 等，2016）。加曼和福格（2000）研究指出，美国高额的信用负债主要是消费者过度使用分期付款和循环信用产生的。宋冬林、金晓彤和刘金叶（2003）研究认为，我国城镇居民消费存在明显的过度敏感性，当人们收入下降时通过消费信贷方式平滑终生消费，要采取一系列措施矫正消费者的过度敏感性，以实现国民经济的良性循环。

尹志超、甘犁（2011）研究发现，信贷市场信息不对称会导致贷款违约率的增加，会让信贷资源配置不协调（易行健 等，2007），信息不对称是引起信用卡等信用工具盈利产生随机性的最主要原因（Jaffee et al.，1976），要通过法律工具解决信用卡信息不对称所带来的逆向选择问题。廖理和张金宝（2010）研究了信用卡市场的逆向选择，指出收入变动等隐含信息是造成逆向选择的重要原因，收入波动较大的持卡人获得的信用额度反而较高，这种逆向选择行为是隐性信息所致，因而发卡行实际上很难控制。

理查德（L. S. Richard）和霍华德（B. S. Howard）（1989）研究认为，受心理账户理论的影响，人们对消费会做出不同的决策行为。信用卡"先消费后还款"的非现金支付方式会让消费者产生消费愉悦，这种消费愉悦提高了人们的消费行为（Soman et al.，2002；杨晨 等，2014；杨晨 等，2015），但普雷莱茨和勒文施泰因（1998）认为隐形且无不愉快的信用卡支付会导致持卡人过度消费。赵锋（2014）研究发现，信用卡支付和消费信贷功能可以缓解现金支付的约束，改变人们先储蓄后购买的消费模式，但"先消费后还款"

的支付方式会增加人们冲动性消费。黄纯纯和吴元珍（2014）研究认为，导致信用卡违约的因素除了持卡人收入以外，持卡人的非理性使用也会导致信用卡违约。杜森贝里（1949）的相对收入假说认为，消费者在进行消费选择时有攀比心理，会考虑自己所处的收入档次群体的消费水准，同时他还认为人们的消费行为存在"棘轮效应"。

影响信用卡逾期的微观个体因素比较复杂，除了信用状况、经济波动、信息不对称、风险态度、消费习惯等因素外（Edward，1998；Chen et al，2009；陈莹 等，2017；朱振涛 等，2019），持卡人的经济地位也是影响信用卡逾期的一个重要方面。有学者通过研究发现低收入者因信用卡债务超过了他们的收入，更容易陷入信用卡困境中；低收入的持卡人更容易违约（方匡南 等，2014）。无论是持卡人主观原因，还是受外在环境的影响，这些因素都有可能导致信用卡逾期。

目前，囿于信用卡微观数据的难获取性，学术界对信用卡的研究主要集中在信用卡的消费、信用卡透支方面，对信用卡违约的研究主要集中在信用卡违约理论分析、信用评分及风险管理方面（Yu et al.，2010，郭英见 等，2009；涂伟华 等，2011），而对信用卡逾期行为影响因素的全面实证研究不多。一方面，通过微观数据分析信用卡持卡人的逾期行为的较为缺乏；另一方面，从经济地位的视角研究信用卡逾期的也较少。收入代表了一个人的经济地位，它不仅反映一个人的经济能力，也直接影响着持卡人的偿还能力，因此，收入在信用卡使用及按时还款方面发挥着至关重要的作用。从本书第4章和第5章实证结果来看，持卡人经济地位对信用卡使用有着显著的经济特征，那么持卡人经济地位与信用卡逾期到底是一个什么关系？哪些行为特征影响了信用卡的逾期？收入以及持卡人特征信息交互作用对信用卡逾期行为表现又有怎样的差异性？这些将是本章节研究的重点。

6.2　研究假设

爱德华（Edward）（1998）和陈等（2009）研究认为，家庭或个人收入对信用风险有着重大的影响。傅联英和容玲（2014）认为信用卡是低收入群体维持日常生活的必需工具，持卡人通过精打细算和预期收入情况，能更好地用好信用卡透支免息期，缓解短期信贷约束。但也有这样一种情况：一方面，低收入群体的消费行为不够理性，自控力较弱。鲁克（D. W. Rook）和费希尔

（R. J. Fisher）（1995）认为人们有时会为了获得礼物而选择使用信用卡，这种情况在低收入群体表现更明显。同时随着信用卡消费场景应用扩大，"先消费后还款"的支付方式更容易使消费者选择使用信用卡进行冲动性消费。鲍迈斯特（R. F. Baumeister）（2002）认为冲动性消费对于低收入群体无疑是雪上加霜。另一方面，一般情况下持卡人在收入较低时同时还会承担住房按揭贷款等负债。因此，在这样的背景下，如果持卡人不理性使用信用卡，就会出现收不抵支现象，也就很容易发生信用卡逾期行为（Edward et al.，1998；方匡南 等，2014）。

那么随着收入的增加，偿债能力有所提高，信用卡逾期行为也就有所减少。随着收入的进一步增加，持卡人的经济实力自然会增强，还款能力也更有保障。但事实上收入高的持卡人的授信额度也高，较容易获得办卡机会且授信额度大，反而更倾向于利用信用卡的免息期或者低息成本，转投其他产品并获得高于信用卡资金成本的收益。自信用卡诞生以来，信用卡套现、以卡养卡等现象从未停止过。同时，随着近几年互联网金融的发展，第三方市场的资金收益率高于信用卡资金成本，持卡人常常通过信用卡取得融资以赚取更高的回报率。徐丽鹤、吕佳玮、何青（2019）通过 CHFS 数据（2011）研究发现：信用卡持有率上升，股市参与率也呈上升趋势；持有信用卡的数量越多，股市参与度越高；随着信用额度的提高，投资额也会增加，信用卡很可能被人们当作应对短期收入风险的工具。众所周知，高收益伴随高风险，当市场经济波动或持卡人主观判断出现失误，逾期情况就会发生，且逾期现象可能会越来越严重。基于此，提出本章第一个假设：

H6-1：经济地位对信用卡逾期的影响是非线性的，呈"U"形分布。

持卡人处于生命周期的不同阶段，经济地位对信用卡逾期的非线性影响的反应也是不一样的。卡罗和斯塔顿（1999）研究认为，年轻者拥有更多各类卡片如借记卡、通用信用卡、汽油信用卡，也更容易使用信用卡，但其信用风险往往也更高。方匡南等（2010）研究认为，年龄对信用卡风险有着显著的影响。贝洛蒂和克鲁克（2009）研究认为，年龄变量对信用卡逾期也有重要影响。中年人的经济收入和社会地位都有所提升且较稳定，在住房、汽车、婚姻、子女教育等方面支出也较大，因此中年是使用信用卡频繁的时期。但中年阶段也是信用卡逾期的较低时期。一是中年人相对理性，非常重视和珍惜信用记录，会按时还款，不断积累良好的信用记录，故信用卡逾期概率较低；二是此年龄段的人的收入稳定，还款来源有保障。基于此，提出本章第二个假设：

H6-2：中年群体的持卡人降低了低收入和高收入持卡人逾期的概率。

持卡人的工作单位稳定性对信用卡逾期也有影响。格罗斯（D. B. Gross）和苏莱斯（N. S. Souleles）（2002）研究发现：职业为零售业的客户的信用违约风险常常高于其他职业的客户；客户稳定性越高，违约风险越小。方匡南等（2010）研究认为，信用卡市场具有信贷信息不对称的特征，职业稳定性是影响信用卡风险最重要的因素。在我国的经济环境中，相对于自由职业者，工作单位稳定者通常有较稳定的经济收入。客户工作单位稳定性越高，违约风险越小。其原因一是此类客户不是风险偏好者，而是风险规避者，风险规避者更看重自己的信用，因此逾期可能性较低。二是此类客户的收入较稳定且有经济保障，能按时还款，因此不容易发生逾期行为。三是工作较稳定的单位也是一个比较看重信用的单位，此类客户人群很在乎个人的信用状况及声誉，会尽力避免信用卡逾期从而影响工作稳定性，所以此类客户不敢逾期。基于此，提出本章第三个假设：

H6-3：工作单位稳定的持卡人降低了低收入和高收入持卡人逾期的概率。

房产是个人财富的重要组成部分，也是个人经济实力雄厚的体现。贝洛蒂和克鲁克（2009）研究认为，有房的信用持有者违约风险较低，但过去半年中申请贷款次数越多的持卡人，违约风险越大，租房的比有自有住房和与父母同住的人更容易逾期。路德维格和斯洛克（2002）认为住房对不同收入水平的人们带来的财富效应也是有所差异的，有些是溢出效应，而有些是拖累效应。近些年来随着经济的快速发展，房价持续上涨，个人常常通过各种拆借、举债或自有资金实现购房。在此情况下，对于低收入有房的人群，因资金周转安排不到位且收入低很容易发生信用卡逾期；而对有房的高收入人群来说，其收入较高，资金流足以偿还本人各项债务。因此，有房的低收入人群的持卡人逾期的可能性要高于有房的高收入人群。基于此，提出本章第四个假设：

H6-4：有房的持卡人提高了低收入人群逾期的可能性，降低了高收入人群逾期的可能性。

信用卡账龄反映了持卡人的用卡时间长短，这也会影响到持卡人是否逾期。陈莹和宋建华（2017）研究认为，信用卡开卡时长对信用卡逾期有一定的影响，长期客户信用卡违约显著高于短期客户。出现这种情况的原因有可能是刚开始使用信用卡的人，对发卡行用卡使用规则不熟悉，各方面都比较谨慎，也比较注重自己的信用，因此不容易发生逾期行为。然而随着时间的推移，信用卡使用比较久的持卡人对信用卡使用规则更加熟悉，因收入有限，只要按时偿还最低还款，并支付利息，就不会影响个人征信记录，但发生逾期的可能性会增加。因此，信用卡账户的账龄越长，持卡人发生逾期的可能性越大，而这一现象在低收入和高收入的持卡人中表现更加明显。低收入的持卡人，因容易出现收不抵支，发生逾期的可能性比较大，用卡时间越长，越会放松对信用的关注，相比新用卡的持卡人更容易逾期；对于高收入的人，因有更好的投资机会而发生逾期的可能性比较大，徐丽鹤、吕佳玮、何青（2019）研究认为，信用卡在边际上提升了家庭股市参与率，而用卡时间越长的高收入人群，越不会受到信用记录的约束，因此更容易逾期。因此，提出了本章第五个假设：

H6-5：用卡时长提高了低收入和高收入持卡人逾期的可能性。

6.3 研究设计

6.3.1 数据处理与介绍

1. 数据处理

首先，根据持卡人的客户信息数据和信用卡逾期数据，按卡号将客户数据与逾期数据进行合并，并计算出该卡号是否逾期。其次，由于存在同一卡号一直累计逾期的情况，根据同一身份证号、同一卡号、同一逾期时间、同一逾期金额找出最后一次对应的最大笔逾期金额作为分析对象，包括逾期时间、逾期金额、逾期天数等。最后，将同一身份证号下重复数据剔除，保留逾期金额最大的一笔作为分析对象，即可使用的数据中每一条信息都来自唯一可识别的持卡人身份信息，每一条持卡人信息对应持卡人在限定的时间内是否逾期信息。此外，对一些极端值进行清理，最终得到有效样本 149 424 个。

2. 数据介绍

（1）信用卡各类产品逾期情况

从四川省某商业银行信用卡各类产品逾期情况（图6-1）来看，普卡占比最高，为3.9%；排第二位的是商场（市场）卡，占比为1.4%，特别是商场（市场）卡持有者用卡情况与本人所从事的行业经济状况有关，持卡人所从事的行业景气、经济收入稳定，还款就有保障，相反就容易发生逾期；使用现金分期功能的持卡人逾期占比较低。

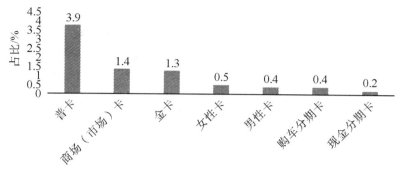

图 6-1　四川省某商业银行信用卡各类产品逾期情况

（数据来源：四川省某商业银行信用卡中心数据）

注：

普卡：指授信额度为 1 万元（含）以下的信用卡。

商场（市场）卡：专门针对商贸建材市场等商户进行授信，商场的管理方作为担保人的一种授信模式。

金卡：指授信额度为 1 万~5 万元（含）的信用卡。

女性卡、男性卡：针对不同性别发行的信用卡，一般授信额度不低于 5 万元。

购车分期卡：指针对按揭购车发行的信用卡。

现金分期卡：直接进行现金分期的信用卡，其授信额度起点为 5 万元。

（2）信用卡循环逾期账户和循环逾期余额

从图6-2来看，信用卡循环逾期账户在 2016 年高达9.4%，循环逾期金额在 2016 年高达 25.0%，即循环账户增速放缓，但循环余额比率越来越高。这表明新增逾期的信用卡账户数在放缓，但存量逾期账户逾期的金额增速较快，这种情况很容易形成信用卡不良记录。

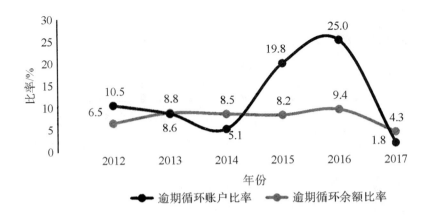

图6-2　四川省某商业银行信用卡逾期循环账户和逾期循环余额比率

（数据来源：四川省某商业银行信用卡中心数据）

注：

信用卡循环：指信用卡持有者在本账单周期内未能全额归还上期账单金额。

逾期循环账户比率＝逾期循环账户数/有效账户数×100%。

逾期循环余额比率＝逾期循环账户的总透支余额/有效账户总透支余额×100%。

（3）信用卡逾期期数

从图6-3来看，在2012—2017年，信用卡逾期在1期和7期以上的变化较大。逾期1期的金额在逐渐下降，而逾期7期以上的信用卡增速较快，占比高达4.4%，说明持卡人逾期的时间更长了。逾期时间更长，对发卡行来说，更不容易催收。逾期期数在2~6期的信用卡占比变化不是很大。

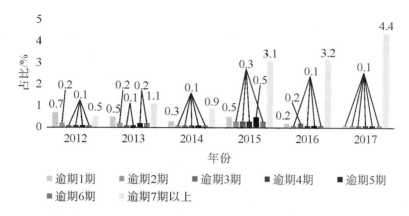

图 6-3　四川省某商业银行信用卡逾期金额占比

（数据来源：四川省某商业银行信用卡中心数据）

注：

逾期：指持卡人未在到期还款日（含）足额偿还应付款项。

逾期 1 期：指逾期天数为 30 天之内。

逾期 2 期：指逾期天数为 31~60 天。

逾期 3 期：指逾期天数为 61~90 天。

逾期 4 期：指逾期天数为 91~120 天。

逾期 5 期：指逾期天数为 121~150 天。

逾期 6 期：指逾期天数为 151~180 天。

逾期 7 期：指逾期天数 181 天以上。

信用卡逾期金额占比=逾期金额/透支余额。

（4）经济地位与信用卡逾期总体情况

我们将收入分为 3 万元（含）以下、3 万~10 万元（含）、10 万元以上，查看逾期情况。从图 6-4、图 6-5、图 6-6 可以看出，对收入为 3 万~10 万元的持卡人来讲，收入越低和收入越高的持卡人越容易发生信用卡逾期，其逾期金额大，逾期时间长。

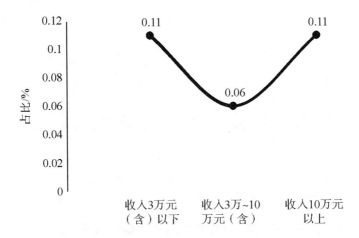

图 6-4　经济地位与信用卡逾期可能性

（数据来源：四川省某商业银行信用卡中心数据）

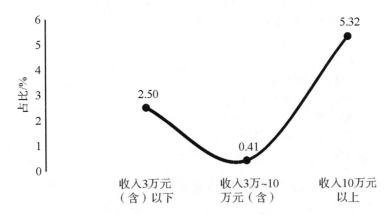

图 6-5　经济地位与信用卡逾期程度

（数据来源：四川省某商业银行信用卡中心数据）

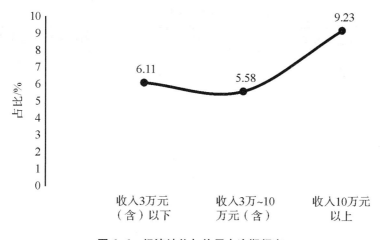

图 6-6　经济地位与信用卡逾期频率

（数据来源：四川省某商业银行信用卡中心数据）

6.3.2　变量选择与定义

1. 因变量选择

（1）逾期的可能性（Card_default$_i$）。Card_default$_i$是指持卡人未在到期还款日（含）足额偿还应付款项。逾期产生的利息费用等以天计算，均计入下月账单。Card_default$_i$是虚拟变量，若信用卡逾期，则 Card_default$_i$取值为1，否则为0。

（2）逾期程度（Lndefault_amount$_i$）。Lndefault_amount$_i$衡量了信用卡在样本期内逾期金额大小，逾期金额取自然对数。

（3）逾期天数（Default_days$_i$）。Default_days$_i$用以衡量持卡人在样本期内逾期后的累计逾期天数。通常，各银行会根据信用卡的逾期天数不同，对逾期状况分类，比如本研究中的样本行就将逾期分为M0-M7共8类。在此基础上，结合该样本行信用卡逾期情况，参考贷款的五级分类法，实行"正常""关注""次级""可疑""损失"的五级分类管理。如表6-1所示，处于正常状态M0的账户对应五级分类中的"正常"，处于逾期M1、M2、M3状态的账户对应五级分类中的"关注"，处于逾期M4状态的账户对应五级分类中的"次级"，处于逾期M5和M6状态的账户对应五级分类中的"可疑"，处于逾期M7状态的账户对应五级分类中的"损失"。

表 6-1　信用卡账户逾期五级分类

信用卡账户状态	逾期天数	对应贷款五级分类
正常	0（M0）	正常
逾期	1～30（M1）	关注
	31～60（M2）	
	61～90（M3）	
	91～120（M4）	次级
	121～150（M5）	可疑
	151～180（M6）	
	181 天以上（M7）	损失

2. 自变量选择

经济地位（Economic_status$_i$）。Economic_status$_i$是衡量信用卡持有者经济地位的变量。在把收入作为分组变量时，借鉴黄卉和沈红波（2010），傅联英和骆品亮（2018），路晓蒙、尹志超和侯晓华（2019）的做法，本书将收入分为三个组：少于 3 万元（含）的低收入组，3 万～10 万元（含）的中等收入组，10 万元以上的高收入组。当收入作为连续变量时，本书对收入取了自然对数。

3. 其他控制变量

年龄（Age）、性别（Sex）、婚姻情况（Marr）、授信额度（Lnlmt）、有房（House）、学历（Edu）、工作单位稳定（Indus）、信用卡账龄（Mob）、地区（Region）变量定义同第 4 章控制变量定义一致。

6.3.3　描述性统计

从表 6-2 信用卡逾期的描述性统计结果可以看出：信用卡逾期的比例是 9.93%（此处逾期比例是样本清理后的逾期占比，所以稍高）；申请办卡人的年收入均值是 8.481 0 万元，收入额度最高为 300 万元；年龄均值是 39.430 1 岁，中位数是 39 岁，最小年龄是 18 岁，最大是 59 岁，说明信用卡持有者在年龄结构上偏向中年段，此年龄段人群的收入及事业都达到了一定程度，具有频率较高的用卡行为。从学历结构来看，专科及本科以上学历占 61.21%，中专及高中以下达 34.98%，本科以上的高等学历的客群较少。信用卡人群中女性持卡人逾期占比为 44.03%，低于男性持卡人比例。已婚的持卡人达

74.67%，占了近 8 成。授信额度均值为 3.784 4 万元，最低授信额度是 5 000 元，最高授信额度是 300 万元。持卡人群体中，有自有住房的占 64.28%，超过一半。从持卡人的工作单位性质来看，在国有企业工作的人的占比达 31.71%，不足 5 成。信用卡账龄反映了持卡人与银行合作的黏性，信用卡账龄均值为 3.997 8 年，最长的是 8.5 年，表明信用卡客群忠诚度较高。

表 6-2　变量的定义及描述性统计

变量	均值	标准差	中位数	最小值	最大值
Card_default$_i$	0.099 3	0.299 1	0	0	1
Pei	8.481 0	22.848 8	3	1	300
Age	39.430 1	8.834 6	39	18	59
Edu_l	0.349 8	0.476 9	0	0	1
Edu_m	0.612 1	0.487 3	1	0	1
Edu_h	0.038 1	0.191 6	0	0	1
Sex	0.440 3	0.496 4	0	0	1
Marr	0.746 7	0.434 9	1	0	1
Lnlmt	3.784 4	11.838 8	0.5	1	300
House	0.642 8	0.479 2	1	0	1
Indus	0.317 1	0.465 4	0	0	1
Mob	3.997 8	2.332 9	4.5	0	8.5

注：样本量 = 149 424 个。

6.3.4　模型设定

1. 信用卡逾期的可能性

由于因变量 Card_default$_i$ 为二元变量，本书采用 Probit 模型，研究经济地位对信用卡是否逾期：

$$\text{Card\_ default}_i = \beta_0 + \beta_1 \text{Economic\_ status}_i + \beta_2 \text{Age}_i + \beta_3 \text{Edu}_i +$$
$$\beta_4 \text{Sex}_i + \beta_5 \text{Marr}_i + \beta_6 \text{Lmt}_i + \beta_7 \text{House}_i + \beta_8 \text{Indus}_i + \beta_9 \text{Mob}_i + \varepsilon_i \quad (6-1)$$

公式 6-1 中，Card_default$_i$ 是衡量信用卡持有者是否逾期的虚拟变量，持卡人信用卡逾期，则 Card_default$_i$ 取值为 1，否则为 0。

Economic_status$_i$ 是衡量信用卡持有者经济地位的变量，用持卡人收入来衡量，低收入组中持卡人年收入小于 3 万元（含），中等收入组中持卡人年收入为3万~10万元（含），高收入组中持卡人年收入为10万元以上。Age_i是持卡人办卡时的年龄，Edu_i是持卡人办卡时的学历，Sex_i是持卡人为女性，$Marr_i$表示持卡人已婚，Lmt_i为信用卡授信额度，$House_i$表示持卡人有自有住房，$Indus_i$表示持卡人工作单位稳定，Mob_i为信用卡账龄，ε_i是残差项，服从$\varepsilon_i \sim N(0, \sigma^2)$。

2. 信用卡逾期程度

对于信用卡持卡人透支程度的影响因素，本书采用 Tobit 模型进行研究。经济地位对信用卡逾期金额的 Tobit 模型如下：

$$\text{Lndefault\_amount}_i = \beta_0 + \beta_1 \text{Economic\_status}_i + \beta_2 \text{Age}_i + \beta_3 \text{Edu}_i + \beta_4 \text{Sex}_i + \beta_5 \text{Marr}_i + \beta_6 \text{Lmt}_i + \beta_7 \text{House}_i + \beta_8 \text{Indus}_i + \beta_9 \text{Mob}_i + \varepsilon_i \tag{6-2}$$

公式 6-2 中，$\text{Lndefault\_amount}_i$是衡量信用卡持有者在逾期后的逾期金额的大小，反映了逾期程度，逾期金额取了自然对数。Economic_status_i和其他控制变量的定义与公式 6-1 一致。

3. 信用卡逾期天数

对于经济地位对信用卡持有者逾期天数（Default_days_i）的影响，本书将信用卡逾期天数分为 0 天、1~30 天、31~60 天、61~90 天、91~120 天、121~150 天、151~180 天、181 天以上共 8 组，并采用 Oprobit 模型进行回归。模型如下：

$$\text{Default\_days}_i = \beta_0 + \beta_1 \text{Economic\_status}_i + \beta_2 \text{Age}_i + \beta_3 \text{Edu}_i + \beta_4 \text{Sex}_i + \beta_5 \text{Marr}_i + \beta_6 \text{Lmt}_i + \beta_7 \text{House}_i + \beta_8 \text{Indus}_i + \beta_9 \text{Mob}_i + \varepsilon_i \tag{6-3}$$

6.4 实证结果

6.4.1 经济地位与信用卡逾期行为

基于前面的研究设计和变量定义，以中等收入组为基准组，代入公式 6-1。表 6-3 给出了经济地位对持卡人逾期行为的实证结果。其中第（1）、（2）、（3）列是 OLS 的回归结果。

第（1）列未加任何控制变量。结果显示收入对信用卡逾期的回归系数为 0.042 2，在 1% 的水平上显著为负；收入的平方显著为正，回归系数为 0.015 3。这表明收入与信用卡逾期呈"U"形分布，拐点值为 1.3 万元。随着收入的增加和经济地位的提升，信用卡逾期的可能性变得越来越小；但收入达到一定水平后，信用卡逾期的可能性开始增加。

第（2）列在第（1）列的基础上加入了控制变量。结果显示收入对信用卡逾期的回归系数为 0.022 6，仍在 1% 的水平上显著为负，收入的平方仍然显著为正。

第（3）列给出了收入作为分组变量对信用卡逾期的影响结果，其中中等收入组为基准组，结果显示低收入组和高收入组的回归系数分别为 0.006 6 和 0.029 5，在 1% 水平上显著为正，说明较中等收入组而言，低收入组和高收入组均提高了信用卡逾期的可能性。

第（4）、（5）、（6）列是 Probit 回归结果。其回归结果与第（1）、（2）、（3）列回归结果一致，即经济地位对信用卡是否逾期呈"U"形分布，收入较低和较高的持卡人逾期的可能性较大，收入处于中间的持卡人逾期的可能性较小。这验证了假设 H6-1，说明经济地位对信用卡逾期的影响是非线性的。

下面就加入控制变量的情况进行分析。

（1）年龄的增长与信用卡逾期呈反向变动，但此处不显著。

（2）学历越高的持卡人越不容易逾期。第（3）列和第（6）列中等学历 OLS 和 Probit 回归系数为 0.045 2 和 0.041 3，高等学历回归系数为 0.104 7 和 0.114 9，均在 1% 水平上显著为负，说明中、高等学历持卡人降低了信用卡逾期可能性，其主要原因可能是学历高的人不仅看重个人信用记录，也能更好地管理和使用信用卡支付和信贷功能，信贷消费行为也更理性。

（3）女性的信用卡逾期低于男性。第（3）列和第（6）列 OLS 和 Probit 的边际效应分别为 0.033 4 和 0.033 3，均在 1% 水平上显著为负，其原因可能是：一方面，女性更细心，因忘记还款产生逾期的可能性小；另一方面，女性虽然爱消费，但在金钱方面的态度比男性更保守，也更爱面子，一般都会按时还款。

（4）已婚的持卡人发生逾期的可能性小。第（3）列和第（6）列 OLS 和 Probit 回归系数分别为 0.013 9 和 0.014 4，均在 1% 水平上显著为负，说明已婚的家庭更看重信用记录，尽量避免因信用卡信用记录不良而影响婚后购置房产、信贷购车等情况，所以逾期可能性小。

（5）授信额度与信用卡逾期呈正向变动。第（3）列和第（6）列 OLS 和 Probit 回归系数分别为 0.014 0 和 0.014 3，说明授信额度高的持卡人在信用卡用卡行为上表现得更加积极，其逾期的可能性也更大。

（6）工作单位稳定的持卡人逾期的可能性较小。第（3）列和第（6）列 OLS 和 Probit 回归系数分别为 0.072 1 和 0.079 8，均在 1% 的水平上显著为负，说明工作单位稳定的持卡人经济稳定而按时还款的可能性更大。

（7）信用卡账龄与逾期行为。第（3）列和第（6）列 OLS 和 Probit 回归系数分别为 0.010 4 和 0.007 1，均在 1% 水平上显著为正，说明信用卡账龄长的持卡人较信用卡账龄短的持卡人更容易逾期，信用卡账龄越长，从透支行为来看，发生透支行为的可能性越大，透支金额也越大，使用频率也更频繁，所以也就有更多的机会发生信用卡逾期行为。

表 6-3　经济地位对信用卡逾期行为的影响

变量	是否逾期（逾期=1）					
	OLS			Probit		
	（1）	（2）	（3）	（4）	（5）	（6）
Ln（收入）	−0.042 2 *** (0.001 7)	−0.022 6 *** (0.001 7)		−0.034 6 *** (0.001 4)	−0.014 4 *** (0.001 5)	
Ln（收入的平方）	0.015 3 *** (0.000 5)	0.008 6 *** (0.000 5)		0.012 0 *** (0.000 4)	0.005 3 *** (0.000 4)	
低收入组			0.006 6 *** (0.001 6)			0.005 6 *** (0.001 8)
高收入组			0.029 5 *** (0.002 7)			0.023 5 *** (0.002 4)
年龄		−0.001 4 (0.000 9)	−0.001 2 (0.000 9)		−0.001 3 (0.000 9)	−0.001 3 (0.000 9)
年龄的平方		0.000 0 (0.000 0)	−0.000 0 (0.000 0)		0.000 0 (0.000 0)	0.000 0 (0.000 0)
中等学历		−0.044 6 *** (0.001 9)	−0.045 2 *** (0.001 9)		−0.040 9 *** (0.001 7)	−0.041 3 *** (0.001 7)
高等学历		−0.104 4 *** (0.003 3)	−0.104 7 *** (0.003 3)		−0.114 1 *** (0.005 3)	−0.114 9 *** (0.005 3)
女性		−0.032 9 *** (0.001 5)	−0.033 4 *** (0.001 5)		−0.033 2 *** (0.001 5)	−0.033 3 *** (0.001 5)
已婚		−0.013 4 *** (0.002 2)	−0.013 9 *** (0.002 2)		−0.014 1 *** (0.002 0)	−0.014 4 *** (0.002 0)
Ln（授信额度）		0.013 6 *** (0.000 2)	0.014 0 *** (0.000 2)		0.014 0 *** (0.000 2)	0.014 3 *** (0.000 2)
有自有住房		0.000 2 (0.001 7)	0.001 3 (0.001 7)		−0.001 2 (0.001 7)	−0.000 5 (0.001 7)
工作单位稳定		−0.068 2 *** (0.001 6)	−0.072 1 *** (0.001 5)		−0.076 7 *** (0.001 9)	−0.079 8 *** (0.001 9)
信用卡账龄（年）		0.010 7 *** (0.000 4)	0.010 4 *** (0.000 4)		0.007 2 *** (0.000 3)	0.007 1 *** (0.000 3)

表6-3(续)

变量	是否逾期（逾期＝1）					
	OLS			Probit		
	（1）	（2）	（3）	（4）	（5）	（6）
Constant	0. 103 8 *** （0. 001 1）	0. 108 3 *** （0. 017 0）	0. 093 3 *** （0. 017 0）			
Observations	149 424	149 424	149 424	149 424	149 424	149 424
Pseudo R^2	0. 010 1	0. 065 4	0. 063 3	0. 012 3	0. 105 7	0. 104 1

注：括号内是稳健性标准差。***、**、*分别表示在1%、5%、10%的水平上显著。Probit 回归显示的是边际效应。

6.4.2 经济地位与信用卡逾期程度

以中等收入组为基准组，代入公式6-2，做回归分析。表6-4显示了经济地位对信用卡逾期金额的影响情况，其中第（1）、（2）、（3）列是OLS的回归结果，第（1）列未加任何控制变量。结果显示收入对持卡人逾期金额的影响系数为0.382 5，在1%的水平上显著为负，收入的平方显著为正，回归系数为0.131 3，表明收入与持卡人逾期金额呈"U"形分布。随着收入的增加、经济地位的提升，持卡人逾期的金额越来越小；但收入达到一定水平后，持卡人逾期的金额开始增加。第（2）列在第（1）列的基础上加入了控制变量，结果显示收入对信用卡逾期金额的影响系数为0.229 5，仍在1%的水平上显著为负，收入的平方仍然显著为正，回归系数为0.078 4。第（3）列给出了收入作为分组变量对持卡人逾期金额的影响结果，其中中等收入组为基准组，结果显示低收入组和高收入组的回归结果显著为正，回归系数分别为0.103 1 和0.236 6，说明较中等收入组而言，低收入组和高收入组均提高了持卡人的逾期金额。第（4）、（5）、（6）列是Tobit 的回归结果。其回归结果与第（1）、（2）、（3）列回归结果一致，即收入对信用卡逾期金额的影响呈"U"形分布，收入较低和较高的持卡人逾期的金额较大。这和假设 H6-1 相符。

表 6-4　经济地位对信用卡逾期程度的影响

变量	逾期金额					
	OLS			Tobit		
	（1）	（2）	（3）	（4）	（5）	（6）
Ln（收入）	-0.382 5 *** (0.014 2)	-0.229 5 *** (0.014 4)		-0.537 4 *** (0.021 1)	-0.228 3 *** (0.020 8)	
Ln（收入的平方）	0.131 3 *** (0.004 7)	0.078 4 *** (0.004 8)		0.172 2 *** (0.005 2)	0.072 4 *** (0.005 4)	
低收入组			0.103 1 *** (0.012 2)			0.133 7 *** (0.025 4)
高收入组			0.236 6 *** (0.021 9)			0.279 6 *** (0.034 4)
年龄		0.005 7 (0.006 9)	0.007 7 (0.006 9)		-0.004 8 (0.012 4)	-0.004 3 (0.012 4)
年龄的平方		-0.000 2 ** (0.000 1)	-0.000 2 ** (0.000 1)		-0.000 2 (0.000 2)	-0.000 2 (0.000 2)
中等学历		-0.297 7 *** (0.015 1)	-0.302 3 *** (0.015 1)		-0.554 2 *** (0.023 4)	-0.558 5 *** (0.023 5)
高等学历		-0.732 8 *** (0.026 9)	-0.733 9 *** (0.027 0)		-1.592 5 *** (0.079 4)	-1.599 0 *** (0.079 7)
女性		-0.236 8 *** (0.012 0)	-0.241 3 *** (0.012 0)		-0.441 5 *** (0.022 1)	-0.442 8 *** (0.022 2)
已婚		-0.117 1 *** (0.017 5)	-0.121 1 *** (0.017 5)		-0.196 5 *** (0.029 1)	-0.200 6 *** (0.029 2)
Ln（授信额度）		0.102 5 *** (0.001 6)	0.105 4 *** (0.001 6)		0.191 3 *** (0.002 7)	0.194 7 *** (0.002 7)
有自有住房		0.009 4 (0.014 1)	0.018 6 (0.014 1)		-0.031 9 (0.024 7)	-0.024 1 (0.024 7)
工作单位稳定		-0.572 4 *** (0.012 3)	-0.607 7 *** (0.012 3)		-1.212 4 *** (0.028 3)	-1.253 5 *** (0.028 2)
信用卡账龄（年）		0.078 9 *** (0.002 8)	0.076 5 *** (0.002 8)		0.080 0 *** (0.005 0)	0.077 7 *** (0.005 0)
Constant	0.774 5 *** (0.009 4)	0.462 0 *** (0.133 5)	0.280 8 ** (0.134 2)			
Observations	149 424	149 424	149 424	149 424	149 424	149 424
Pseudo R^2	0.010 9	0.060 6	0.058 0	0.006 3	0.057 2	0.056 4

注：括号内是稳健性标准差。***、**、*分别表示在1%、5%、10%的水平上显著。Tobit回归显示的是边际效应。

6.4.3 经济地位与信用卡逾期天数

以中等收入组为基准组，代入公式6-3，进行回归分析。表6-5显示了经济地位对信用卡逾期天数的影响情况。根据因变量设置，将信用卡逾期天数分为0天、1~30天、31~60天、61~90天、91~120天、121~150天、151~180天、181天以上共8组。表中第（1）、（2）、（3）列是Oprobit的回归结果，第（1）列未加任何控制变量。结果显示收入对持卡人逾期天数的回归系数为0.2144，在1%的水平上显著为负，收入的平方显著为正，表明收入与持卡人逾期时间呈"U"形分布。随着收入的增加、经济地位的提升，持卡人逾期的时间变短；但收入达到一定水平后，持卡人逾期的时间开始变长。

第（2）列在第（1）列的基础上加入了控制变量，结果显示收入对信用卡逾期天数的回归系数为0.1023，仍在1%的水平上显著为负，收入的平方仍然显著为正。第（3）列给出了收入作为分组变量对持卡人逾期天数的影响结果，其中中等收入组为基准组，低收入组和高收入组的回归系数分别为0.0580和0.1167，在1%水平上显著为正，说明较中等收入组而言，低收入组和高收入组均提高了持卡人的逾期天数。

同时根据信贷五级分类，本处还将逾期天数分为五组：第一组为正常类，逾期天数为0天；第二组为关注类，逾期天数为1~30天；第三组为次级类，逾期天数为31~90天；第四组为可疑类，逾期天数为91~180天；第五组为损失类，逾期天数为181天以上。在此基础上通过Oprobit对逾期天数进行重新回归，其结果为第（4）、（5）、（6）列所示。其回归结果与第（1）、（2）、（3）列回归结果一致，即收入与持卡人逾期天数呈"U"形分布，收入较低和较高的持卡人逾期天数更长。

从表6-5的逾期天数进行的分组临界点来看，无论是8组划分（从cut1到cut7）还是5组划分（从cut1到cut4），各组系数均显著为正，表明这些分位点的选择具有一定的可靠性。

表6-5 经济地位对信用卡逾期天数的影响

变量	逾期天数					
	Oprobit					
	（1）	（2）	（3）	（4）	（5）	（6）
Ln（收入）	−0.2144*** (0.0086)	−0.1023*** (0.0095)		−0.2143*** (0.0086)	−0.1023*** (0.0095)	

表6-5(续)

变量	逾期天数					
	Oprobit					
	(1)	(2)	(3)	(4)	(5)	(6)
Ln（收入）的平方	0.067 7*** (0.002 1)	0.032 1*** (0.002 5)		0.067 7*** (0.002 1)	0.032 0*** (0.002 5)	
低收入组			0.058 0*** (0.011 7)			0.057 9*** (0.011 7)
高收入组			0.116 7*** (0.015 7)			0.116 4*** (0.015 7)
年龄		−0.009 1 (0.005 7)	−0.008 8 (0.005 7)		−0.009 2 (0.005 7)	−0.008 8 (0.005 7)
年龄的平方		0.000 0 (0.000 1)	0.000 0 (0.000 1)		0.000 0 (0.000 1)	0.000 0 (0.000 1)
中等学历		−0.247 5*** (0.010 9)	−0.248 9*** (0.010 9)		−0.247 5*** (0.010 9)	−0.248 9*** (0.010 9)
高等学历		−0.721 3*** (0.035 2)	−0.722 5*** (0.035 3)		−0.721 4*** (0.035 2)	−0.722 6*** (0.035 3)
女性		−0.201 1*** (0.010 1)	−0.201 5*** (0.010 1)		−0.201 1*** (0.010 1)	−0.201 5*** (0.010 1)
已婚		−0.081 8*** (0.013 5)	−0.083 4*** (0.013 5)		−0.081 8*** (0.013 5)	−0.083 4*** (0.013 5)
Ln（授信额度）		0.082 5*** (0.001 3)	0.083 9*** (0.001 3)		0.082 5*** (0.001 3)	0.083 9*** (0.001 3)
有自有住房		−0.023 0** (0.011 4)	−0.019 3* (0.011 3)		−0.023 1** (0.011 4)	−0.019 4* (0.011 3)
工作单位稳定		−0.543 4*** (0.013 3)	−0.560 9*** (0.013 2)		−0.543 3*** (0.013 3)	−0.560 8*** (0.013 2)
信用卡账龄（年）		0.030 7*** (0.002 3)	0.029 5*** (0.002 3)		0.030 7*** (0.002 3)	0.029 5*** (0.002 3)
Constant cut1	1.351 4*** (0.006 6)	1.280 5*** (0.108 1)	1.368 6*** (0.108 7)	1.351 4*** (0.006 6)	1.280 3*** (0.108 1)	1.368 4*** (0.108 7)
Constant cut2	1.952 2*** (0.008 4)	1.932 3*** (0.108 5)	2.019 4*** (0.109 1)	1.952 2*** (0.008 4)	1.932 1*** (0.108 5)	2.019 1*** (0.109 1)
Constant cut3	2.064 4*** (0.009 0)	2.053 9*** (0.108 5)	2.140 8*** (0.109 1)	2.125 4*** (0.009 4)	2.119 9*** (0.108 5)	2.206 7*** (0.109 1)
Constant cut4	2.125 5*** (0.009 4)	2.120 2*** (0.108 5)	2.207 0*** (0.109 1)	2.258 6*** (0.010 3)	2.264 6*** (0.108 6)	2.351 2*** (0.109 2)
Constant cut5	2.171 9*** (0.009 7)	2.170 7*** (0.108 5)	2.257 5*** (0.109 1)			

表6-5（续）

变量	逾期天数					
	Oprobit					
	（1）	（2）	（3）	（4）	（5）	（6）
Constant cut6	2.218 9*** (0.010 0)	2.221 8*** (0.108 5)	2.308 4*** (0.109 1)			
Constant cut7	2.258 7*** (0.010 4)	2.264 9*** (0.108 6)	2.351 5*** (0.109 2)			
Observations	149 424	149 424	149 424	149 424	149 424	149 424
Pseudo R^2	0.008 9	0.079 2	0.078 0	0.009 1	0.083 1	0.080 2

注：括号内是稳健性标准差。***、**、*分别表示在1%、5%、10%的水平上显著。

6.4.4 经济地位与信用卡逾期天数的边际效应

根据表6-5第（6）列的结果，表6-6给出了逾期天数在均值处的Oprobit模型的边际效应。第（1）列是未逾期结果。第（2）列是逾期1~30天的边际效应，低收入组和高收入组对逾期时间的回归系数分别为0.005 0和0.010 1，均在1%水平上显著为正，第（3）、（4）、（5）列的结果也是低收入组与高收入组均在1%水平上显著为正，即收入与持卡人逾期天数呈"U"形分布，收入较低和较高的持卡人逾期天数更长。这和假设H6-1相符。

表6-6　经济地位与信用卡逾期天数的边际效应

变量	逾期 0天	逾期 1~30天	逾期 31~90天	逾期 91~180天	逾期 181天以上
	Oprobit				
	（1）	（2）	（3）	（4）	（5）
低收入组	−0.008 0*** (0.001 6)	0.005 0*** (0.001 0)	0.000 9*** (0.000 2)	0.000 5*** (0.000 1)	0.001 5*** (0.000 3)
高收入组	−0.016 0*** (0.002 2)	0.010 1*** (0.001 4)	0.001 8*** (0.000 2)	0.001 1*** (0.000 1)	0.003 1*** (0.000 4)
年龄	0.001 2 (0.000 8)	−0.000 8 (0.000 5)	−0.000 1 (0.000 1)	−0.000 1 (0.000 1)	−0.000 2 (0.000 2)
年龄的平方	−0.000 0 (0.000 0)	0.000 0 (0.000 0)	0.000 0 (0.000 0)	0.000 0 (0.000 0)	0.000 0 (0.000 0)
中等学历	0.034 3*** (0.001 5)	−0.021 6*** (0.001 0)	−0.003 8*** (0.000 2)	−0.002 3*** (0.000 1)	−0.006 7*** (0.000 3)

表6-6(续)

变量	逾期 0 天	逾期 1~30 天	逾期 31~90 天	逾期 91~180 天	逾期 181 天以上
	Oprobit				
	（1）	（2）	（3）	（4）	（5）
高等学历	0.099 5*** （0.004 9）	−0.062 7*** （0.003 1）	−0.011 0*** （0.000 6）	−0.006 6*** （0.000 4）	−0.019 3*** （0.001 0）
女性	0.027 8*** （0.001 4）	−0.017 5*** （0.000 9）	−0.003 1*** （0.000 2）	−0.001 8*** （0.000 1）	−0.005 4*** （0.000 3）
已婚	0.011 5*** （0.001 9）	−0.007 2*** （0.001 2）	−0.001 3*** （0.000 1）	−0.000 8*** （0.000 1）	−0.002 2*** （0.000 4）
Ln（授信额度）	−0.011 6*** （0.000 2）	0.007 3*** （0.000 1）	0.001 3*** （0.000 0）	0.000 8*** （0.000 0）	0.002 2*** （0.000 1）
有自有住房	0.002 7* （0.001 6）	−0.001 7* （0.001 0）	−0.000 3* （0.000 2）	−0.000 2* （0.000 1）	−0.000 5* （0.000 3）
工作单位稳定	0.077 3*** （0.001 8）	−0.048 7*** （0.001 2）	−0.008 5*** （0.000 3）	−0.005 1*** （0.000 2）	−0.015 0*** （0.000 5）
信用卡账龄（年）	−0.004 1*** （0.000 3）	0.002 6*** （0.000 2）	0.000 4*** （0.000 0）	0.000 3*** （0.000 0）	0.000 8*** （0.000 1）
Pseudo R^2	0.004 4	0.004 4	0.004 4	0.004 4	0.004 4
Observations	149 424	149 424	149 424	149 424	149 424

注：括号内是稳健性标准差。***、**、* 分别表示在 1%、5%、10% 的水平上显著。Oprobit 回归显示的是边际效应。

6.5 进一步研究：异质性分析

6.5.1 经济地位、生命周期与信用卡逾期行为

基于研究假设 H6-2，以中等收入组为基准组，代入公式 6-1 和 6-2 进行异质性分析。表 6-7 显示了中年群体与收入的交叉项对信用卡逾期的影响情况。根据生命周期理论，本书按照年龄对持卡人进行分组：30（含）岁以下为年轻组，30~50（含）岁为中年组，50 岁以上为老年组。将中收入组作为基准组，低收入组与中年群体交叉、高收入组与中年群体交叉进行回归分析。

表 6-7 中第（1）列和第（2）列显示的是针对持卡人是否逾期的回归结果。第（1）列的 OLS 回归结果显示，"低收入组＊中年群体"交叉项的回归系数为 0.014 2，且在 1% 的水平上显著为负；"高收入组＊中年群体"交叉项的回归系数为 0.014 4，在 5% 的水平上显著为负。第（2）列的 Probit 也得出了一致的结果，这说明相比年轻组和老年组来说，中年群体的持卡人降低了低收入组和高收入组对信用卡是否逾期的影响，这也证明了研究假设 H6-2。

表 6-7 中第（3）列和第（4）列显示的是针对持卡人逾期金额的回归结果。第（3）列的 OLS 回归结果显示，"低收入组＊中年群体"交叉项的系数为 0.099 5，且在 1% 的水平上显著为负；"高收入组＊中年群体"交叉项的系数为 0.020 0，在此处逾期金额不显著。第（4）列的 Tobit 也得出了一致的结果，这也说明相比年轻组和老年组来说，中年群体的持卡人降低了低收入组对信用卡逾期金额的影响，这也证明了研究假设 H6-2。

表 6-7 经济地位、生命周期与信用卡逾期行为

变量	是否逾期（逾期＝1）		逾期金额	
	OLS	Probit	OLS	Tobit
	（1）	（2）	（3）	（4）
低收入组＊中年群体	−0.014 2*** (0.004 0)	−0.016 1*** (0.004 0)	−0.099 5*** (0.032 3)	−0.206 0*** (0.057 4)
高收入组＊中年群体	−0.014 4** (0.007 0)	−0.015 2** (0.006 5)	0.020 0 (0.056 3)	−0.057 4 (0.093 4)
低收入组	0.009 1*** (0.001 9)	0.008 8*** (0.002 0)	0.121 2*** (0.015 5)	0.173 9*** (0.029 6)
高收入组	0.030 8*** (0.002 7)	0.025 2*** (0.002 6)	0.232 3*** (0.021 3)	0.282 2*** (0.037 6)
中年群体	0.021 9*** (0.003 4)	0.023 8*** (0.003 4)	0.105 7*** (0.026 9)	0.271 7*** (0.049 1)
中等学历	−0.041 6*** (0.001 7)	−0.038 1*** (0.001 6)	−0.277 6*** (0.013 5)	−0.514 5*** (0.023 0)
高等学历	−0.097 8*** (0.004 2)	−0.109 0*** (0.005 2)	−0.687 9*** (0.033 4)	−1.522 0*** (0.079 1)
女性	−0.032 2*** (0.001 5)	−0.032 5*** (0.001 5)	−0.232 6*** (0.012 2)	−0.431 2*** (0.022 2)

表6-7(续)

变量	是否逾期（逾期=1）		逾期金额	
	OLS	Probit	OLS	Tobit
	（1）	（2）	（3）	（4）
已婚	−0.018 2*** (0.002 0)	−0.018 1*** (0.002 0)	−0.149 2*** (0.015 9)	−0.252 2*** (0.028 5)
Ln（授信额度）	0.013 9*** (0.000 2)	0.014 2*** (0.000 2)	0.105 4*** (0.001 4)	0.194 3*** (0.002 7)
有自有住房	−0.001 3 (0.001 7)	−0.003 2* (0.001 7)	0.001 1 (0.013 7)	−0.061 8** (0.024 6)
工作单位稳定	−0.073 3*** (0.001 7)	−0.081 0*** (0.001 9)	−0.617 5*** (0.013 7)	−1.271 9*** (0.028 1)
信用卡账龄（年）	0.010 0*** (0.000 4)	0.006 7*** (0.000 3)	0.074 0*** (0.002 9)	0.073 3*** (0.005 0)
Constant	0.044 2*** (0.003 6)		0.277 0*** (0.028 9)	
Observations	149 424	149 424	149 424	149 424
Pseudo R^2	0.062 6	0.103 0	0.057 5	0.055 7

注：括号内是稳健性标准差。***、**、*分别表示在1%、5%、10%的水平上显著。Probit 和 Tobit 回归显示的是边际效应。

6.5.2 经济地位、工作单位稳定性与信用卡逾期行为

基于研究假设 H6-3，以中等收入组为基准组，代入公式 6-1 和 6-2，进行异质性分析。表 6-8 显示了工作单位与收入的交叉项对信用卡逾期行为的影响情况。根据持卡人申请办卡时提供的收入水平，本书将持卡人分为低收入组、中收入组及高收入组，并将中收入组作为基准组，将另外两组和工作单位稳定进行交叉回归分析。

表 6-8 中第（1）列和第（2）列显示的是针对持卡人是否逾期的回归结果。第（1）列的 OLS 回归结果显示，"低收入组 * 工作单位稳定"交叉项的回归系数为 0.028 9，且在 1% 的水平上显著为负；"高收入组 * 工作单位稳定"交叉项的回归系数为 0.063 9，也在 1% 的水平上显著为负。第（2）列的 Probit 也得出了一致的结果，这说明相比在其他工作单位工作的持卡人来说，工作单位稳定的持卡人降低了低收入组和高收入组对信用卡是否逾期的影响，

这也证明了研究假设 H6-3。

表6-8中第（3）列和第（4）列显示的是针对持卡人逾期金额的回归结果。第（3）列的 OLS 回归结果显示，"低收入组＊工作单位稳定"交叉项的回归系数为 0.272 4，且在 1% 的水平上显著为负；"高收入组＊工作单位稳定"交叉项的回归系数为 0.548 9，且也在 1% 的水平上显著为负。第（4）列的 Tobit 也得出了一致的结果，这说明相比在其他工作单位工作的持卡人来说，工作单位稳定的持卡人降低了低收入组和高收入组对信用卡逾期金额的影响，这也证明了研究假设 H6-3。

表6-8　经济地位、工作单位与信用卡逾期行为

变量	是否逾期（逾期=1）		逾期金额	
	OLS	Probit	OLS	Tobit
	（1）	（2）	（3）	（4）
低收入组＊工作单位稳定	-0.028 9 *** (0.003 0)	-0.024 5 *** (0.004 0)	-0.272 4 *** (0.022 6)	-0.331 1 *** (0.061 2)
高收入组＊工作单位稳定	-0.063 9 *** (0.004 9)	-0.038 3 *** (0.005 6)	-0.548 9 *** (0.038 0)	-0.515 3 *** (0.085 8)
低收入组	0.016 2 *** (0.002 1)	0.011 4 *** (0.002 0)	0.194 2 *** (0.016 6)	0.205 7 *** (0.028 5)
高收入组	0.049 1 *** (0.003 5)	0.032 0 *** (0.002 6)	0.406 7 *** (0.028 8)	0.383 3 *** (0.037 8)
工作单位稳定	-0.048 2 *** (0.002 4)	-0.060 5 *** (0.003 2)	-0.389 9 *** (0.017 7)	-0.993 0 *** (0.048 8)
年龄	-0.001 2 (0.000 9)	-0.001 3 (0.000 9)	0.007 7 (0.006 9)	-0.004 4 (0.012 4)
年龄的平方	-0.000 0 (0.000 0)	0.000 0 (0.000 0)	-0.000 2 ** (0.000 1)	-0.000 2 (0.000 2)
中等学历	-0.044 6 *** (0.001 9)	-0.041 1 *** (0.001 7)	-0.297 5 *** (0.015 2)	-0.556 0 *** (0.023 5)
高等学历	-0.102 0 *** (0.003 3)	-0.113 4 *** (0.005 3)	-0.711 0 *** (0.027 1)	-1.580 2 *** (0.079 8)
女性	-0.033 8 *** (0.001 5)	-0.033 6 *** (0.001 5)	-0.245 2 *** (0.012 0)	-0.446 1 *** (0.022 2)
已婚	-0.013 8 *** (0.002 2)	-0.014 4 *** (0.002 0)	-0.120 6 *** (0.017 5)	-0.200 3 *** (0.029 2)

表6-8(续)

变量	是否逾期（逾期=1）		逾期金额	
	OLS	Probit	OLS	Tobit
	（1）	（2）	（3）	（4）
Ln（授信额度）	0.013 9 *** （0.000 2）	0.014 2 *** （0.000 2）	0.105 3 *** （0.001 6）	0.194 3 *** （0.002 7）
有自有住房	0.000 6 （0.001 7）	−0.000 8 （0.001 7）	0.013 4 （0.014 1）	−0.027 5 （0.024 7）
信用卡账龄（年）	0.010 2 *** （0.000 4）	0.007 0 *** （0.000 4）	0.075 0 *** （0.002 8）	0.077 2 *** （0.005 1）
Constant	0.086 2 *** （0.017 1）		0.215 2 （0.134 5）	
Observations	149 424	149 424	149 424	149 424
Pseudo R^2	0.064 3	0.104 7	0.059 2	0.056 7

注：括号内是稳健性标准差。*** 、** 、* 分别表示在 1%、5%、10% 的水平上显著。Probit 和 Tobit 回归显示的是边际效应。

6.5.3 经济地位、住房特征与信用卡逾期行为

基于研究假设 H6-4，以中收入组为基准组，代入公式 6-1 和 6-2，进行异质性分析。表 6-9 显示了是否有房与收入的交叉项对信用卡逾期的影响情况。根据持卡人申请办卡时提供的住房信息，本书将中收入组作为基准组，将另外两组和是否有自有住房进行交叉回归分析。

表 6-9 中第（1）列和第（2）列显示的是针对持卡人是否逾期的回归结果。第（1）列的 OLS 回归结果显示，"低收入组 * 有自有住房"交叉项的回归系数为 0.006 7，且在 10% 的水平上显著为正；"高收入组 * 有自有住房"交叉项的回归系数为 0.025 3，且在 1% 的水平上显著为负。第（2）列的 Probit 回归结果显示，"低收入组 * 有自有住房"交叉项的回归系数为 0.008 3，在 5% 的水平上显著为正，"高收入组 * 有自有住房"交叉项的回归系数为 0.014 2，且在 1% 的水平上显著为负。这说明有房的持卡人提高了低收入人群逾期的可能性，降低了高收入人群逾期的可能性。

表 6-9 中第（3）列和第（4）列显示的是针对持卡人逾期金额的回归结果。第（3）列的 OLS 回归结果显示，"低收入组 * 有自有住房"交叉项的回归系数为 0.073 5，且在 1% 的水平上显著为正；"高收入组 * 有自有住房"交

叉项的回归系数为0.229 2，也在1%的水平上显著为负。第（4）列的Tobit也得出了一致的结果，这说明有房的持卡人提高了低收入人群逾期金额的可能性，降低了高收入人群逾期金额的可能性。这也证明了研究假设H6-4。

表6-9　经济地位、自有住房与信用卡逾期行为

变量	是否逾期（逾期=1）		逾期金额	
	OLS	Probit	OLS	Tobit
	（1）	（2）	（3）	（4）
低收入组 * 有自有房	0.006 7 * (0.003 5)	0.008 3 ** (0.003 5)	0.073 5 *** (0.027 8)	0.138 8 *** (0.050 7)
高收入组 * 有自有房	−0.025 3 *** (0.005 9)	−0.014 2 *** (0.005 3)	−0.229 2 *** (0.046 9)	−0.195 2 *** (0.075 2)
低收入组	0.002 2 (0.002 7)	0.000 3 (0.002 7)	0.056 8 *** (0.021 8)	0.048 6 (0.038 7)
高收入组	0.051 0 *** (0.005 2)	0.035 9 *** (0.004 6)	0.433 3 *** (0.041 7)	0.451 9 *** (0.064 7)
有自有住房	0.001 5 (0.002 8)	−0.001 9 (0.002 9)	0.011 6 (0.022 8)	−0.057 7 (0.042 4)
年龄	−0.001 4 * (0.000 9)	−0.001 6 * (0.000 9)	0.006 0 (0.006 9)	−0.007 7 (0.012 4)
年龄的平方	−0.000 0 (0.000 0)	0.000 0 (0.000 0)	−0.000 2 ** (0.000 1)	−0.000 2 (0.000 2)
中等学历	0.007 4 ** (0.003 2)	0.011 1 *** (0.003 1)	0.096 6 *** (0.025 4)	0.190 6 *** (0.044 4)
高等学历	−0.003 1 (0.006 6)	−0.011 2 (0.007 2)	0.036 9 (0.053 2)	−0.106 9 (0.107 4)
女性	−0.033 6 *** (0.001 5)	−0.033 2 *** (0.001 5)	−0.242 6 *** (0.012 2)	−0.440 8 *** (0.022 1)
已婚	−0.014 6 *** (0.002 0)	−0.014 9 *** (0.002 0)	−0.126 2 *** (0.016 2)	−0.208 4 *** (0.029 1)
Ln（授信额度）	0.014 1 *** (0.000 2)	0.014 4 *** (0.000 2)	0.106 7 *** (0.001 4)	0.197 3 *** (0.002 7)
工作单位稳定	−0.067 0 *** (0.001 7)	−0.073 9 *** (0.001 9)	−0.568 5 *** (0.013 9)	−1.167 8 *** (0.028 4)
信用卡账龄（年）	0.010 3 *** (0.000 4)	0.006 8 *** (0.000 3)	0.075 6 *** (0.002 9)	0.074 8 *** (0.005 0)

表6-9(续)

变量	是否逾期（逾期=1）		逾期金额	
	OLS	Probit	OLS	Tobit
	（1）	（2）	（3）	（4）
Constant	0. 160 3 *** (0. 016 8)		0. 798 0 *** (0. 134 6)	
Observations	149 424	149 424	149 424	149 424
Pseudo R^2	0. 065 9	0. 108 4	0. 060 5	0. 059 0

注：括号内是稳健性标准差。*** 、** 、* 分别表示在 1%、5%、10% 的水平上显著。Probit 和 Tobit 回归显示的是边际效应。

6.5.4 经济地位、信用卡账龄与信用卡逾期行为

基于研究假设 6-5，以中收入组为基准组，代入公式 6-1 和 6-2，进行异质性分析，表6-10 显示了信用卡账龄与收入的交叉项对信用卡逾期的影响情况。根据持卡人从开户到样本期（2017 年）的年数，本书将中收入组作为基准组，将另外两组和信用卡账龄进行交叉回归分析。

表 6-10 中第（1）列和第（2）列显示的是针对持卡人是否逾期的回归结果。第（1）列的 OLS 回归结果显示，"低收入组 * 信用卡账龄"交叉项的回归系数为 0.002 7，在 1% 的水平上显著为正；"高收入组 * 信用卡账龄"交叉项的回归系数为 0.012 5，也在 1% 的水平上显著为正。第（2）列的 Probit 回归结果显示，"低收入组 * 信用卡账龄"交叉项的回归系数为 0.004 1，在 1% 的水平上显著为正，"高收入组 * 信用卡账龄"交叉项的回归系数为 0.010 9，也在 1% 的水平上显著为正。这说明持卡人用卡时长提高了低收入组和高收入组对信用卡是否逾期的影响，也证明了研究假设 H6-5。

表 6-10 中第（3）列和第（4）列显示的是针对持卡人逾期金额的回归结果。第（3）列的 OLS 回归结果显示，"低收入组 * 信用卡账龄"交叉项的回归系数为 0.014 0，且在 1% 的水平上显著为正；"高收入组 * 信用卡账龄"交叉项的回归系数为 0.100 8，也在 1% 的水平上显著为正。第（4）列的 Tobit 回归也得出了一致的结果，这说明持卡人用卡时长提高了低收入组和高收入组对信用卡逾期金额的影响，也证明了研究假设 H6-5。

表 6-10　经济地位、信用卡账龄与信用卡逾期行为

变量	是否逾期（逾期＝1）		逾期金额	
	OLS	Probit	OLS	Tobit
	（1）	（2）	（3）	（4）
低收入组＊信用卡账龄	0.002 7 ***	0.004 1 ***	0.014 0 ***	0.054 4 ***
	（0.000 7）	（0.000 7）	（0.006 1）	（0.010 1）
高收入组＊信用卡账龄	0.012 5 ***	0.010 9 ***	0.100 8 ***	0.143 3 ***
	（0.001 0）	（0.000 9）	（0.008 6）	（0.012 9）
低收入组	−0.006 9 *	−0.014 2 ***	0.028 1	−0.131 2 ***
	（0.003 6）	（0.003 5）	（0.029 7）	（0.050 4）
高收入组	−0.018 4 ***	−0.021 8 ***	−0.103 1 ***	−0.294 8 ***
	（0.004 6）	（0.004 4）	（0.038 0）	（0.062 6）
信用卡账龄	0.005 8 ***	0.001 7 ***	0.057 5 ***	0.022 3 **
	（0.000 6）	（0.000 6）	（0.005 0）	（0.008 7）
中等学历	−0.040 6 ***	−0.036 9 ***	−0.291 8 ***	−0.508 7 ***
	（0.001 7）	（0.001 6）	（0.013 8）	（0.022 7）
高等学历	−0.096 4 ***	−0.107 5 ***	−0.725 4 ***	−1.559 8 ***
	（0.004 2）	（0.005 2）	（0.034 2）	（0.078 8）
女性	−0.031 8 ***	−0.032 2 ***	−0.263 0 ***	−0.470 9 ***
	（0.001 5）	（0.001 5）	（0.012 5）	（0.021 9）
已婚	−0.022 6 ***	−0.022 6 ***	−0.195 0 ***	−0.336 2 ***
	（0.001 8）	（0.001 8）	（0.015 1）	（0.025 4）
Ln（授信额度）	0.013 7 ***	0.014 0 ***	0.111 4 ***	0.197 4 ***
	（0.000 2）	（0.000 2）	（0.001 5）	（0.002 6）
有自有住房	−0.003 8 **	−0.005 4 ***	−0.019 9	−0.099 3 ***
	（0.001 7）	（0.001 7）	（0.013 9）	（0.024 1）
工作单位稳定	−0.072 1 ***	−0.080 5 ***	−0.627 4 ***	−1.263 2 ***
	（0.001 7）	（0.001 9）	（0.014 2）	（0.027 9）
Constant	0.073 3 ***		0.455 3 ***	
	（0.003 9）		（0.031 7）	
Observations	149 424	149 424	149 424	149 424
Pseudo R^2	0.063 1	0.103 1	0.063 4	0.058 1

注：括号内是稳健性标准差。***、**、*分别表示在1%、5%、10%的水平上显著。Probit和Tobit回归显示的是边际效应。

6.6　稳健性检验

为了验证前面的实证结果，本书采用多种类型的稳健性方法进行验证。

6.6.1　稳健性检验1：控制变量与分组变量

对于模型中的自变量，本书采用的都是连续变量。学术界通常采用另一种方法即分组变量法来对这类变量进行分析。本书借鉴沈红波等（2013）的方法将年龄、授信额度、信用卡账龄进行分组，引入年龄、授信额度、信用卡账龄分组变量，以中等收入组为基准组，代入公式6-1和6-2，进行稳健性分析。本书将年龄分为24岁以下、25~34岁、35~44岁、45~54岁、55岁以上共5组，其中24岁以下为基准组；将授信额度分为1万元（含）以下、1万~5万元（含）、5万元以上3组，其中1万元（含）以下为基准组；将信用卡账龄分为1年（含）以下、1~3年（含）、3~5年（含）、5年以上4组，其中1年（含）以下为基准组。

表6-11中第（1）列和（2）列基于Probit模型，重新分析了经济地位对持卡人逾期行为的影响。结果显示，即使对年龄、授信额度及信用卡账龄分组后，收入对信用卡是否逾期的影响仍显著为负，回归系数为0.0095，收入的平方项仍显著为正，回归系数为0.0042。第（2）列在第（1）列的基础上加入了控制变量，其回归结果仍然一致，低收入组与高收入组回归系数分别为0.0050和0.0278，均在1%水平上显著为正，这说明经济地位与信用卡是否逾期呈"U"形分布，与表6-3的实证回归结果一致。第（3）列和第（4）列显示的是运用Tobit模式针对逾期金额的回归，结果与表6-4的实证回归结果一致。这也再次证明了研究假设H6-1。

由此可知，改变定义和变量的衡量方法对本书的主要结论并无影响。

表6-11　稳健性检验1：控制变量变更为分组变量

变量	是否逾期（逾期=1）		逾期金额	
	Probit		Tobit	
	（1）	（2）	（3）	（4）
Ln（收入）	-0.009 5 *** (0.001 4)		-0.141 5 *** (0.020 2)	

表6-11（续）

变量	是否逾期（逾期＝1）		逾期金额	
	Probit		Tobit	
	（1）	（2）	（3）	（4）
Ln（收入的平方）	0.004 2 *** (0.000 4)		0.051 8 *** (0.005 2)	
低收入组		0.005 0 *** (0.001 7)		0.117 2 *** (0.024 9)
高收入组		0.027 8 *** (0.002 3)		0.319 5 *** (0.033 9)
年龄25~34岁	0.002 3 (0.002 9)	0.002 0 (0.002 9)	−0.012 0 (0.040 9)	−0.015 6 (0.040 9)
年龄35~44岁	0.006 4 *** (0.002 5)	0.006 0 ** (0.002 5)	0.090 2 ** (0.035 3)	0.086 0 ** (0.035 3)
年龄45~54岁	−0.002 4 (0.002 5)	−0.002 4 (0.002 5)	−0.033 9 (0.035 3)	−0.034 0 (0.035 3)
年龄55岁及以上	−0.010 4 *** (0.003 1)	−0.010 2 *** (0.003 1)	−0.168 1 *** (0.044 9)	−0.165 5 *** (0.044 9)
中等学历	−0.026 7 *** (0.001 7)	−0.027 1 *** (0.001 7)	−0.344 7 *** (0.023 6)	−0.348 0 *** (0.023 6)
高等学历	−0.085 9 *** (0.005 2)	−0.087 4 *** (0.005 3)	−1.165 9 *** (0.079 1)	−1.180 5 *** (0.079 3)
女性	−0.033 9 *** (0.001 5)	−0.033 8 *** (0.001 5)	−0.442 5 *** (0.021 8)	−0.441 2 *** (0.021 9)
已婚	−0.023 8 *** (0.001 9)	−0.024 1 *** (0.001 9)	−0.323 0 *** (0.026 8)	−0.325 8 *** (0.026 9)
授信额度1万~5万元	0.034 6 *** (0.002 0)	0.035 0 *** (0.002 0)	0.422 1 *** (0.028 2)	0.424 4 *** (0.028 2)
授信额度5万元以上	0.037 0 *** (0.002 7)	0.040 9 *** (0.002 6)	0.586 0 *** (0.037 6)	0.629 0 *** (0.037 0)
有自有住房	−0.006 5 *** (0.001 7)	−0.006 1 *** (0.001 7)	−0.099 3 *** (0.023 6)	−0.095 6 *** (0.023 7)
工作单位稳定	−0.040 3 *** (0.002 0)	−0.042 0 *** (0.002 0)	−0.648 4 *** (0.029 8)	−0.667 2 *** (0.029 6)

表6-11（续）

变量	是否逾期（逾期=1）		逾期金额	
	Probit		Tobit	
	（1）	（2）	（3）	（4）
信用卡账龄1~3年（含）	0.086 7*** （0.003 1）	0.089 8*** （0.003 1）	1.457 3*** （0.045 6）	1.493 2*** （0.045 7）
信用卡账龄3~5年（含）	0.140 7*** （0.003 2）	0.144 2*** （0.003 2）	2.131 7*** （0.045 6）	2.171 9*** （0.045 6）
信用卡账龄5年以上	0.001 1 （0.003 0）	0.003 5 （0.003 0）	0.130 7*** （0.045 3）	0.158 8*** （0.045 5）
Observations	149 424	149 424	149 424	149 424
Pseudo R^2	0.111 4	0.110 7	0.067 2	0.067 0

注：括号内是稳健性标准差。***、**、*分别表示在1%、5%、10%的水平上显著。Probit和Tobit回归显示的是边际效应。

6.6.2 稳健性检验2：分样本回归

除了交叉回归外，分样本回归也是验证结果稳健性的一种方式。以中等收入组为基准组，代入公式6-1和6-2，进行稳健性分析。表6-12显示的是依据信用卡持有者工作单位是否为国有企业进行分样本回归的结果。第（1）列的回归结果显示，工作单位稳定的低收入组持卡人对是否逾期的影响为0.009 1，在1%的水平上显著为负；第（2）列的回归结果显示，工作单位不稳定的低收入组持卡人对是否逾期的影响为0.009 5，在1%的水平上显著为正；第（3）列和第（4）列低收入组对逾期金额的回归和前两列结果一致。这说明相比工作单位不稳定的持卡人，工作单位稳定的低收入持卡人逾期的可能性和逾期金额都在降低。

另外，第（1）列的回归结果显示，工作单位稳定的高收入组持卡人对是否逾期的影响不显著，但第（2）列的回归结果却显示，工作单位不稳定的高收入组持卡人对是否逾期的影响为0.034 7，在1%的水平上显著为正。第（3）列和第（4）列高收入组对逾期金额的回归和前两列结果一致，这说明相比工作单位稳定的人群，工作单位不稳定的高收入群体的逾期可能性和逾期金额都在上升。这进一步验证了假设H6-3。

表 6-12　稳健性检验 2：分样本回归

变量	是否逾期（逾期＝1）		逾期金额	
	Probit		Tobit	
	（1）	（2）	（3）	（4）
	工作单位稳定	工作单位不稳定	工作单位稳定	工作单位不稳定工作
低收入组	−0.009 1*** （0.002 2）	0.009 5*** （0.002 4）	−0.151 9*** （0.049 9）	0.169 2*** （0.030 6）
高收入组	0.001 2 （0.003 2）	0.034 7*** （0.003 1）	−0.008 3 （0.074 4）	0.371 8*** （0.040 7）
年龄	0.002 3* （0.001 2）	−0.002 1* （0.001 1）	0.069 2** （0.027 7）	−0.011 3 （0.014 6）
年龄的平方	−0.000 0** （0.000 0）	0.000 0 （0.000 0）	−0.001 0*** （0.000 3）	−0.000 1 （0.000 2）
中等学历	−0.034 3*** （0.002 7）	−0.044 1*** （0.002 1）	−0.797 9*** （0.057 8）	−0.520 3*** （0.026 5）
高等学历	−0.067 6*** （0.005 4）	−0.140 6*** （0.008 2）	−1.465 9*** （0.119 9）	−1.762 9*** （0.110 7）
女性	−0.021 2*** （0.002 1）	−0.039 3*** （0.002 1）	−0.491 6*** （0.046 5）	−0.453 6*** （0.026 3）
已婚	−0.010 1*** （0.002 7）	−0.017 0*** （0.002 7）	−0.261 8*** （0.061 6）	−0.200 3*** （0.034 4）
Ln（授信额度）	0.009 6*** （0.000 3）	0.016 7*** （0.000 3）	0.208 2*** （0.006 7）	0.205 2*** （0.003 0）
有自有住房	−0.007 5*** （0.002 3）	0.001 4 （0.002 3）	−0.235 5*** （0.052 9）	0.012 9 （0.028 9）
信用卡账龄（年）	0.008 2*** （0.000 4）	0.003 8*** （0.000 5）	0.165 4*** （0.008 9）	0.023 7*** （0.006 3）
Observations	47 387	102 037	47 387	102 037
Pseudo R^2	0.089 1	0.087 1	0.056 4	0.042 9

注：括号内是稳健性标准差。*** 、** 、* 分别表示在 1%、5%、10% 的水平上显著。Probit 和 Tobit 回归显示的是边际效应。

6.6.3 稳健性检验3：子样本回归

由于持卡人个人基础信息（如婚姻状况、是否有房、经济地位等）可能会随着时间的推移而发生变化，而这些变化在目前的数据中并不能观测到，所以为了降低收入和住房变量的波动性带来的影响，本书尝试用最近几年的持卡人微观数据进行分析，即新增稳健性检验，选取子样本进行回归。一方面，本书选取近五年（2013—2017年）办卡的样本，另一方面，本书选取近三年（2015—2017年）办卡的样本，以中等收入组为基准组，代入公式6-1和6-2，重新对表6-3和表6-4进行回归（表6-13）。结果显示，近五年来开卡样本为74 032，占全样本的49.54%，近三年开卡样本为44 813，占全样本的29.99%；收入与信用卡逾期仍呈"U"形分布，经济地位对信用卡逾期的影响是非线性的。这说明稳健性检验的结果显示和前文一致。

表 6-13 稳健性检验 3：选择较近办卡时间的子样本回归

变量	近五年内开卡样本				近三年内开卡样本			
	是否逾期（逾期=1）Probit		逾期金额 Tobit		是否逾期（逾期=1）Probit		逾期金额 Tobit	
	(1)	(2)	(3)	(4)	(5)	(6)	(7)	(8)
Ln（收入）	-0.005 4** (0.002 3)		-0.102 7*** (0.030 1)		-0.006 0** (0.002 3)		-0.143 0*** (0.039 8)	
Ln（收入的平方）	0.003 3*** (0.000 6)		0.046 7*** (0.007 7)		0.002 9*** (0.000 6)		0.055 7*** (0.010 2)	
低收入组		-0.002 6 (0.003 0)		0.012 5 (0.039 8)		0.001 1 (0.003 0)		0.091 3* (0.053 5)
高收入组		0.020 6*** (0.003 8)		0.265 2*** (0.051 2)		0.015 8*** (0.003 7)		0.307 9*** (0.064 1)
年龄	0.001 0 (0.001 2)	0.001 1 (0.001 3)	0.019 4 (0.016 5)	0.019 7 (0.016 5)	0.001 4 (0.001 3)	0.001 4 (0.001 3)	0.029 3 (0.022 4)	0.028 6 (0.022 4)
年龄的平方	-0.000 0 (0.000 0)	-0.000 0 (0.000 0)	-0.000 3 (0.000 2)	-0.000 3 (0.000 2)	-0.000 0 (0.000 0)	-0.000 0 (0.000 0)	-0.000 4 (0.000 3)	-0.000 4 (0.000 3)
中等学历	-0.037 6*** (0.002 5)	-0.037 9*** (0.002 5)	-0.461 9*** (0.032 3)	-0.464 2*** (0.032 3)	-0.020 7*** (0.002 9)	-0.021 2*** (0.002 9)	-0.355 3*** (0.048 7)	-0.363 7*** (0.048 8)
高等学历	-0.102 3*** (0.007 1)	-0.102 8*** (0.007 1)	-1.326 2*** (0.098 1)	-1.330 9*** (0.098 4)	-0.054 1*** (0.006 7)	-0.054 9*** (0.006 8)	-0.918 5*** (0.123 8)	-0.934 3*** (0.124 0)
女性	-0.035 1*** (0.002 3)	-0.035 1*** (0.002 3)	-0.450 2*** (0.029 7)	-0.450 4*** (0.029 8)	-0.023 7*** (0.002 4)	-0.023 7*** (0.002 4)	-0.453 6*** (0.042 1)	-0.452 1*** (0.042 2)

表6-13（续）

变量	近五年内开卡样本				近三年内开卡样本			
	是否逾期（逾期=1）		逾期金额		是否逾期（逾期=1）		逾期金额	
	Probit		Tobit		Probit		Tobit	
	(1)	(2)	(3)	(4)	(5)	(6)	(7)	(8)
已婚	-0.029 8*** (0.003 1)	-0.030 2*** (0.003 1)	-0.365 1*** (0.039 8)	-0.369 4*** (0.039 8)	-0.023 1*** (0.003 3)	-0.023 5*** (0.003 3)	-0.383 2*** (0.056 4)	-0.389 1*** (0.056 5)
Ln（授信额度）	0.010 3*** (0.000 3)	0.010 5*** (0.000 3)	0.130 2*** (0.003 7)	0.132 5*** (0.003 7)	0.001 9*** (0.000 4)	0.002 0*** (0.000 4)	0.031 5*** (0.006 3)	0.033 3*** (0.006 4)
有自有住房	-0.002 4 (0.002 6)	-0.001 8 (0.002 6)	-0.042 8 (0.034 1)	-0.036 5 (0.034 1)	-0.000 3 (0.002 9)	0.000 2 (0.002 9)	-0.039 9 (0.049 5)	-0.034 9 (0.049 6)
工作单位稳定	-0.062 8*** (0.003 1)	-0.065 3*** (0.003 1)	-0.963 5*** (0.042 3)	-0.996 7*** (0.042 0)	-0.023 9*** (0.003 1)	-0.025 8*** (0.003 0)	-0.476 6*** (0.054 2)	-0.506 1*** (0.053 9)
信用卡账龄（年）	0.044 9*** (0.000 9)	0.045 4*** (0.000 9)	0.586 3*** (0.011 2)	0.593 2*** (0.011 2)	0.049 1*** (0.001 8)	0.049 6*** (0.001 8)	0.942 2*** (0.027 0)	0.953 0*** (0.027 1)
Observations	74 032	74 032	74 032	74 032	44 813	44 813	44 813	44 813
Pseudo R^2	0.103 3	0.102 5	0.059 2	0.058 8	0.077 2	0.076 1	0.056 0	0.055 5

注：括号内是稳健性标准差。***、**、* 分别表示在1%、5%、10%的水平上显著。Probit 和 Tobit 回归显示的是边际效应。

6.6.4 稳健性检验4：更换被解释变量

近年来，随着金融市场的发展，信用卡持有者忘记还款的概率在大大降低。这主要是由于以下两个原因：①信用卡还款方式逐渐便捷化和多样化。一方面，微信、支付宝等第三方支付平台都支持信用卡还款；另一方面，大部分商业银行的手机银行都取消了跨行转账的手续费，跨行还款也便捷方便。②发卡行会提醒持卡人按时还款。当前，多数信用卡都需要绑定手机号码，若正常还款日未按时还款，发卡行通常会以短信或电话的方式告知持卡人，且有3天的宽限期。这些都大大降低了持卡人信用卡还款渠道不畅通、偶尔忘记还款导致信用卡逾期的可能性。数据显示，2014年逾期次数为1次的样本为1 439，到2017年这一数字已降至910，逾期1次（逾期1期）的样本下降速度明显。

为了消除因"忙"而生"忘"从而造成信用卡逾期的这部分样本的影响，本书做出了进一步的稳健性检验，对被解释变量重新进行定义，即逾期次数大于1次才定义为逾期，变量取值为1，否则为0。以中等收入组为基准组，代入公式6-1和6-2，以新的衡量标准对表6-3和表6-4进行回归。表6-14给出了新的实证结果。第（1）列显示收入对信用卡逾期的回归系数为0.008 4，在1%的水平上显著为负；收入的平方显著为正，回归系数为0.002 6，表明收入与信用卡逾期呈"U"形分布。第（2）列低收入组和高收入组回归系数分别为0.005 0和0.009 8，且都在1%的水平上显著为正。第（3）列和第（4）列对逾期金额的回归结果也一致。这说明随着收入的增加、经济地位的提升，信用卡逾期的可能性越来越小，逾期金额越来越低；但收入达到一定水平后，信用卡逾期的可能性开始变大，逾期金额提高。稳健性检验的结果显示和前文一致。

表6-14　稳健性检验4：更换被解释变量的衡量标准

变量	是否逾期（逾期=1）		逾期金额	
	Probit		Tobit	
	（1）	（2）	（3）	（4）
Ln（收入）	−0.008 4*** （0.001 1）		−0.236 3*** （0.020 6）	
Ln（收入的平方）	0.002 6*** （0.000 3）		0.077 2*** （0.005 4）	
低收入组		0.005 0*** （0.001 4）		0.129 1*** （0.025 2）

表6-14(续)

变量	是否逾期（逾期=1）		逾期金额	
	Probit		Tobit	
	（1）	（2）	（3）	（4）
高收入组		0.009 8 *** (0.001 8)		0.311 1 *** (0.034 0)
年龄	-0.002 1 *** (0.000 7)	-0.002 0 *** (0.000 7)	-0.016 3 (0.012 2)	-0.015 6 (0.012 3)
年龄的平方	0.000 0 (0.000 0)	0.000 0 (0.000 0)	-0.000 0 (0.000 2)	-0.000 0 (0.000 2)
中等学历	-0.024 9 *** (0.001 3)	-0.025 0 *** (0.001 3)	-0.566 4 *** (0.023 2)	-0.571 2 *** (0.023 2)
高等学历	-0.081 5 *** (0.004 7)	-0.081 7 *** (0.004 7)	-1.647 8 *** (0.079 2)	-1.655 5 *** (0.079 5)
女性	-0.029 7 *** (0.001 2)	-0.029 7 *** (0.001 2)	-0.483 5 *** (0.021 9)	-0.485 0 *** (0.022 0)
已婚	-0.012 7 *** (0.001 5)	-0.012 9 *** (0.001 5)	-0.217 8 *** (0.028 7)	-0.222 9 *** (0.028 8)
Ln（授信额度）	0.009 2 *** (0.000 2)	0.009 4 *** (0.000 2)	0.194 2 *** (0.002 7)	0.197 8 *** (0.002 7)
有自有住房	-0.003 0 ** (0.001 3)	-0.002 8 ** (0.001 3)	-0.042 2 * (0.024 5)	-0.033 9 (0.024 5)
工作单位稳定	-0.053 6 *** (0.001 6)	-0.055 0 *** (0.001 6)	-1.207 0 *** (0.027 9)	-1.251 6 *** (0.027 7)
信用卡账龄（年）	0.007 4 *** (0.000 3)	0.007 3 *** (0.000 3)	0.091 2 *** (0.005 0)	0.088 7 *** (0.005 0)
Observations	149 424	149 424	149 424	149 424
Pseudo R^2	0.123 9	0.123 0	0.059 3	0.058 4

注：括号内是稳健性标准差。***、**、* 分别表示在 1%、5%、10% 的水平上显著。Probit 和 Tobit 回归显示的是边际效应。

6.6.5　稳健性检验5：加入年份固定效应

由于年份的差异有可能影响估计结果，所以为了使结果更加稳健，本书加入年份固定效应，并以中等收入组为基准组，代入公式6-1和6-2，对表6-3、表6-4重新进行回归。结果如表6-15所示。第（1）列和（2）列经济地位与逾期可能性的 OLS 和 Probit 回归结果显示，低收组对信用逾期的回归系数分别为 0.010 5 和 0.009 7，在 1% 水平上显著为正，高收入组对信用卡逾期的回归系数分别为 0.034 1 和 0.030 5，也在 1% 水平上显著为正。第（3）列和第（4）列显示了经济地位对逾期程度的影响，低收入组和高收组与逾期程度呈显著正向变化。综合表 6-15 结果，可以看出经济地位与信用卡逾期行为呈"U"形变化，通过控制年份固定效应，其结果依然稳健。

表 6-15　稳健性检验 5：加入年份固定效应

变量	是否逾期（逾期=1）		逾期程度	
	OLS	Probit	OLS	Tobit
	（1）	（2）	（3）	（4）
低收入组	0.010 5 *** (0.001 6)	0.009 7 *** (0.001 8)	0.121 2 *** (0.012 3)	0.009 7 *** (0.001 8)
高收入组	0.034 1 *** (0.002 7)	0.030 5 *** (0.002 4)	0.246 0 *** (0.021 5)	0.030 5 *** (0.002 4)
年龄 25~34 岁	0.012 4 *** (0.003 0)	0.011 2 *** (0.002 9)	0.046 3 ** (0.023 3)	0.011 2 *** (0.002 9)
年龄 35~44 岁	0.006 8 *** (0.002 4)	0.006 6 *** (0.002 5)	0.047 4 ** (0.019 5)	0.006 6 *** (0.002 5)
年龄 45~54 岁	−0.004 2 * (0.002 5)	−0.003 9 (0.002 5)	−0.027 0 (0.019 8)	−0.003 9 (0.002 5)
年龄 55 岁及以上	−0.014 4 *** (0.003 0)	−0.013 4 *** (0.003 1)	−0.114 1 *** (0.023 8)	−0.013 4 *** (0.003 1)
中等学历	−0.028 2 *** (0.001 9)	−0.025 8 *** (0.001 7)	−0.174 9 *** (0.015 1)	−0.025 8 *** (0.001 7)
高等学历	−0.071 5 *** (0.003 4)	−0.081 1 *** (0.005 5)	−0.500 1 *** (0.027 2)	−0.081 1 *** (0.005 5)
女性	−0.032 0 *** (0.001 5)	−0.032 7 *** (0.001 6)	−0.228 3 *** (0.011 8)	−0.032 7 *** (0.001 6)
已婚	−0.019 7 *** (0.002 1)	−0.018 7 *** (0.001 9)	−0.160 4 *** (0.016 7)	−0.018 7 *** (0.001 9)
授信额度 1 万~5 万元	0.050 7 *** (0.002 4)	0.046 1 *** (0.002 2)	0.419 6 *** (0.020 1)	0.046 1 *** (0.002 2)
授信额度 5 万元以上	0.066 8 *** (0.003 2)	0.052 1 *** (0.002 9)	0.641 2 *** (0.028 7)	0.052 1 *** (0.002 9)

表6-15（续）

变量	是否逾期（逾期=1）		逾期程度	
	OLS	Probit	OLS	Tobit
	（1）	（2）	（3）	（4）
有自有住房	0.002 4 （0.001 7）	0.000 6 （0.001 6）	0.024 4* （0.013 8）	0.000 6 （0.001 6）
工作单位稳定	-0.028 1*** （0.001 6）	-0.031 8*** （0.002 1）	-0.265 0*** （0.012 6）	-0.031 8*** （0.002 1）
信用卡账龄 1～3 年（含）	0.072 7*** （0.003 7）	0.027 8*** （0.004 5）	0.705 8*** （0.028 2）	0.027 8*** （0.004 5）
信用卡账龄 3～5 年（含）	0.134 7*** （0.004 7）	0.033 1*** （0.005 1）	1.282 1*** （0.037 5）	0.033 1*** （0.005 1）
信用卡账龄 5 年以上	-0.057 5*** （0.002 7）	-0.102 9*** （0.005 2）	-0.314 1*** （0.018 5）	-0.102 9*** （0.005 2）
Constant	0.084 4*** （0.013 7）		0.391 7*** （0.101 2）	
年份固定效应	是	是	是	是
Observations	149 424	149 424	149 424	149 424
Pseudo R^2	0.087 9	0.127 9	0.090 8	0.076 9

注：括号内是稳健性标准差。***、**、*分别表示在1%、5%、10%的水平上显著。Probit和Tobit回归显示的是边际效应。

6.6.6 稳健性检验 6：更换计量方法

对于信用评分、违约行为的研究，也有学者使用 Logit 计量方法，本书也选用 Logit 计量方法再次检验结果稳健性。表 6-16 显示的是收入与信用卡是否逾期的回归结果。第（1）列收入与逾期的回归系数为 0.032 0，在 1%的水平上显著为负；收入的平方显著为正。第（2）列在第（1）列基础上加入了控制变量，第（3）列低收入组和高收入组对信用卡逾期可能性的回归系数分别为 0.006 1 和 0.021 3，均在 1%的水平上显著为正。回归结果再次表明，经济地位与信用卡逾期行为呈 "U" 形变化，低收入组和高收入组逾期的可能性较大。更换计量方法后，其结果依然稳健。

表 6-16 稳健性检验 6：更换计量方法

变量	是否逾期		
	Logit		
	（1）	（2）	（3）
Ln（收入）	−0.032 0*** (0.001 4)	−0.012 6*** (0.001 5)	
Ln（收入的平方）	0.010 9*** (0.000 3)	0.004 5*** (0.000 4)	
低收入组			0.006 1*** (0.001 8)
高收入组			0.021 3*** (0.002 4)
年龄		−0.001 2 (0.000 9)	−0.001 3 (0.000 9)
年龄的平方		−0.000 0 (0.000 0)	−0.000 0 (0.000 0)
中等学历		−0.039 6*** (0.001 7)	−0.040 0*** (0.001 7)
高等学历		−0.119 3*** (0.005 9)	−0.120 2*** (0.005 9)
女性		−0.033 7*** (0.001 6)	−0.033 7*** (0.001 6)
已婚		−0.014 1*** (0.002 1)	−0.014 4*** (0.002 1)
Ln（授信额度）		0.014 6*** (0.000 2)	0.014 8*** (0.000 2)
有自有住房		−0.001 6 (0.001 7)	−0.001 2 (0.001 7)
工作单位稳定		−0.079 4*** (0.002 1)	−0.082 1*** (0.002 1)
信用卡账龄（年）		0.007 7*** (0.000 4)	0.007 6*** (0.000 4)
Observations	149 424	149 424	149 424
Pseudo R^2	0.011 9	0.104 8	0.103 7

注：括号内是稳健性标准差。*** 、** 、* 分别表示在 1%、5%、10% 的水平上显著。Logit 回归显示的是边际效应。

6.7 本章小结

    本章探讨了经济地位对四川省信用卡持有者逾期行为的影响。持卡人收入与信用卡逾期行为呈"U"形分布，收入对逾期可能性的拐点值为1.3万元，收入较低和收入较高的持卡人逾期的可能性较大，收入处于中间的持卡人逾期的可能性较小。因信用卡具有"先消费后还款"的消费支付特征，加之低收入持卡人的家庭住房按揭贷款等也会加大家庭或个人债务总额，如果持卡人不理性使用信用卡或者面临的消费诱惑场景多，就很容易出现收不抵支现象，信用卡逾期的可能性也就更大。那么对于收入高的持卡人，收入高，授信额度也高，消费水平也高，持卡人也有更多的机会通过信用卡取得融资以赚取更高的回报，当市场经济波动或持卡人主观判断失误或收入出现波动时，高收入的持卡人信用卡发生逾期也就不足为奇了。

    进一步通过经济地位与持卡人其他特征信息交叉项研究，我们发现：工作单位稳定的持卡人降低了低收入和高收入持卡人逾期的可能性；30～50岁（含）的中年信用卡持有者收入稳定且有所提升，在住房、婚姻等方面需要承担更大的经济负担，此部分人群显著降低了低收入和高收入持卡人逾期的可能性；有房的持卡人提高了低收入人群逾期的可能性，降低了高收入人群逾期的可能性；用卡时长提高了低收入和高收入持卡人逾期的可能性。本章对信用卡逾期行为进行实证研究，有利于商业银行加强信用卡风险管理，抓住逾期催收的黄金时间，降低信用卡不良率。

7　我国信用卡发展对策建议

本书第二章从传统消费理论、信息不对称、信用脆弱性等方面梳理了有关文献对信用卡消费行为及逾期行为的影响因素，在现有消费理论的基础上，提出了本书信用卡使用行为研究的理论框架。第三章介绍了信用卡相关定义，梳理了国际信用卡及我国信用卡发展历程，分析了我国信用卡市场发展现状。第四章至第六章从微观层面实证分析了经济地位、经济地位与其他因素交互作用对信用卡透支行为、分期行为及逾期行为的影响因素。本章是最后的结尾部分，本章内容安排如下：首先是本书研究的主要结论；其次从社会层面、监管部门、金融机构及持卡人角度对信用卡业务发展及使用提出对策建议；最后是不足之处及未来的研究方向。

7.1　主要结论

7.1.1　经济地位与信用卡使用行为

本书在传统消费理论的指导下，围绕信用卡使用行为研究理论框架，从收入的视角分析了经济地位对信用卡使用行为的影响情况。

本书实证研究了在信用卡使用过程中经济地位对信用卡透支行为、分期行为的影响情况，以及在信用卡使用后的偿付阶段经济地位对信用卡逾期行为的影响情况。另外，由于不同收入的人群与持卡人个人特征和情景物质交互作用在信用卡使用行为中表现不同，本书以中等收入组为基准组，进一步通过低收入组、高收入组与持卡人已婚、学历高、中年群体、有自有住房、工作单位稳定、信用卡账龄、城区等变量进行了异质性分析。根据实证研究结果，本书得出的主要结论如下：

1. 经济地位与信用卡透支行为

（1）经济地位与信用卡透支可能性、透支程度、使用频率呈正向显著变化。收入越高，消费水平越高，发生信用卡透支的概率越大，透支程度越高，透支频率越高，用卡行为也越积极和活跃。

（2）经济地位对信用卡透支功能具有影响。信用卡因具有支付和消费信贷的双重功能，低收入的持卡人侧重使用支付功能，而收入较高的持卡人更多使用信用卡消费信贷功能。

2. 经济地位与信用卡分期行为

（1）经济地位与信用卡分期行为呈倒"U"形变化，其对应的收入拐点值是3.4万元。收入较低的持卡人，一般不容易使用消费信贷功能（信用卡分期）来提前消费，更多使用信用卡支付功能；即使使用信贷功能（信用卡分期）来提前消费，其金额也小，分期周期也短。然而，随着收入的增加、经济地位的提升，信用卡分期可能会越来越长，分期之后他们仍有还款能力；但收入达到一定水平后，持卡人流动性约束降低，信用卡分期的可能性开始逐渐变小，高收入持卡人即使发生信用卡分期行为，那也是临时性的，且分期金额不高，期限也较短。所以，收入较低和较高的持卡人分期的可能性小，分期金额小，分期周期短；而收入处于中间的持卡人分期的可能性较大。

（2）通过稳健性检验进一步发现，信用卡分期缓解了人们的流动性约束，平滑消费，流动性约束与信用卡分期行为呈正向显著变化，即流动性约束越强的持卡人，越容易发生信用卡分期行为，分期金额也越大。

3. 经济地位与信用卡逾期行为

经济地位与信用卡逾期行为呈"U"形分布，拐点值为1.3万元。低收入群体的持卡人虽然重在使用信用卡支付功能，但信用卡"先消费后还款"的支付方式会加大个人负债总额，同时低收入群体的持卡人若存在消费行为不够理性，自控力较弱，低收入持卡人很容易出现收不抵支，信用卡发生透支后，免息期一过，就不一定能按时偿还账单应付款项，信用卡逾期就发生了。随着收入的增加、经济地位的提升，信用卡逾期的可能性变小，逾期金额降低，逾期时间变短；但收入达到一定水平后，信用卡逾期的可能性开始变大，逾期金额开始上升，逾期时间开始变长，其原因可能是收入高的持卡人授信额度也高，信用卡透支金额更大，大额的信用卡很可能被人们当作应对短期收入风险的工具，发生逾期的可能性也就更大。

综上，经济地位的高低对信用卡使用及使用后的偿付行为有着很大的影响。随着收入的增加、经济地位的提升，持卡人更容易发生信用卡透支行为，透支金额大，透支频率更高，用卡行为更活跃；低收入的持卡人重在使用信用卡支付功能，高收入持卡人重在使用信贷功能。对消费信贷行为的研究表明信用卡分期缓解了人们的流动性约束。然而，低收入的持卡人因担心收入低还款没有保障，不会随意通过信用卡分期来提前消费；而高收入的持卡人不需要通过信用卡分期来增强自己的消费倾向，也有可能使用信用卡循环功能（偿付最低还款，针对未偿还金额支付利息），即经济地位与信用卡分期行为呈倒"U"形变化。信用卡发生透支或分期行为后，持卡人的经济地位会影响信用卡偿付行为。低收入的持卡人因收入低，不合理安排收入与支出，容易出现逾期行为；而收入高的持卡人信用卡授信额度大，信用卡负债程度高，发生逾期的可能性也就更大，即经济地位与信用卡逾期行为呈"U"形变化。

7.1.2 其他特征因素与信用卡使用行为

1. 生命周期与信用卡使用

在透支行为方面，年龄与信用卡透支行为呈反向变化。年龄越大，越不容易发生透支行为，透支金额越小，用卡也越不积极。从透支功能方面来看，年轻人更多使用信贷功能，其金额也更大，使用频率也更高。在信用卡分期行为方面，年龄与信用卡分期呈反向变化。年龄越大，越不容易发生信用卡分期，分期金额越小且周期越短。在信用卡逾期行为方面，年龄的增长与信用卡逾期呈反向变动，但不显著，进一步通过异质性分析发现对于较年轻和年老的持卡人，中年群体的持卡人缩小了低收入组和高收入组信用卡逾期的可能性。

2. 教育背景与信用卡使用

在透支行为方面，较低等学历的持卡人，学历越高的持卡人透支概率越低，透支金额越小，透支频率也越低；从其透支功能方面来看，学历越高，越不容易使用信贷功能，通过进一步异质性分析也发现低收入的高学历持卡人越不容易发生信用卡透支行为，但高收入的高学历持卡人在透支行为方面不显著。在信用卡分期行为方面，学历越高的持卡人越不容易发生分期行为，分期金额越小，分期周期越短，然而通过进一步异质性分析发现，较中等收入持卡人而言，低收入和高收入的高学历持卡人不容易发生透支行为，但即使使用信用卡透支，也更多是使用信用卡分期功能，分期金额也较大。在信用卡逾期行为方面，学历越高的持卡人越不容易逾期，主要原因可能是学历越高的人不仅看重个人信用记录，也能更好地管理和使用信用卡支付和信贷功能，信贷消费行为更理性。

3. 性别与信用卡使用

在透支行为方面，男性透支的可能性、透支程度及透支频率要大（高）于女性；女性重在使用信用卡支付功能。在信用卡分期行为方面，女性不容易发生信用卡分期行为，分期金额小，分期周期短。在信用卡逾期行为方面，女性的信用卡逾期率低于男性。

4. 婚姻状况与信用卡使用

在透支行为方面，已婚的持卡人发生信用卡透支的可能性较大，但在透支金额和频率上表现不显著。经过进一步异质性分析发现：较中等收入持卡人而言，已婚的低收入和高收入持卡人透支可能性小，金额也低。就透支功能而言，已婚的持卡人重在使用支付功能，其原因可能是已婚的低收入持卡人家庭开支较大，但因收入低，一般不会随意提前消费，所以透支可能性小且金额低；相反，已婚高收入的持卡人虽然在家庭开支上也比较大，但因其收入较高，根本不需要通过信用卡来缓解流动性约束从而提高自己的消费水平，故信用卡透支可能性小。在信用卡分期行为方面，已婚的持卡人不容易发生信用卡分期行为，分期金额小，分期周期短。在信用卡逾期行为方面，已婚的持卡人发生逾期的可能性小。这说明已婚的家庭更看重信用记录，尽量避免信用卡信用记录不良而影响婚后购置房产、信贷购车等情况，所以逾期可能性小。

5. 授信额度与信用卡使用

在透支行为方面，授信额度越高，持卡人发生透支的可能性越大，透支金额越大，使用频率越高，用卡也越积极；授信额度较高的持卡人重在使用信用卡信贷功能，其信贷透支金额也大，频率也高。在信用卡分期行为方面，授信额度为1万~5万元的持卡人，不容易发生分期行为，分期金额小，分期周期短；授信额度在5万元以上的持卡人容易发生信用卡分期，分期金额大，分期周期长。在信用卡逾期行为方面，授信额度与信用卡逾期呈正向变动，从透支和分期行为来看，授信额度高的持卡人在信用卡用卡行为上表现得更加积极，其逾期的可能性也就更大。

6. 住房特征与信用卡使用

在透支行为方面，有自有住房的持卡人发生透支的可能性较小，但只要发生透支，其金额就较大。通过进一步异质性分析发现：有房的低收入者更愿意使用信用卡进行透支。有房的低收入组家庭，可能因为房贷压力，需要通过信用卡透支来维持日常消费；而有房的高收入组家庭，则不必进行这种考虑，所以不容易发生透支行为。在信用卡分期行为方面，有房的持卡人更容易发生信用卡分期行为，分期金额也大，分期周期也长，这说明有房的持卡人需要通过信用卡分期来缓解房贷压力和平滑日常消费。然而，通过进一步异质性分析发现，有房的低收入持卡人更容易发生信用卡分期行为，分期金额也较大；而有房的高收入持卡人不容易发生信用卡分期行为，分期金额也小。其原因有可能是住房对不同群体的财富表现是有差异的，那么对于有房的低收入持卡人来说，房贷会加大个人负债额，增强流动性约束，持卡人需要通过信用卡分期来平滑消费；而对于有房的高收入持卡人而言，住房的财富效应很明显，住房会增加财富，持卡人不需要通过信用卡分期来提升消费。在信用卡逾期行为方面，住房对信用卡逾期行为表现不显著，但通过异质性分析发现，有房的持卡人加大了低收入人群逾期的可能性，缩小了高收入人群逾期的可能性。

7. 工作单位稳定性与信用卡使用

在透支行为方面，工作单位稳定的持卡人发生透支的可能性小，透支金额小，用卡频率也不高，有可能是工作单位稳定的持卡人收入稳定，不容易发生流动性约束。在信用卡分期行为方面，工作单位稳定的持卡人不容易发生分期行为；即使发生信用卡分期行为，其分期金额也小，分期周期短。但通过经济地位与工作单位稳定交叉分析发现，对于中等收入持卡人而言，在面临流动性约束时，相比工作单位不稳定的持卡人，工作单位稳定的持卡人更愿意使用信用卡分期，分期金额也较大。在信用卡逾期行为方面，工作单位稳定的持卡人逾期的可能性较小。通过异质性分析发现，相比工作单位不稳定的持卡人，工作单位稳定的持卡人缩小了低收入组和高收入组信用卡逾期的可能性。

8. 信用卡账龄与信用卡使用

在透支行为方面，信用卡账龄越长的持卡人，越容易发生透支行为，透支金额也越高，但透支次数不多；然而，信用卡账龄越长的持卡人，若发生信用卡透支，重在使用信贷功能，其信贷透支金额也大，不过透支次数较少。其原因有可能是账龄长的信用卡是"死"卡，所以一般不使用，一旦使用也是重在消费信贷功能，且金额大，但这种情况不是很多，所以使用次数也少。在信用卡分期行为方面，信用卡账龄越长，越容易发生分期，分期金额也越大。通过异质性分析发现，信用卡账龄越长的低收入和高收入持卡人更倾向于使用信用卡分期，分期金额也更大。在信用卡逾期行为方面，信用卡账龄长的持卡人较信用卡账龄短的持卡人更容易逾期，通过异质性分析发现，信用卡持卡人用卡时长加大了低收入组和高收入组信用卡逾期的可能性。

9. 城乡差异与信用卡使用

在透支行为方面，从主回归结果来看，县城和乡村地区的持卡人透支可能性更大，透支金额更大，使用频率也更高。然而，通过异质性研究发现，城区的低收入和高收入持卡人透支可能性更大，透支金额也更大。虽然郊县居民的收入及消费能力在逐步提升，但城区的持卡人在用卡环境、消费水平方面更优于郊县地区的持卡人，且生活压力也更大些，因此城里的低收入和高收入持卡人透支概率更大，透支金额也更高。在信用卡分期行为方面，从主回归结果来看，持卡人地区差异对信用卡分期行为表现不显著，但是通过异质性分析发现，城区的低收入和高收入持卡人更容易发生信用卡分期行为，分期金额也较大。其原因有可能是城区人们消费水平高，信用卡消费分期打折吸引力也更大，城区人们在衣、食、住、行等方面的开销也较大，因此城区人们更容易使用信用卡分期功能且分期金额也较大。

7.2　对策建议

本书以收入衡量持卡人经济地位。前文的研究结果表明，经济地位对信用卡使用行为有着重要影响，持卡人的经济地位对信用卡透支、分期及按时偿付起着决定性作用。信用卡支付和消费信贷的双重功能，缓解了人们消费信贷约束，提升了消费倾向。为了更好地发挥信用卡对消费的促进作用，有效防范信用卡风险，本章提出如下对策建议。

7.2.1　要持续发挥信用卡消费信贷的促进作用

要持续发挥信用卡对消费的拉动作用，需要得到国家层面及社会各界的进一步支持。

第一，发展信用消费是扩大消费需求的一个重要途径，而信用卡又是发展信用消费信贷的重要工具，因此，要进一步发挥信用卡在消费金融领域的"国家队"、主力军作用。从国家层面继续推动消费转型升级，不断调整产业结构。在风险可控的情况下，通过信用卡消费信贷，提高人们的生活水平和质量，促进消费升级。比如：可与商业银行联动针对部分行业或产业开展消费补贴，促进社会消费升级的顺利实现；也可针对低收入群体给予消费补贴，发放消费券等，在满足日常生活的情况下，实现低收入群体在消费方面提档升级。因此，国家政策层面要继续提供信用卡消费信贷发展机制保障，为信用卡消费拉动内需创造良好的外部环境。

第二，着力培育重点消费领域，提升居民消费能力。由于住房具有消费和投资的双重属性，从本书对透支行为、分期行为和逾期行为的机制分析结果来看，住房对不同收入阶层的持卡人在信用卡使用上有较显著的差异，很明显对低收入有房群体是抑制效应——抑制了低收入群体的信用卡透支和分期行为，提高了低收入群体的逾期行为。那么对于住房，要秉承"房子是用来住的而不是用来炒的"的消费观念，避免过重的房贷加重个人或家庭的负债，从而降低信用卡的使用、挤压消费。同时，因房产受经济波动和购房政策调控影响，其资产的价值波动较大，变现及处置速度也受一定影响，流动性也不高，从而影响信用卡的消费能力和偿债能力。

第三，加大县域和农村的居民信用卡使用力度。由于各种原因，城乡持卡人的经济能力和消费观念还存在很大的差距，县域和农村的居民在消费行为上还比较保守，城区的持卡人更容易发生信用卡透支行为和分期行为。近几年，随着供给侧结构性改革、普惠金融、金融服务乡村振兴等一系列举措的实施，农村的支付环境和金融可得性有了明显的改善和提高。因此，一方面，要进一步加大消费观念的宣传，引导县域和农村的居民改变"先储蓄后消费"的传统消费观念，提倡适度负债和超前消费，从滞后型消费转变为适当超前型消费；另一方面，要加强金融知识的普及，由于农业生产的周期性和季节性，农村地区的资金需求具有金额小、时间紧迫的特点，信用卡系一次授信，在可用额度内可随时使用，且在卡片有效期内可循环使用，其支付和消费信贷功能可以缓解居民的流动性约束。通过宣传和引导，逐步改变人们的消费观念，让县域和农村的居民进一步了解和使用信用卡的支付和消费信贷功能，逐步推动农村居民的消费梯次升级，提升农村家庭消费水平。

第四，完善个人信用体系，加强个人信用结果运用。信用卡对消费的促进离不开健全的个人信用体系。一是加强个人信用制度的建设。要建立更加专业的法律、法规来调整信用活动中的各种利益关系，特别是有关个人信息隐私的法规建设有待进一步加强。二是建立统一的个人信用卡评估指标，或者成立专业化的信用评估机构。目前各商业银行对个人信用的评估自成体系，信用评分指标和权重各有不同，缺乏行业统一的技术标准及市场检验机制，信用评分结果可比性不强，很明显的就是同一消费者在不同银行的信用卡授信额度差异很大。再加上信用卡持卡人的信誉、经济水平和还款能力有一个动态变化的过程，持卡人也不会主动向银行报告，各商业银行很难及时了解持卡人的工作和收入等重大信息的变动情况，也没有较强的技术手段去核实、收集、分析个人信息。三是进一步扩大个人信息采集范围。个人信用资料至少应包括持卡人的信用道德、还款能力和担保品，虽然新版征信系统的个人信息有所补充，但很多信息还有待加快完善。如将公共事业缴费信息纳入个人信用，特别是对没有信贷记录的人群（中国央行征信中心有关负责人在 2019 年 4 月表示，其时中国仍有 4.6 亿自然人没有信贷记录）来说，这有助其建立信用记录，同时添加微信和支付宝信息、缴税、汽车违章等个人信息。四是加强个人信用运用。

一方面，建立对消费者违约行为的约束和制裁机制。对于有违约记录的借款人，通过全社会共同监督、联合制裁等，提高其违约成本。如对违约的个人降低其个人信用等级，那么违约者就很难从正规金融机构获得融资。另一方面，实现行业信息共享，拓宽个人信用应用。将个人信用记录向本人就业、小孩上学等领域延伸，以实现行业信息共享，建立良好的信用卡用卡环境。

7.2.2 监管部门要进一步加强信用卡业务的监督和管理

促进信用卡产业和信用卡业务的发展，持续保持信用卡在消费领域的主力军地位，不仅需要政府及社会各界的积极支持，也需要切实有效地加强金融监管。

随着信用卡收入在中间业务收入中的占比逐步提升，各商业银行为了扩大发卡规模、抢占信用卡市场、吸引消费者申请和使用信用卡、加大信用卡创收，采取了多种措施，如开卡有礼、积分有礼、分期手续费优惠，甚至有银行为了获客而不惜降低信用卡准入门槛和持卡人质量，收入不高、资信程度一般甚至不良的消费者也可以获得信用卡，隐藏着的居民杠杆率过高、信用卡的过度授信等风险增加了信用卡逾期。中国银行保险监督管理委员会官网关于对各商业银行在信用卡业务经营方面的处罚信息显示，处罚的对象不仅有国有商业银行，还有股份制商业银行和其他类型商业银行。违法违规事实有信用卡开卡流程不合规（如未有效履行信用卡客户身份识别义务、以全程自助发卡方式办理客户首张信用卡等）、信用卡授信额度过高（未审慎设定信用卡预借现金业务授信额度、信用卡购车分期业务严重违反审慎经营规则等）、信用卡透支资金使用不合规（信用卡透支资金违规用于购房）等。由此可见，各商业银行在信用卡业务经营中或多或少存在违法违规的情况，因此，监管部门要进一步加强商业银行信用卡经营业务监管。具体建议如下：

第一，加强信用卡透支资金用途监管。个人信用卡透支应当用于消费领域，不得用于购房，也不得用于生产经营、投资等非消费领域。近几年各大银行陆续推出信用卡现金分期产品，另外还有商业银行通过高额度的信用卡吸引持卡人办卡，监管部门要加大对信用卡现金分期产品、信用卡套现、大额透支资金（如单笔透支金额在 5 万元以上）等透支资金用途的使用监管。

第二，要求各商业银行信用卡明示年化利率。信用卡收费主要包括年费、利息、违约金及各项分期手续费等。特别是对于利息及分期手续费用的计算方法，不同的还款方式，资金成本完全不一样。如透支利息，年利率 = 日利率 × $365 \times 100\% = 0.0005 \times 365 \times 100\% = 18.25\%$，并且对于未偿还部分是从记账日期

（交易日期开始）计息，持卡人对于未偿还部分是没有享受到免息期的。另外，信用卡分期还款方式有"按月还本付息""按月付息，到期还本""到期一次性还本付息"等多种，不同的还款方式，可用的资金额度及承担的资金成本完全不同，商业银行有义务和责任向持卡人告知信用卡各项费用及明示年化利率，并确认持卡人已经知晓或清楚其相关规则。

第三，加强持卡人的消费者权益保护。监管部门应要求商业银行加大对信用卡消费权益的保护，特别是当信用卡出现伪卡盗刷等情形，由于盗刷、信用卡欺诈事实认定过程中，会让持卡人证明信用卡不是由本人保管不善等主观原因造成的，这会给信用卡用卡知识薄弱的持卡人增加举证难度，监管部门应要求各商业银行建立完善的应对和处理机制，避免影响持卡人信用记录。

7.2.3　商业银行要"深耕细作"信用卡业务

伴随中国经济的快速增长、人们消费水平的提高、消费观念的变化以及政策层面的推动，越来越多的人使用信用卡提升消费水平。这对商业银行来说是机遇，然而随着监管力度加大、互联网金融冲击、同业竞争加剧，这对商业银行来说又是挑战。因此，对于商业银行而言，要进一步细化信用卡消费市场，深度了解持卡人的信用卡使用行为特征，才能更好、有效地经营信用卡市场，提高消费者使用信用卡消费的主动性和积极性，同时又能更好地控制信用卡风险，这对商业银行"深耕细作"信用卡业务提出了更高的要求。

第一，细分信用卡客群，激发持卡人的用卡意愿，提高持卡人信用卡使用频率。一是根据本书研究结果，在国有企业工作的持卡人收入较稳定，逾期的可能性较小，30~50岁的客群是信用卡用卡的主要人群，逾期的可能性也较小，这两类持卡人都是各商业银行的优质客户，也是信用卡创收的主要人群。那么商业银行可以对现有信用卡消费行为数据进行深度挖掘，可以将持卡人的年龄、性别、学历、婚姻状况、收入水平等个人信息特征与现有信用卡产品进行比对分析，评估持卡人现有产品的定位是否一致，这将有利于有针对性地提供信用卡产品和服务；还可以对优质类持卡人给予较同等条件人群略高的授信额度，并给予优惠的利率和其他权益，提高持卡人用卡动机，加大持卡人信用卡使用频率。二是根据潜在客户和现有客户所关注的信用卡使用情况及权益，制定差异化营销措施以提高客户的用卡频率及透支金额。如针对支付型的持卡人，加强线上线下合作，多提供日常消费行为的打折活动，通过扩大特惠商户范围、加大积分兑换力度等方式鼓励其用卡，提高信用卡使用频率，增加信用卡刷卡手续费的收入。针对消费信贷，加强与汽车、旅游、教育投资、高档消费等行业或产业的合作，开展信用卡分期合作，提高信用卡使用频率。三是借助金融科技，加强跨界合作，通过与线上线下等核心应用场景或平台企业（如京东、天猫等）的跨界合作，实现营销渠道的拓展和信息交互，提高信用卡使用频率。

第二，进一步加大信用卡分期在消费场景的应用。一是要建立"全市场"消费场景分期产品体系。各商业银行在现有分期业务的产品体系基础上，梳理、优化、创新推出更多消费场景的分期产品，打造分期消费生态圈。与此同时，各商业银行适时推出新卡种、新产品，进一步细化和挖掘消费场景，加大分期消费。二是精细化管理。各商业银行可以借助行内数据库，对分期客户进行精细化经营管理，基于分期业务模型，通过客户历史记录和消费产品偏好等维度，完善分期产品定期机制，优化分期还款方式。目前商业银行推出了"按日贷"产品，下一步可以尝试推出"按时贷"产品，分期利率可以适当提高，其分期市场前景广阔。三是完善线上分期产品。随着移动支付方式的不断完善，线上分期产品越来越受到广大信用卡客户的青睐，各商业银行要拓展线上分期产品，满足信用卡客户便捷、高效的分期需求。

第三，加强信用卡用卡的过程管理。一方面，商业银行要加强信用卡账户持续、全方位的管理，从而提高信用卡账户的使用率、降低和控制信用风险。申办客户长期不激活卡片可能诱发未达卡、卡被盗等欺诈风险，同时未激活账户长期占用授信额度，会影响商业银行资本充足率。另一方面，要对信用卡授信额度实施动态管理。如办卡后半年一直未激活信用卡，发卡行可通过短信或电话方式提醒客户在规定时间内激活使用；否则调减信用卡授信额度，持卡人需要使用时再申请即可，申请及时生效，恢复原有信用额度。当信用卡出现疑似套现等情况，尤其持卡人经济能力下降时，及时调整信用额度，减少潜在的信用风险。

第四，做好信用卡贷前审查和贷后管理，建立信用卡动态监测机制。经济地位、工作单位、婚姻状况等个人特征信息变动对信用卡消费能力、透支能力、还款能力及使用频率有极大影响。一方面，在信用卡准入方面，商业银行可通过多举措核实申请人个人特征信息的真实性，不打折扣地落实"三亲见"要求。随着互联网业务的发展，科技信息技术越来越强大，人们可以通过银行线上渠道申请办理信用卡，因此更要做好持卡人信息核实。个人信息准确不仅能为授信额度的核定提供有效依据，在持卡人发生逾期行为后，还能为银行催收贷款提供有效信息，同时也有利于各商业银行对信用卡消费行为进行深度分析，以便提供更精准的信用卡产品或服务。另一方面，商业银行应做好信用卡贷后管理，建立信用卡动态监测机制，持续记录持卡人的家庭财务状况、消费行为和经济活动情况，动态评估持卡人风险承受能力，以专业化、精细化的经营管理服务于更广泛的人群。如可借助向客户开展信用卡分期等业务的机会一并核实个人特征信息，或每半年通过电话核对等低成本方式核实或更新持卡人个人特征信息。

第五，细化催收类别，加大催收力度。从本书的研究情况来看，逾期时间越来越长的客户逐渐增多，商业银行要抓住黄金催收期，特别是对 3 期以内的逾期客户要抓紧催收。因此，应根据其逾期额度、逾期时间长短等进行分类，加大催收力度，必要时可委托专业公司来加强对债务的催收，降低信用卡风险。

第六，促进信用卡资产证券化。国内商业银行信用卡资产证券化始于2014 年。招商银行选择了"汽车分期"资产开展证券化业务，2016 年招商银行开展了全球首单信用卡不良资产证券化业务。信用卡不良资产证券化业务试点的成功，为零售类尤其是纯信用类贷款的不良资产处置开辟了一条崭新的道路，既具备高效率、低成本的特点，又满足阳光化、标准化的监管要求，还是目前不良资产证券化业务中最受投资者欢迎的资产类型。因此，符合条件的商业银行可以择机开展信用卡不良资产证券化，盘活信用卡资产。

7.2.4 持卡人要合理和理性使用信用卡

"全民消费"已慢慢来临。信用卡的支付和消费信贷功能是把"双刃剑"，持卡人如果合理使用，通过"先消费后还款"的支付方式可以享受银行提供的免息期，也可以使用消费信贷功能，缓解当前流动性约束。持卡人无论是使用支付功能还是消费信贷功能，都不用先储蓄即可享受提前消费带来的乐趣。然而，如果持卡人自控能力太差，不理性消费，或者对利率不敏感，则很容易出现卡债危机，成为"卡奴"。

第一，持卡人要科学认识信用卡的支付和消费信贷功能。信用卡具有"先消费后还款"的消费支付特征，其作用是满足消费者日常小额和高频的消费需求。一方面，有部分持卡人过度依赖信用卡透支功能，透支行为超出本人偿债能力，并借助"以贷还贷""以卡养卡"的方式处理个人负债。另一方面，还有部分持卡人将信用卡当作应对短期收入风险的工具，特别是信用卡的现金分期更易被持卡人用于其他投资，当经济波动或持卡人主观判断出现失误，很容易发生信用卡逾期行为。因此，持卡人应当正确认识信用卡的功能，不要"套现""以卡养卡""以贷还贷"，而是结合自己的经济实力，通过对未来收入的预期判断，正确认识信用卡，以提升自己的消费水平。

第二，持卡人要合理使用信用卡。信用卡具有支付和消费信贷的双重功能。发生信用卡透支行为后，使用支付功能就按时还款，在免息期内，不用支付任何利息。一方面，使用消费信贷功能就要偿还最低还款额或者向发卡机构申请分期还款，避免未按约定的还款方式和金额使信卡出现逾期从而影响持卡人信用记录。特别是持卡人使用信用卡消费信贷功能时，要充分了解信用卡计结息规则、分期手续费率、违约金收取等相关信息。另一方面，信用卡分期还款和最低还款方式虽然可以暂时缓解信用卡还款压力，但也会产生相应的费用和利息，进而加大个人负债总额，对于低收入的持卡人尤其如此。因此，持卡人应当合理使用信用卡，避免过重的信用卡负债导致无力偿还进而产生信用卡逾期行为。

第三，持卡人要树立理性消费观念。理性消费是合理使用信用卡的前提，"先消费后还款"的支付方式更容易让消费者偏好使用信用卡来冲动性消费。近年来各商业银行为提高信用卡使用率及透支金额，增加信用卡收入，通过与线上、线下的商户合作，扩大消费场景，推出了各种各样的信用卡分期产品、分期手续费打折优惠、开卡有礼、消费有礼等活动，持卡人更要理性消费，根据个人经济实力，做好规划与安排，防止因为过度消费而影响日常生活。

第四，持卡人要提高道德约束能力。信用卡是信用类贷款产品，信用消费中的信贷风险主要来自借款人的收入波动和道德风险。目前因个人信用制度的不够完善，个人信息也未能实现共享，商业银行也因成本等各种原因，未及时更新和完善持卡人的个人特征信息，特别是持卡人的收入、住房、工作单位、婚姻状况等个人信息的变动对信用卡透支行为和信用卡逾期影响极大，这样就会导致信息不对称而影响信用卡使用。尤其是当信用卡出现逾期，商业银行通过持卡人办卡时提供的个人特征信息，很难查询到持卡人的去向和收入状况，特别是工作流动性大、租房的持卡人表现得更为明显，信用卡的风险自然就显现出来。同时，还有一些消费者为了办理信用卡，虚报个人收入、学历、婚姻状况等信息，银行在信用卡审查阶段难免有疏漏，再加上贷后的监督检查往往又没跟上，也会因为持卡人的道德风险，从而发生信用卡逾期行为。

7.3　未来的研究方向

本书从收入的视角，研究了经济地位对信用卡使用行为（透支行为、分期行为及逾期）的影响，同时分析了经济地位与持卡人其他特征因素交互作用对信用卡使用行为的影响。然而因时间、条件、资源、学识等方面受限，仍存在不足之处。本书侧重于实证研究，理论有待深入，分析模型有待完善，对信用卡使用的具体消费行为需要进一步研究。因此，未来还可以从以下几个方面做进一步研究。

第一，本书从收入视角研究了经济地位对信用卡使用行为的影响。在信用卡使用行为上研究了透支行为、分期行为及逾期行为，并对信用卡的支付和消费信贷功能进行了进一步分析，然而还需在此基础上深入挖掘信用卡具体消费行为，比如：消费类型如何，持卡人无论是使用支付功能还是消费信贷功能，这两类持卡人分别使用信用卡在生存型消费（衣食住行）、享受型消费（耐用品等）、发展型消费（奢侈品、旅游、服务等）等方面有什么样的特征。对消费类型划分可以借助信用卡消费时所在商户交易代码（MCC）进行，每一种商户类型对应一个商户代码，可通过信用卡交易时收单商户的商户代码进一步研究信用卡消费行为。另外，关于信用卡逾期行为研究也可以从这方面入手：持卡人是为了满足基本生存性消费需求而因收入原因发生信用卡逾期行为，还是为了提升自己的消费档次而自己对未来预期收入没有合理预估以致出现信用卡逾期？

第二，本书从收入视角并基于持卡人其他个人特征因素对信用卡的使用行为及影响机制进行了研究。信用卡的使用除了受持卡人经济地位及个人特征因素的影响，持卡人的消费态度、自控力、生活方式等个人微观因素也影响持卡人的透支行为及透支程度。同时，宏观经济的外部因素也对信用卡使用有着影响，如信用卡汽车分期会受国家购车补贴政策及税收的影响。这毫无疑问为信用卡使用行为研究的进一步拓展提供了新的方向。

第三，本书研究了信用卡使用及使用后的偿付行为，没有对信用卡使用之前的行为开展研究，特别是信用卡办卡拒绝和激活方面。虽然信用卡过件率较以前有大幅的提升（2017年末信用卡过件率为70%左右），但对于有意愿申请办理信用卡的消费者而言，银行拒绝的原因是什么？是信用记录原因，还是现负债额度较高？下一步可以从信用卡的可得性方面入手，这无论是对城市居民还是农村居民，都具有十分重要的意义。另外，既然消费者选择了办信用卡，那为什么不激活使用？是为了帮朋友完成任务，还是其他原因影响信用卡激活？信用卡办卡后长期不激活，不仅会占用授信额度，影响银行资本充足率，还会占用银行账户资源，也会引起信用卡风险，下一步可以从这些方面入手开展研究。

参考文献

白蓉，刘欣，2013. 商业银行信用卡分期业务的比较分析 [J]. 中国信用卡 (2)：29-34.

包丽红，封思贤，2015. 第三方支付监管机制的国际比较及启示 [J]. 上海经济研究 (11)：47-54.

陈升，顾娟，2020. 基于社会经济地位个体差异的政府公共服务需求偏好和满意度研究 [J]. 云南行政学院学报 (1)：129-136.

陈莹，宋建华，2017. 中国城市居民信用卡违约行为的影响因素 [J]. 金融论谈 (9)：27-38.

程郁，韩俊，罗丹，2009. 供给配给与需求压抑交互影响下的正规信贷约束：来自 1 874 户农户金融需求行为考察 [J]. 世界经济 (5)：73-82.

程郁，罗丹，2009. 信贷约束下农户的创业选择：基于中国农户调查的实证分析 [J]. 中国农村经济 (11)：25-38.

迟国泰，许文，孙秀峰，2006. 个人信用卡信用风险评价体系与模型研究 [J]. 同济大学学报 (4)：557-563.

方匡南，吴见彬，朱建平，等，2010. 信贷信息不对称下的信用卡信用风险研究 [J]. 经济研究 (增1)：97-107.

方匡南，章贵军，张惠颖，2014. 基于 Lasso-Logistic 模型的个人信用风险预警方法 [J]. 数量经济技术经济研究 (2)：125-136.

傅联英，骆品亮，2018. 信用卡循环负债如何影响居民消费 [J]. 金融评论 (6)：34-57.

傅联英，容玲，2014. 微观人口特征对本银行卡品牌采纳的影响与启示 [J]. 上海金融 (1)：105-107.

傅联英，王明筠，2016. 城镇居民信用卡持有行为的决定机制 [J]. 上海金融 (12)：32-36.

巩师恩，范从来，2012. 收入不平等、信贷供给与消费波动 [J]. 经济研究（增 1 期）：4-14.

官皓，2010. 收入对幸福感的影响研究：绝对水平和相对地位 [J]. 南开经济研究（5）：56-70.

郭英见，吴冲，2009. 基于信息融合的商业银行信用风险评估模型研究 [J]. 金融研究（1）：95-106.

韩德昌，王大海，2007. 人口统计特征、社会环境因素与中国大学生信用卡持有关系研究 [J]. 上海金融（11）：79-83.

韩立岩，杜春越，2011. 城镇家庭消费金融效应的地区差异研究 [J]. 经济研究（增 1 期）：30-42.

何平，高杰，张锐，2010. 家庭欲望、脆弱性与收入-消费关系研究 [J]. 经济研究（10）：78-89.

何兴强，史卫，2014. 健康分析与城镇居民家庭消费 [J]. 经济研究（6）：34-48.

黄纯纯，吴元珍，2014. 有限理性与信用卡消费：一个一般性讨论 [J]. 教学与研究（5）：69-76.

黄卉，沈红波，2010. 生命周期、消费者态度与信用卡使用频率 [J]. 经济研究（增刊）：108-117.

黄金老，2001. 论金融脆弱性 [J]. 金融研究（3）：41-49.

黄倩，尹志超，2015. 信贷约束对家庭消费的影响：基于中国家庭金融调查数据的实证分析 [J]. 云南财经大学学报（2）：126-134.

黄婷婷，刘莉倩，王大华，等，2016. 经济地位和计量地位：社会地位比较对主观幸福感的影响及其年龄差异 [J]. 心理学报（9）：1163-1174.

黄兴海，2004. 我国银行卡消费与经济增长的实证研究 [J]. 金融研究（11）：72-82.

江明华，任晓炜，2004. 信用卡持卡者人口统计特征及透支行为关系的实证研究 [J]. 金融研究（4）：106-117.

焦开山，2014. 社会经济地位、环境意识与环境保护行为：一项基于结构方程模型的分析 [J]. 内蒙古社会科学（6）：138-144.

柯颖，王述英，2006. 美国与日本信用卡市场差异的比较分析 [J]. 现代日本经济（3）：24-38.

李爱梅，郝玫，李理，等，2012. 消费者决策分析的新视角：双通道心理账户理论 [J]. 心理科学进展（11）：1709-1717.

李春玲，2005. 当代中国社会的声望分层 [J]. 社会学研究（2）：74-

102.

李广子，王健，2017. 消费信贷如何影响消费行为：来自信用卡额度调整的证据 [J]. 国际金融研究（10）：55-64.

李江一，2017. "房奴效应"导致居民消费低迷了吗？[J]. 经济学季刊（10）：405-430.

李江一，李涵，2017. 消费信贷如何影响家庭消费？[J]. 经济评论（2）：113-126.

李涛，陈斌开，2014. 家庭固定资产、财富效应与居民消费：来自中国城镇家庭的经验证据 [J]. 经济研究（3）：62-75.

李涛，方明，伏霖，等，2019. 客观相对收入与主观经济地位：基于集体主义视角的经验证据 [J]. 经济研究（12）：118-132.

李涛，史宇鹏，陈斌开，2011. 住房与幸福：幸福经济学视角下的中国城镇居民住房问题 [J]. 经济研究（9）：69-82.

李永强，2008. 信用卡开卡意愿与使用频率影响因素研究 [J]. 中国工业经济（2）：104-112.

廖理，沈红波，苏治，2013. 如何推动中国居民信用卡消费信贷：基于住房的研究视角 [J]. 中国工业经济（12）：117-129.

廖理，张金宝，2010. 信用卡市场的逆向选择：基于国内城镇居民消费金融的调查数据 [J]. 山西财经大学学报（8）：31-38.

刘莉亚，2007. 商业银行个人信贷信用评分模型的构建与应用 [J]. 财经研究（2）：26-36.

刘闻，林成德，2005. 基于支持向量机的商业银行信用风险评估模型 [J]. 厦门大学学报（1）：29-32.

刘雯，2018. 收入差距、社会资本与农户消费 [J]. 中国农村经济（6）：84-100.

刘晓欣，周弘，2012. 家庭个体特征对居民借款行为的影响：来自中国家庭的经验证据 [J]. 金融研究（1）：154-166.

刘云焘，吴冲，王敏，等，2005. 基于支持向量机的商业银行信用风险评估模型研究 [J]. 预测（1）：52-55.

刘志侃，程利娜，2019. 家庭经济地位、领悟社会支持对主观幸福感的影响 [J]. 统计与决策（17）：96-100.

龙海明，赵红梅，2016. 银行卡支付方式对城镇居民消费的平滑效应研究：基于 STR 模型的实证分析 [J]. 财经理论与实践（6）：10-15.

卢林，2002. 美国信用卡产业的两大体系结构与市场竞争动力 [J]. 世界经济研究（3）：70-75.

路晓蒙，侯晓华，尹志超，2019. 经济地位对信用卡逾期的影响 [J]. 统计研究（5）：85-99.

裴春霞，孙世重，2004. 流动性约束条件下的中国居民预防性储蓄行为分析 [J]. 金融研究（11）：26-32.

阮小莉，彭嫦燕，郭燕蕊，2017. 不同消费信贷形式影响城镇家庭消费的比较分析 [J]. 财经科学（10）：30-40.

萨克斯，拉雷恩，2004. 全球视角的宏观经济学 [M]. 费方域，等译. 上海：上海人民出版社：77-101.

申云，贾晋，2016. 收入差距、社会资本与幸福感的经验研究 [J]. 公共管理学报（7）：100-110.

申云，朱玉芳，2017. 社会经济地位、收入差距与健康水平：基于 CFPS 数据的经验证据 [J]. 软科学（7）：121-125.

沈红波，黄卉，廖理，2013. 中国信用卡市场持卡人透支行为研究 [J]. 统计研究（10）：61-67.

宋冬林，金晓彤，刘金叶，2003. 我国城镇居民消费过度敏感性的实证检验与经验分析 [J]. 管理世界（5）：29-35.

佟大建，黄武，2018. 社会经济地位差异、推广服务获取与农业技术扩散 [J]. 中国农村经济（11）：128-143.

涂荣庭，李斐，林倩蓉，2008. 中国"卡奴"问题预警 [J]. 金融研究（3）：163-176.

涂伟华，王索漫，2011. 基于数据挖掘方法对商业银行信用卡违约预测模型的研究 [J]. 中国证券期货（9）：146-147.

汪伟，郭新强，艾春荣，2013. 融资约束、劳动收入份额下降与中国低消费 [J]. 经济研究（11）：100-113.

王巧巧，容玲，傅联英，2018. 信用卡支付对消费结构的影响研究：消费升级还是消费降级？[J]. 上海金融（11）：57-64.

吴卫星，吴锟，王琎，2018. 金融素养与家庭负债：基于中国居民家庭微观调查数据的分析 [J]. 经济研究（1）：97-109.

肖经建，2011. 消费者金融行为、消费者金融教育和消费者福利 [J]. 经济研究（增1期）：4-16.

熊伟，2014. 短期消费性贷款与居民消费：基于信用卡余额代偿的研究

[J]. 经济研究（A01）：156-167.

胥莉，陈宏民，2004. 美国和日本信用卡产业的比较研究 [J]. 国际金融研究（8）：25-30.

徐可达，2013. 美国信用卡服务体验及借鉴 [J]. 中国信用卡（10）：30-36.

徐丽鹤，吕佳玮，何青，2019. 信用卡、风险应对与城镇家庭股市参与 [J]. 金融研究（3）：149-166.

徐延辉，史敏，2018. 社会地位与农民工的定居意愿研究 [J]. 湖南师范大学社会科学学报，47（3）：83-90.

杨晨，王海忠，2014. "空付"们怎样掏空用户的钱包：支付方式对消费行为的影响 [J]. 清华管理评论（7）：85-90.

杨晨，王海忠，钟科，等，2015. 支付方式对产品偏好的影响 [J]. 管理学报（2）：264-275.

叶初升，2019. 中等收入阶段的发展问题与发展经济学理论创新：基于当代中国经济实践的一种理论建构性探索 [J]. 经济研究（8）：167-182.

叶德珠，连玉君，黄有光，等，2012. 消费文化、认知偏差与消费行为偏差 [J]. 经济研究（2）：80-92.

叶海云，2000. 试论流动性约束、短视行为与我国消费需求疲软的关系 [J]. 经济研究（11）：39-44.

伊志宏，2018. 消费经济学 [M]. 3 版. 北京：中国人民大学出版社：1-15.

易行健，张德常，2007. 不对称信息、简单分类、信贷约束和信贷集中共存：解释我国信贷资源配置不协调的一种新思路 [J]. 财贸经济（11）：15-23.

尹志超，甘犁，2011. 信息不对称、企业异质性与信贷风险 [J]. 经济研究（9）：121-132.

尹志超，张号栋，2018. 金融可及性、互联网金融和家庭信贷约束：基于CHFS 数据的实证研究 [J]. 金融研究（11）：188-206.

虞月君，2004. 世界主要国家和地区信用卡产业发展模式比较 [J]. 中国信用卡（6）：35-42.

臧旭恒，张欣，2018. 中国家庭资产配置与异质性消费者行为分析 [J]. 经济研究（3）：21-34.

翟青，2010. 信用卡与中国经济增长动态关系研究 [J]. 山东工商学院学报（2）：69-101.

战明华，张成瑞，沈娟，2018. 互联网金融发展与货币政策的银行信贷渠道传导［J］. 经济研究（4）：63-76.

张步，2018. 中国银行信用卡消费分期业务在砥砺奋进中前行［J］. 中国信用卡（4）：9-13.

张冀，祝伟，王亚柯，2016. 家庭经济脆弱性与风险规避［J］. 经济研究（6）：157-171.

张秋菊，2018. 基于 GA-BP-Adaboost 模型的信用卡逾期还款风险评估研究［J］. 云南民族大学学报（自然科学版），27（1）：81-86.

张维迎，1996. 博弈论与信息经济学［M］. 上海：上海人民出版社：398-403.

张翔，李伦一，柴程森，等，2015. 住房增加幸福是投资属性还是居住属性［J］. 金融研究（10）：17-31.

张玉琴，2004. 拓展我国信用卡消费信贷的思考［J］. 经济问题探索（6）：54-56.

赵锋，2014. 嵌入在资本体制中的信用卡消费［J］. 社会学研究（6）：74-97.

赵青松，祝学军，钱妹，2019. 信用卡用户的风险评估研究：基于混合两阶段信用评分模型［J］. 金融发展评论（5）：145-158.

周长城，徐鹏，2014. 社会地位与生活体验对政府工作满意度的影响［J］. 国家行政学院学报（4）：91-96.

朱玛，2013. 第三方支付机构沉淀资金的权属争议及法律监管：兼谈"余额宝"的创新与风险［J］. 西南金融（12）：6-9.

朱晓明，刘冶国，2007. 信用评分模型综述［J］. 统计与决策（1）：103-105.

朱信凯，骆晨，2011. 消费函数的理论逻辑与中国化：一个文献综述［J］. 经济研究（4）：140-153.

朱振涛，孙敏，沈建红，2019. 信用卡逾期行为的影响因素及行为预测研究［J］. 南京工程学院学报（社会科学版）（9）：46-53.

ABDUL-MUHMIN A G，UMAR Y A，2007. Credit card ownership and usage behaviour in Saudi Arabia：the impact of demographics and attitudes towards debt ［J］. Journal of financial services marketing, 12 (3)：219-235.

AKERLOF G A, 1970. The market for "lemons"：quality uncertainty and the market mechanism [J]. Quarterly journal of economics, 84 (3): 488-500.

ALTMAN E I, 1998. The importance and subtlety of credit rating migration [J]. Journal of banking & finance, 22: 1231-1247.

ANDO A, MODIGLIANI F, 1963. The "life cycle" hypothesis of saving: aggregate implications and tests [J]. American economic review, 53 (1): 55-84.

ARSLAN O, KARAN M B, 2010. Consumer credit risk characteristics: income and expense differentials [J]. Emerging markets finance and trade, 26 (2): 15-26.

AUSUBEL L M, 1999. Adverse selection in the credit card market [R]. SSRN working paper.

AWH R Y, WATERS D, 1974. A discriminant analysis of economic, demographic, and attitudinal characteristics of bank charge-card holders: a case study [J]. The journal of finance, 29 (3): 973-980.

BACCHETTA P, CERLACH S, 1997. Consumption and credit constraints: international evidence [J]. Journal of monetary economics, 40 (3): 207-238.

BAUMEISTER R F, 2002. Yielding to temptation: self-control failure impulsive and consumer behavior [J]. Journal of consumer researcher, 28 (4): 670-676.

BEI L, 1993. Determinants of consumer credit card repayment patterns [J]. Consume interests annual, 39: 147-154.

BELLOTTI T, CROOK J, 2009. Support vector machines for credit scoring and discovery of significant features [J]. Expert systems with applications (2): 3302-3308.

BERTAUT C C, HALIASSOS M, REITER M, 2009. Credit card debt puzzles and debt revolvers for self control [J]. Review of finance, 13 (4): 657-692.

BERTHOUD R, KEMPSON E, 1992. Credit and debt: the PSI report [R]. London: Policy Studies Institute.

BERTRAND M, KARLAN D S, MULLAINATHAN S, et al., 2005. What's psychology worth? A field experiment in the consumer credit market [J]. NBER Working Papers 11892, National Bureau of Economic Research.

BLAU P M, DUNCAN O D, 1967. The American occupational structure [M]. New York, Wiley.

CAMERON S, GOLBY D, 1991. Personal debt crises: an economic approach [J]. International review of applied economics (5): 310-324.

CAMPBELL J Y, MANKIW G N, 1989. Consumption, income, and interest rates: reinterpreting the time series evidence [M] //BLANCHARD O L, FISCHER S. NBER Macroeconomics annual. Cambridge, MA: MIT Press: 186-246.

CANNER G B, CYRNAK A W, 1985. Recently development in credit card holding and use patters among U.S. families [J]. Journal of retail banking, 7: 63-74.

CAROW K A, STATEN M E, 1999. Debit, credit, or cash: survey evidence on gasoline purchase [J]. Journal of economics and business, 51 (5): 409-421.

CASE K E, QUIGLEY J M, SHINER R J, 2001. Comparing wealth effects: the stock market versus the housing market [R]. Cowles Foundation Discussion Paper.

CHAN R Y, 1997. Demographic and attitudinal differences between active and inactive credit cardholders-the case of Hong Kong [J]. International journal of bank marketing, 15 (4): 117-125.

CHATTERJEE P, ROSE R L, 2012. Do payment mechanisms change the way consumers perceive products [J]. Journal of consumer research, 38 (6): 1129-1139.

CHEN W M, MA C Q, MA L, 2009. Mining the customer credit using hybrid support vector machine technique [J]. Expert systems with applications, 36: 7611-7616.

CLARK T N, LIPSET S M, 1991. Are social classes dying [J]. International sociology (6): 397-410.

CROOK J N, HAMILTON R, THOMAS L C, 1992. Credit card holders: characteristics of users and non-users [J]. The service industries journal (12): 251-262.

DAVIES E, LEA S E G, 1995. Student attitudes to student debt [J]. Journal of economic psychology, 16: 663-679.

DESAI V S, CROOK J N, OVERSTREET G A, 2005. A comparison of neural networks and linear models in the credit environment [J]. European journal operational research (95): 24-37.

DINHT H T, KLEIMEIER S, 2010. A credit scoring model for Vietnam's retail banking market [J]. Journal of financial analysis (15): 471-495.

DUCA J V, WHITESELL W C, 1995. Credit cards and money demand: a cross-sectional study [J]. Journal of money credit, and banking (27): 604-623.

DUESENBERRY J S, 1949. Income, saving and the theory of consumption behavior [M]. Cambridge, Mass: Harvard and University Press.

DUNCAN O D, 1961. A Socioeconomic index for all occupations [M] //REISS A J. Occupations and social status. New York: Wiley, 109-138.

FEINBERG R A, 1986. Credit cards as spending facilitating stimuli: a conditioning interpretation [J]. Journal of consumer research, 13 (3): 348-356.

FISHER I, 1961. The theory of interest [M]. New York: Macmillan.

FRIEDMAN M, 1957. A theory of the consumption function [M]. Princeton: Princeton University Press: 153-167.

GARMAN E T, FORGUE R E, 2000. Personal finance [M]. Boston: Houghton Mifflin Company.

GODWIN D D, 1997. Dynamics of households' income, debt, and attitude toward credit, 1983-1989 [J]. The journal of consumer affair, 31 (2): 303-325.

GRAHAM C, PETTINATO S, 2004, Happiness and hardship: opportunity and insecurity in new market economies [M]. Washington D. C.: Brookings Institution Press.

GROSS D B, SOULELES N S, 2002. Do liquidity constraints and interest rates matter for consumer behavior? Evidence from credit card data [J]. Quarterly journal of economics (1): 149-185.

HALL R E, 1978. Stochastic implications of the life cycle – permanent income hypothesis: theory and evidence [J]. Journal of political economy, 86 (12): 971-987.

HANCOCK A M, JORGENSEN B L, SWANSON M S, 2013. College students and credit card use: the role of parents, work experience, financial knowledge, and credit card attitudes [J]. Journal of family and economic issues, 34 (4): 369-381.

HAYASHI F, 1985. The effect of liquidity constraints on consumption: a cross-sectional analysis [J]. Quarterly journal of economics (100): 183-206.

HAYHOE C R, LEACH L, TURNER P R, 2000. Differences in spending habits and credit use of college students [J]. The journal of consumer affairs, 34 (1): 113-133.

HAYHOE C R, LEACH L, TURNER P R, 1999. Discriminating the number of credit cards held by college students using credit and money attitudes [J]. Journal of economic psychology, 20 (6): 643-656.

HIRSCHMAN E C, 1979. Differences in consumer purchase behavior by credit card payment system [J]. Journal of consumer research, 6 (1): 58-66.

HOUT M, BROOKS C, MANZA J, 1993. The persistence of classes in post-industrial societies [J]. International sociology , 8 (3): 259-277.

HUANG X, DA X, LIANG W, 2014. BulaPay: a novel web service based third-party payment system for ecommerce [J]. Electronic commerce research, 14 (4): 611-633.

HUBBARD R G, JUDD K L, HALL R E, et al. , 1986. Liquidity constraints fiscal policy and consumption [J]. Brookings papers on economic activity (52): 11 -59.

HYYTINEN A, TAKALO T, 2009. Consumer awareness and the use of payment media: evidence from young Finnish consumers [J]. Review of network economics, 8 (2): 164-188.

JAPPELLI T, 1990. Who is credit constrained in the U. S. economy? [J]. Quarterly journal of economics, 105 (1): 219-234.

KAMLEITNER B, KIRCHLER E, 2007. Consumer credit use: a process model and literature review [J]. Review European of psychological applied, 57, 267-283.

KARA A, KAYNAK E, KUCUKEMIROGLU O, 1996. An empirical investigation of US credit card user: card choice and usage behavior [J]. International business review (2): 209-230.

KARA A, KAYNAK E, KUCUKEMIROGLU O, 1994. Credit card development strategies for the youth market: the use of conjoint analysis [J]. International journal of bank marketing (6): 30-36.

KEYNES J M, 1936. The general theory of employment, interest and money [M]. London: Macmillan & Co Ltd.

KIM H, DEVANEY S A, 2001. The determinants of outstanding balances among credit card revolvers [J]. Journal of financial counseling and planning, 12 (1): 67-77.

KINSEY J, 1981. Determinants of credit card accounts: an application of Tobit analysis [J] Journal of consumer research, 8 (2), 172-182.

KREGEL J A, 1997. Margins of safety and weight of the argument in generating financial fragility [J]. Journal of economics issues, 31 (2): 543-549.

KUZNETS S, 1946. National income: a summary of findings [M]. New York: National Bureau of Economic Research: 144.

LEA S E G, WEBLEY P, LEVINE R M, 1993. The economic psychology of consumer debt [J]. Journal of economic psychology (14): 85-119.

LEE J, HOGARTH M J, 1999. Returns to information search: consumer credit card shopping decision [J]. Financial counseling and planning (2): 23-34.

LEE J, KWON K N, 2002. Consumer's use of credit cards: store credit card usage as an alternative payment and financing medium [J]. The journal of consumer affairs, 36 (2): 239-262.

LEE Y C, 2007. Application of support vector machines to corporate credit rating prediction [J]. Expert systems with applications (33): 67-74.

LELAND H E, 1968. Saving and uncertainty: the precautionary demand for saving [J]. Quarterly journal of economics, 82 (8): 465-473.

LI W, 2009. Licensing and retained funds regulation of internet third-party payment providers in China [J]. Journal of information, law & technology (2): 1-22.

LIN N, XIE W, 1988. Occupational prestige in urban China [J]. American journal of sociology, 93 (4): 793-832.

LINDQVIST A, 1981. A note on determinants of household saving behavior [J]. Journal of economic psychology, 1: 39-57.

LIVINGSTONE M S, LUNT K P, 1992. Predicting personal debt and debt repayment: psychology, social and economic determinants [J]. Journal of economic psychology, 13 (1): 111-134.

LUDVIGSON S, 1999. Consumption and credit: a model of time-varying liquidity constraints [J]. The review of economics and statistics (3): 434-447.

LUDWIG A, SLOK T, 2002. The impact of changes in stock prices and house prices on consumption in OECD [R]. International Monetary Fund.

MADSEN J B, MCALEER M, 2000. Direct tests of the permanent income hypothesis under uncertainty inflationary expectations and liquidity constraints [J]. Journal of macroeconomics, 22 (2): 229-252.

MAKI A, NISHIYAMA S, 1993. Consistency between Macro-Data Sets in the Japanese household sector [J]. Review of income and wealth, 39 (2): 195-207.

MANDELL L, 1972. Credit card use in the United States [M]. Ann Arbor: University of Michigan Press.

MARIGER R, 1987. A life-cycle consumption model with liquidity constraints theory and empirical results [J]. Econometrical, 55 (3): 533-557.

MARKOVICH C A, DEVANEY S A, 1997. College seniors' personal finance knowledge and practices [J]. Journal of family and consumer science, 89 (3): 61 -65.

MATHEWS H L, SLOCUM J W, 1969. Social class and commercial bank credit card usage [J]. Journal of marketing, 33 (1): 71-78.

MEIDAN A, DAVO D, 1994. Credit and charge cards selection criteria in Greece [J]. International journal of bank marketing, 12 (2): 36-44.

MIN I, KIM J H, 2003. Modeling credit card borrowing: a comparison of type I and type II Tobit approaches [J]. Southern economic journal, 70 (1): 128-143.

MINSKY H P, 1982. The financial fragility hypothesis: capitalist process and the behavior of the economy in financial crisis [M]. Cambridge: Cambridge University: 32-58.

MODIGLIANI F, BRUMBERG R, 1954. Utility analysis and the consumption function: an interpretation of cross-section data [M]. New Brunswick: Rutgers University Press: 388-436.

NISBET R A, 1959. The decline and fall of social class [J]. Pacific sociological review, 2 (1): 11-17.

O'GUINN T C, FABER R J, 1989. Compulsive buying: a phenomenological exploration [J]. Journal of consumer research, 16: 147-157.

POWDTHAVEE N, 2007. Feeling richer or poorer than others: a cross-section and analysis of subjective economic ladder in Indonesia [J]. Asian economic journal (2): 169-194.

PRELEC D, LOEWENSTEIN G, 1998. The red and the black: mental accounting of savings and debt [J]. Marketing science, 17 (1): 4-28.

RAVALLION M, LOKSHIN M, 2002. Self-rated economic welfare in Russia [J]. European economic review (8): 1453-1473.

RICHARD L S, HOWARD B S, 1989. The determinants of mortgage risk premiums: a case study of a saving and loan association [J]. The journal of business, 48 (11): 28-29.

ROOK D W, FISHER R J, 1995. Normative influence on impulsive buying behavior [J]. Journal of consumer research, 22 (12): 305-313.

ROSSI M, TRUCCHI S, 2016. Liquidity constraints and labor supply [J]. European economic review (87): 176-193.

SCHREINER M, 2004. Scoring arrears at a microlender in Bolivia [J]. Journal of economies and business (6): 65-88.

SHARPE D L, YAO R, LIAO L, 2012. Correlates of credit card adoption in urban China [J]. Journal of family and economic issues, 33 (2): 156-166.

SLOCUM J W, MATHEWS H L, 1970. Social class and income as indicators of consumer credit behavior [J]. Journal of marketing, 34 (2): 69-74.

SOMAN D, CHEEMA A, 2002. The effect of credit on spending decisions: the role of the credit limit and credibility [J]. Marketing science, 21 (1): 32-53.

STEENACKERS A, GOOVAERTS MJ, 1989. A credit scoring model for personal loans [J]. Journal of insurance mathematics economics (4): 31-34.

STEIDLE R P, 1994. Determinants of bank and retail credit card revolver: an application using life-cycle income hypothesis [J]. Consumer interest annual, 40: 170-177.

STIGLITZ J E, WEISS A, 1981. Credit rationing in markets with imperfect information [J]. American economic review, 71: 393-410.

THALER R H, 2008. Mental accounting and consumer choice [J]. Marketing science, 27 (1): 15-25.

TOKUNAGA H, 1993. The use and abuse of consumer credit: application of psychological theory and research [J]. Journal of economic psychology, 14 (2): 285-316.

TVERSKY A, KAHNEMAN D, 1981. The framing of decisions and the psychology of choice [J]. Science, 211 (4481): 453-458.

VEBLEN T, 1994. Why is economics not an evolutionary science? [J]. Cambrige journal of economic, 22 (4): 403-414.

WHITE K J, 1975. Consumer choice and use of bank credit cards: a model and cross-section results [J]. Journal of consumer research, 2 (1): 10-18.

WOOD M, 1998. Socio-economic status, delay of gratification, and impulse buying [J]. Journal of economic psychology, 19 (3): 295-320.

XIAO J J, NORING F E, ANDERSON J G, 1995. College students' attitudes towards credit cards [J]. Journal of consumer studies and home economics (19): 155-174.

YU L, YUE W Y, WANG S Y, et al., 2010. Support vector machine-based multiagent ensemble learning for credit risk evaluation [J]. Expert systems with applications (37): 1351-1360.

ZELDES S P, 1989. Consumption and liquidity constraints: an empirical investigation [J]. The journal of political economy, 97 (2): 305-346.

ZHU L Y, MEEK S C B, 1994. Effects of low income families' and willingness to use consumer credit on subsequent outstanding credit balances [J]. The journal of consumer affairs, 28 (2): 403-422.

后 记

　　拙著出版之际，我有一种如释重负的感觉。尽管并不觉得它圆满，但我仍享受这份喜悦之情。该书的写作是一个漫长、枯燥的过程，我一度处于紧张惶恐的状态之中，常感到自我的粗陋与肤浅，感到思维不甚严密，语言贫乏无力。该书的完成是一次艰难的跋涉，它不够完美，甚至略显粗糙，但我对它付出了百分之百的心力。

　　回首这几年的写作历程，对那些曾给予我在写作和生活上指导与帮助的人，我内心充满了感激。首先，我要感谢我的导师尹志超老师，是他的指引让我摆脱了恐惧，树立了信心，使我得以战胜前行中的一个个困难，他孜孜不倦的点拨以及轻风细雨般的鼓励无疑是我完成本书写作的精神动力；其次，我要感谢路晓蒙老师在具体写作内容等方面给予的巨大帮助，一路走来，路老师可谓亦师亦友，每每在关键时刻给我开导和点拨。最后，我要特别感谢我的家人，感谢我老公田奇对家庭的关心和照料，让我无后顾之忧，全身心投入到学习中。感谢我亲爱的儿子田恩泽，每当我有小小的进步与他分享时，他都会给我一个很大的拥抱，鼓励我加油，坚持下去。我还要感谢我的父母。我自知平庸，身无所长，是各位老师和家人暖心的鼓励让我最终坚持下来。

　　信用卡的诞生是人类消费史上具有颠覆性的事件之一，极大地改变了人们的生活方式和消费理念。但是，信用卡犹如立在现实路口上的指示牌，一头连接着自律与便捷，一头却指向贪婪和欲望，多少人在这条路上兜兜转转，乐此不疲。可以说，信用卡是把双刃剑，它可能会为你雪中送炭、锦上添花，也可能对你落井下石、雪上加霜。出现哪种结果取决于持卡人对信用卡知识的了解程度，更取决于持卡人有没有正确的消费观念、有没有理性的消费习惯。衷心希望各位持卡人在使用信用卡消费时，从自身需要和能力出发理性消费，坚持量入为出的科学消费观念，做好个人及家庭的财务统筹，防止过度消费影响日常生活。

侯晓华

2022 年 7 月